Diogenes ٦

André Comte-Sponville

Kann Kapitalismus moralisch sein?

*Aus dem Französischen von
Hainer Kober*

Diogenes

Titel der 2004 bei Éditions Albin Michel, Paris,
erschienenen Originalausgabe:
›Le capitalisme est-il moral?‹
Copyright © 2004, 2009 by Éditions Albin Michel
Die deutsche Erstausgabe
erschien 2009 im Diogenes Verlag
Der vorliegende Text entspricht der 2009 in Frankreich
erschienenen erweiterten zweiten Auflage
Umschlagillustration:
Paul Klee, ›Revolution des Viaduktes‹, 1937

*Für Monique Canto-Sperber
und Jean-Pierre Dupuy*

Veröffentlicht als Diogenes Taschenbuch, 2011
Alle deutschen Rechte vorbehalten
Copyright © 2009
Diogenes Verlag AG Zürich
www.diogenes.ch
30/14/52/2
ISBN 978 3 257 24063 4

Inhalt

Vorwort

Es wird viel über Komplexität geredet, und das zu Recht: Sie ist ein Kennzeichen der modernen Zeit, sowohl intellektuell (Komplexitätstheorien) als auch wirtschaftlich und politisch (Globalisierung). Kein Grund zur Verwirrung, im Gegenteil: Wo die Komplexität zunimmt, wachsen die Ansprüche an Klarheit und Unterscheidungsvermögen. Darauf baut das vorliegende Buch auf. Es möchte helfen, klarer zu sehen, Entscheidungen zu treffen, berufliche, moralische, politische Verantwortung zu übernehmen angesichts der vielfältigen Herausforderungen, vor die wir uns in der heutigen Welt gestellt sehen. Mithin ist es vor allem zukunftsgerichtet. Aber es hat auch eine Geschichte. Es ist aus zahlreichen Vorträgen hervorgegangen, die ich, häufig unter demselben Titel, vor sehr unterschiedlichen Zuhörern gehalten habe: vor Studenten und Lehrern an Wirtschafts- und Managementhochschulen (in Nantes, Reims, Le Havre, Orléans ...), vor den Mitgliedern einiger Gesellschaften und Verbände (vor allem der Gesellschaft Progrès du management) oder vor den Führungskräften verschiedener Unternehmen. Oft wurde ich um den Redetext gebeten. Hier ist er, aber sorgfältig durchgesehen und erheblich erweitert. Trotzdem bewahrt das Ergebnis den Charakter des Gesprochenen, mit den Grenzen, aber auch den Vorzügen, die ihm eigen sind. »Die fruchtbarste und natürlichste

Übung unseres Geistes«, sagte Montaigne, »sind nach meiner Meinung Gespräch und Diskussion.«[1] Ich denke, das gilt auch für die öffentliche Rede. Im Übrigen kommt auch die Diskussion zum Zuge: Wir werden es im zweiten Teil des Buchs sehen, wo ich einige der Gespräche wiedergebe, zu denen es bei diesen Begegnungen wirklich gekommen ist.

In der vorliegenden, das heißt unzulänglichen Form möchte dieses Buch einen, wenn auch bescheidenen, Beitrag zur aktuellen Debatte leisten. In der schwierigen Phase, in der wir uns befinden, scheint mir das Anlass genug zu sein.

1 Michel de Montaigne, »Über die Gesprächs- und Diskussionskunst«, *Essais*, 3. Buch, S. 218, Frankfurt, Eichborn, 1998.

*Kann Kapitalismus
moralisch sein?*

Einleitung

Über einige Lächerlichkeiten und Tyranneien unserer Zeit

Zweifellos ist gleicher Besitz für alle gerecht, aber ...
BLAISE PASCAL (Gedanken, 81–299)

Zur Titelfrage dieses Vortrags – »Kann Kapitalismus moralisch sein?« – möchte ich einige Überlegungen anstellen, die sich mit den Beziehungen zwischen Moral und Wirtschaft erklären.

Es bedarf keiner langen Vorreden, um die Wahl dieses Themas zu rechtfertigen.

Erstens, weil sich die moralische Frage (»Was soll ich tun?«) jedem stellt, egal, welchen Beruf er hat und ob er Aktionär oder Chef eines Unternehmens ist. Gleiches gilt natürlich für das, was man die ökonomische Frage nennen könnte (»Was kann ich besitzen?«). Weder die Reichsten noch die Ärmsten unter uns können sich der Moral oder dem Kapitalismus entziehen: arbeiten, sparen, konsumieren – so ist das nun mal, das heißt, wir sind ein Teil des Systems, ob wir es wollen oder nicht; und das gibt uns wohl das Recht, nach seiner Moral zu fragen.

Zweitens, weil sich diese moralische Frage, die sehr verschiedene Bereiche betreffen kann, mit besonderem Nachdruck in Bezug auf die Wirtschaft stellt, besonders in der

Unternehmenswelt, der Geschäftswelt, wie man so sagt, auch in der abfälligen Doppelbedeutung, die das Wort »Geschäft« hat. Das Gute (in der moralischen Bedeutung des Wortes) und die Güter (in der wirtschaftlichen Bedeutung) kommen nicht immer gut miteinander aus. Ein Grund mehr, darüber nachzudenken.

Und drittens und letztens, weil diese moralische Frage seit einigen Jahren an zusätzlicher Aktualität gewinnt. Zum Teil wegen der »Geschäfte«, von denen die Rede war, aber auch allgemeiner, weil sie der Entwicklung der Einstellungen entspricht, dem, was man den Zeitgeist, die Grundhaltung einer Generation nennen könnte. In der Presse ist seit einigen Jahren viel von der Rückkehr der Moral die Rede. Ich erinnere mich an einen Artikel von Laurent Joffrin in der Tageszeitung *Libération*, wenn mich mein Gedächtnis nicht trügt, der sogar den Begriff der »moralischen Generation« bemühte, um die jungen Leute von heute, sagen wir, der achtziger und neunziger Jahre, zu beschreiben – im Unterschied oder im Gegensatz zur unmittelbar vorhergehenden Generation, der sechziger und siebziger Jahre. Ich hatte übrigens schon 1986 dasselbe Thema in derselben Zeitung angesprochen: Mir schien, dass die Mobilisierung der Schüler und Studenten in jenem Herbst (gegen das Gesetz von Devaquet) aus einem ganz anderen Geist erwuchs als dem, der uns achtzehn Jahre zuvor, spektakulärer, aber vielleicht auch naiver, auf die Straße getrieben hatte. Bei uns trat die Utopie an die Stelle der Moral; während bei ihnen eher die Moral die Utopie ersetzte.[2] Es war mir nicht sofort

2 »La morale sans l'utopie«, *Libération*, 9. Dezember 1986, S. 12.

14

klar, dass sie auch die Politik zu verdrängen drohte und dass darin eine erhebliche Gefahr lag. Ich werde gleich darauf zurückkommen. Sagen wir einfach, dass sich die Moral im Laufe der achtziger Jahre ins Zentrum der Debatten eingenistet hat. Nebenbei gesagt, mein *Petit traité des grandes vertus* (deutsch: *Ermutigung zum unzeitgemäßen Leben*, Reinbek, Rowohlt, 1996) hatte seinen ungewöhnlichen Erfolg Mitte der neunziger Jahre nicht zuletzt dem Zeitpunkt seines Erscheinens zu verdanken: Unabhängig von den Vorzügen, die das Buch möglicherweise besitzt, setzt ein solcher Erfolg immer ein gewiss unvorhersehbares, aber keinesfalls zufälliges Zusammentreffen des Interesses von Autor und Publikum voraus.

Mit einem Wort, die Moral ist seit den achtziger Jahren eine aktuelle Frage. Seltsamerweise hat sie es zum Modethema gebracht. Doch wie fast immer, wenn die Mode ins Spiel kommt, ist der Preis dafür ein gewisses Maß an Verwirrung. Angesichts dieser Gefahr soll meine Rede zunächst und vor allem Klarheit bringen.

Dazu werde ich in vier Schritten vorgehen.

Zuerst werde ich versuchen zu verstehen, wie es zu dieser Rückkehr der Moral kam; und ich werde drei verschiedene, einander ergänzende Erklärungen vorschlagen, die in diesem Fall drei verschiedenen Stufen angehören – drei verschiedenen Zeitebenen, wie ein Historiker sagen würde.

Dann werde ich das behandeln, was ich das Problem der Grenzen oder der Ordnungen nenne (wobei ich »Ordnung« in der pascalschen Bedeutung verwende, als Synonym von »Bereich« oder »Ebene«).

Das führt mich zu meinem dritten Teil, wo ich versuchen

werde, die Titelfrage zu beantworten: »Ist der Kapitalismus moralisch?«

Schließlich werde ich mich in einem vierten Schritt gegen die Verwechslung der Ordnungen wenden, wobei ich von den Pascalschen (aber auf unsere Zeit angewendeten) Begriffen des Lächerlichen und der Tyrannei ausgehen werde.

I

Die Rückkehr der Moral

Machen wir uns zunächst klar, wovon die Rede ist. Wenn ich von der Rückkehr der Moral spreche oder wenn davon in den Medien die Rede ist, heißt das nicht, dass die Menschen heute tugendhafter wären, als es ihre Eltern oder Großeltern waren. Es geht im Wesentlichen um die Rückkehr der Moral in den Diskurs. Die Menschen sind nicht tugendhafter geworden, sie sprechen nur häufiger über Moral, und es lässt sich zumindest die Hypothese aufstellen, dass sie umso mehr über Moral sprechen, je rarer diese sich in Wirklichkeit – im menschlichen Verhalten – macht ... Das ist durchaus möglich. Aber immerhin wird über Moral gesprochen. Ihre Rückkehr ins Zentrum des Diskurses ist ein gesellschaftliches Phänomen, das einer näheren Betrachtung wert ist.

Warum diese Rückkehr der Moral? Ich habe drei einander ergänzende Erklärungen angekündigt, die drei verschiedenen Zeitebenen angehören ... Die erste Erklärung, die ich Ihnen vorschlagen möchte, gehört einer Zeitebene an, die ein Historiker *brève durée*, kurze Dauer, nennen würde – zwanzig, dreißig Jahre, der Zeitraum einer Generation.

1. Zwei Generationen, zwei Irrtümer

Mir scheint nämlich, dass wir diese Rückkehr der Moral mit besonderer Klarheit erkennen, wenn wir ein wenig Abstand nehmen, vor allem, wenn wir die jungen Menschen von heute, die, die in den achtziger und neunziger Jahren um die zwanzig waren, mit den jungen Leuten vergleichen, die wir – einige von uns – vor dreißig, fünfunddreißig Jahren waren, sagen wir, um ein Bezugsdatum zu nennen, die 1968 um die zwanzig waren. Das ist die Generation, die man die »Achtundsechziger« nennt. Ich gehörte dazu; und wenn diese Zeit auch kein Anlass zu Stolz oder Scham ist, so verdanke ich ihr doch einige meiner schönsten Erinnerungen. Allerdings darf die Nostalgie, wenn es denn Nostalgie ist, nicht das Denken ersetzen.

Vor dreißig, fünfunddreißig Jahren haben wir uns – erinnern Sie sich, wenn Sie es erlebt haben – herzlich wenig um die Moral gekümmert. Damals waren eher der Immoralismus und die Befreiung von allen Zwängen in Mode. Wer philosophisch dachte, berief sich gerne auf Nietzsche: Wir wollten *jenseits von Gut und Böse* leben. Wer mit der Philosophie nichts im Sinn hatte, begnügte sich damit, die schönen Parolen von damals an die Wände seiner Universität zu sprayen – oder sie dort, nicht selten mit Zustimmung, zu lesen. Sie erinnern sich: »Es ist verboten zu verbieten«, oder auch: »Leben ohne Wenn und Aber, genießen ohne Fesseln«. Wie schön war das, und wie gut wäre es gewesen, wenn es sich hätte verwirklichen lassen! Wir brauchten zwanzig Jahre, um zu begreifen, dass es nicht ging. Man mag sich wundern, dass wir so lange gebraucht haben (wenn es einige auch rascher erkannten als andere) und dass wir – wenn auch nur einen Frühling lang und mit unserer Jugend als Entschuldigung – glaubten, wir könnten uns so radikal von allen moralischen Bedenken befreien. Doch dieser Glaube oder diese Illusion erwuchs daraus, dass damals vor allem in der studentischen Jugend eine besondere Ideologie vorherrschte, die ich gerne die *Ideologie der allumfassenden Politik* nenne. Das galt nicht nur für die Militanten. Die gaben, weit über ihren kleinen Kreis hinaus, den Ton für die ganze Generation an. Politisches Desinteresse war fast unvorstellbar. Engagement fast selbstverständlich. In den sechziger und siebziger Jahren war alles Politik, wie wir sagten, aber es war nicht nur alles Politik (was im Grunde genommen wahr war und noch immer ist), sondern die Politik war auch alles – was etwas ganz anderes ist (ich glaube noch immer, dass alles Politik ist, aber ich glaube ganz gewiss nicht mehr, dass die Politik alles ist). Doch damals haben wir es so gesehen: Alles war Politik, und die Politik war alles, so sehr, dass uns eine gute Politik als die einzige erforderliche Moral erschien. Eine Handlung erschien uns gut, wenn sie, wie wir sagten, politisch gerechtfertigt war. Militante Moral, voll guten Gewissens und Begeisterung. Aber war das noch eine Moral?

Ich sehe meinen besten Freund jener Jahre vor mir – er bereitete sich gerade auf die Aufnahmeprüfung einer der Grandes Écoles vor –, wie er mit strahlenden Augen sagte: »Ich habe keine Moral, Alter!« Ich nehme an, damit stieg er schlagartig in meiner Achtung ... Er war ein liebenswerter Bursche und ist es geblieben. Er hätte keiner Fliege etwas zuleide tun können (ausgenommen einer rechtsradikalen Fliege). Doch die Moral erschien ihm als eine nutzlose und verhängnisvolle Illusion. Er war zugleich Nietzschianer und Marxist, wie viele von uns. Diese doppelt widernatürliche Mischung (ein linker Nietzsche! ein unmoralischer Marx!) entband uns von der Notwendigkeit, uns genauer zu prüfen. Die Moral? Jüdisch-christliche Sklavenideologie. Die Pflicht? Spießbürgerlicher Idealismus. Wir liefen Sturm gegen den Führungsanspruch des Gewissens. Nieder mit dem *Moralin*, wie Nietzsche sagte, es lebe die Revolution der Freiheit! Naivität der Jugend… Es ist allerdings hinzuzufügen, dass die Älteren, die wir bewunderten, damals kaum Anstalten machten, uns über unseren Irrtum aufzuklären. Sartre selbst hatte auf alle moralischen Vorhaltungen verzichtet. Und Althusser oder Foucault, die uns noch wichtiger waren, entlockte schon das Wort allein ein Lächeln. Deleuze pries Spinoza? Gewiss, und wie brillant! Doch nur, um in ihm vor allem den »Immoralisten« zu ehren …[3] Der Zeitgeist war großzügig und paradox: Die Moral – repressiv, kastrierend, kulpabilisierend – erschien uns unmoralisch. Wir brauchten sie nicht. Die Politik ersetzte sie und genügte uns.

---

3 Gilles Deleuze, *Spinoza, Philosophie pratique*, II, 2, »Dévalorisation de toutes les valeurs et surtout du bien et du mal (au profit du ›bon‹ et du ›mauvais‹): Spinoza l'immoraliste«, PUF, 1970, S. 27; überarb. und erw. Aufl., Éditions de Minuit, 1981, S. 33. Dieses Büchlein ist ein Meisterwerk. Doch Deleuze versucht hier, so wundervoll und anregend seine Lektüre auch ist, aus Spinoza eine Art Vorläufer Nietzsches zu machen, was weder dem Buchstaben noch dem Geist des Spinozismus gerecht wird. Ich habe mich dazu unter anderem in dem Artikel »Spinoza« für den *Dictionnaire d'éthique et de philosophie morale* geäußert (hg. v. Monique Canto-Sperber, PUF, 1996).

Zwanzig, dreißig Jahre später hat sich das Bild erstaunlich gewandelt. Die Politik stößt auf wenig Interesse, vor allem bei jungen Leuten. Wenn sie doch einmal darüber reden, dann meist, um darüber zu lachen – weil sie kaum noch etwas anderes daran wahrnehmen als die lächerliche Seite, die ihnen in Sendungen wie *Les Guignols de l'Info*[4] präsentiert wird. Zugleich aber hat sich ebendiese Jugend, die der Politik so massenhaft den Rücken gekehrt hat, einer Reihe von moralischen Fragen zugewandt, die zwar häufig umbenannt werden (weil das Wort »Moral« ein wenig altmodisch klingt: Die jungen Leute sprechen lieber von Menschenrechten, Humanität, Solidarität…), die aber deswegen nicht weniger moralisch sind.

Einige Beispiele, um das Bild dieser »moralischen Generation« zu verdeutlichen.

In Frankreich finden regelmäßig Befragungen statt, die ermitteln sollen, welche Persönlichkeit in der Wertschätzung der Jugend den ersten Rang einnimmt… Gesetzt den Fall, man hätte eine solche Erhebung vor dreißig Jahren durchgeführt, wären die Antworten der jungen Leute höchstwahrscheinlich auf zwei gegensätzliche Gruppen entfallen: die Gruppe derer, die sich für, sagen wir, Che Guevara ausgesprochen hätten (dessen hübsches Gesicht unzählige Studentenzimmer schmückte), und die derer, die sich eher für General de Gaulle entschieden hätten. Mit einem Wort, die Antworten der Jugend hätten sich in den sechziger und siebziger Jahren auf zwei Persönlichkeiten verteilt, die zwar gegensätzlich, aber beide politisch waren

4 Vergleichbar mit *Hurra Deutschland* (A.d.Ü.).

(gegensätzlich, weil sie politisch waren: Politik ist definitionsgemäß konfliktträchtig). Doch während der achtziger und neunziger Jahre war die Persönlichkeit, die die Rangliste im Herzen der französischen Jugend anführte, Abbé Pierre. Und zwar nicht der katholische Priester Abbé Pierre, also die religiöse Persönlichkeit, sondern der Abbé Pierre, der als Beschützer der Armen, der Ausgegrenzten wirkte, als wohltätige oder moralische Persönlichkeit. Die Zeiten ändern sich ... In zwanzig Jahren sind wir vom Konflikt zum Konsens, von der Politik zur Moral gekommen – von Che Guevara bzw. General de Gaulle zu Abbé Pierre. Lauter respektable Männer, und doch ist es ein weiter Weg, der da zurückgelegt wurde.

Hier noch ein paar Beispiele, um diese »moralische Generation« deutlicher in den Blick zu rücken.

Was tun gegen Armut? Vor dreißig Jahren hätten die einen geantwortet: Revolution; die anderen: Wachstum, Fortschritt, Beteiligung, was weiß ich. Seit den achtziger Jahren lautet die Antwort vieler junger Menschen – und eines großen Teils unserer Gesellschaft – ganz anders. Was tun gegen Armut? Suppenküchen einrichten. Was tun in der Außenpolitik, gegen den Krieg? Antwort: humanitäre Aktionen, Ärzte ohne Grenzen und so fort. Was tun, um die Probleme der Einwanderung und Integration zu lösen? Organisationen wie *SOS Racisme*[5].

Seit zwei Jahrzehnten ist fast jedes Mal, wenn Probleme auftauchen, die kollektiv, gesellschaftlich, konfliktträchtig – also politisch – sind, eine Vorliebe für Reaktionen zu beob-

[5] Vergleichbar mit *Mach meinen Kumpel nicht an.*

achten, die individuell, moralisch, gelegentlich vielleicht sogar sentimental sind, wenn auf ihre Art auch höchst achtbar (es versteht sich von selbst, dass ich nicht das Geringste gegen Suppenküchen, Ärzte ohne Grenzen oder *SOS Racisme* habe), die aber ebenso offensichtlich unfähig sind, die gesellschaftlichen, konfliktträchtigen, politischen Probleme, denen wir uns gegenübersehen, zu lösen oder auch nur in ihrer ganzen Tragweite in den Blick zu bekommen.

Ich sagte, vor zwanzig Jahre sei die Politik alles gewesen und eine gute Politik sei uns als die einzig erforderliche Moral erschienen. Heute ist es eher so, dass die Moral vielen jungen Menschen alles bedeutet; und eine gute Moral erscheint ihnen als völlig ausreichende Politik.

Zwei Generationen, zwei Irrtümer.

Natürlich war es vor dreißig oder fünfunddreißig Jahren ein Irrtum zu glauben, die Politik könnte die Moral ersetzen. Doch heute ist es ein ebensolcher Irrtum, zu glauben oder glauben zu machen, die Moral – ob man sie nun in Menschenrechte oder Humanität umbenennt – könnte die Politik ersetzen.

Wenn Sie meinen, die Suppenküchen könnten das Elend beseitigen, die Arbeitslosigkeit und die Ausgrenzung, steht für mich fest, dass Sie sich etwas vormachen. Wenn Sie meinen, humanitäre Aktionen könnten die Außenpolitik ersetzen und Antirassismus die Einwanderungspolitik, so bin ich gleichfalls überzeugt, dass Sie sich etwas vormachen. Moral und Politik sind zweierlei, sie sind beide notwendig, lassen sich aber nicht miteinander vermischen, ohne dass man aufs Spiel setzt, was beider Wesen ausmacht. Wir brauchen sie beide, und wir brauchen ihre Verschiedenheit! Wir brauchen eine Moral, die sich nicht auf Politik verkürzen lässt, wir brauchen aber auch eine Politik, die sich nicht auf Moral verkürzen lässt.

So möchte ich die erste Erklärung, die ich vorschlage, um diese Rückkehr der Moral begreiflich zu machen, empirisch beschreiben, von außen, als den Übergang von einer Generation zur anderen, sagen wir, von der Generation der allumfassenden Politik (der Achtundsechziger) zur Generation der allumfassenden Moral (der »moralischen Generation«, die in Frankreich auch, was eine Art Paradox ist, die »Generation Mitterrand« ist); doch inhaltlich signalisiert das vor allem eine schwerwiegende Krise der Politik. In dem Maße, wie den jungen Leuten heute das Gefühl verlorengeht, sie könnten ihr Schicksal kollektiv beeinflussen – was die eigentliche Aufgabe der Politik ist –, neigen sie dazu, sich in die Privatsphäre ihrer moralischen Werte zurückzuziehen. Deshalb erscheint mir diese Erklärung zutiefst ambivalent. Denn einerseits können wir uns doch nur freuen, dass die Jugend eine Art Rückkehr zu moralischen oder humanistischen Forderungen vollzieht; andererseits ist es beunruhigend, dass dies auf Kosten eines echten politischen Engagements geschieht. Heute ist die Schwachstelle unserer Gesellschaft nicht die Moral, wie manchmal zu hören ist, sondern die Politik. Die guten Gefühle haben Konjunktur; doch die Wahlenthaltungen und extremistischen Stimmabgaben nehmen bei französischen Wahlen unaufhaltsam zu. Unserer Demokratie geht es schlecht; das ist ein beunruhigendes Symptom für unsere ganze Gesellschaft.

Keine Generation ist unsterblich. Mir scheint, dass nun auch diese »moralische Generation« ihrem Ende nahe ist.

Was bringt mich zu dieser Annahme? Gewiss nicht die massenhafte Rückkehr zum politischen Engagement! Kurzzeitig sah es zwar so aus, als 2002 zwischen den beiden Wahlgängen der Präsidentschaftswahl die jungen Leute zu Hunderttausenden auf die Straße strömten… Doch da ging es gegen Le Pen, gegen Rassismus, gegen Fremdenfeindlichkeit: Das war ein Kampf, der im Grunde weniger politisch als moralisch war. Das wertet ihn nicht ab, ganz im Gegenteil. Doch es bleibt festzustellen, dass unsere jungen Leute, nachdem Chirac wiedergewählt war, wieder massenhaft in ihr humanitäres und konformistisches Desinteresse an der Politik zurückgefallen sind (was man als »Menschenrechtlerei« bezeichnen könnte). Was die jüngste Bewegung gegen die Rentenreform und Dezentralisierung angeht, so lässt sich da zuallermindest einwenden, dass es ihr, abgesehen davon, dass sie nicht speziell die Jugend betrifft, eher um Bestandssicherung und Interessenwahrung als um einen im eigentlichen Sinne politischen Kampf geht. Im Übrigen ist es kein Zufall, dass die politischen Parteien von diesen Demonstrationszügen in der Regel ausgebuht werden.

Die Leute, die seit einigen Jahren zum Kampf gegen die Globalisierung (oder für eine andere Globalisierung) aufrufen, gehen noch einen Schritt weiter: Sie führen tatsächlich einen politischen Kampf. Doch abgesehen davon, dass sie eine kleine Minderheit darstellen, auch innerhalb der Jugend, ist festzustellen, dass ihre vielfach moralisch und humanitär inspirierte Bewegung gewisse Schwierigkeiten hat, zu einer einigermaßen klaren politischen und programmatischen Linie zu finden… Man mag über Aktivisten wie José

Bové denken, wie man will, doch sie sind nur schwerlich mit Che Guevara oder General de Gaulle zu verwechseln.

Meine Überzeugung, dass die Zeit dieser moralischen Generation abgelaufen ist, hat einen anderen Grund. Welchen? Nun, es sind dieselben Beispiele, die ich gerade zu ihrer Charakterisierung bemüht habe. Abbé Pierre, die Suppenküchen, Ärzte ohne Grenzen, *SOS Racisme* ... Jede dieser vier Institutionen gibt es noch heute, und das ist gut so, doch ich habe den Eindruck, dass keine mehr die makellose Aura besitzt, die sie einst hatte, oder imstande ist, jene einhellige Begeisterung hervorzurufen, die sie vor zehn oder fünfzehn Jahren wecken konnte. Wir erinnern uns: Die große Zeit von Abbé Pierre waren (die fünfziger Jahre einmal beiseitegelassen) eher die achtziger und der Beginn der neunziger Jahre als die Gegenwart. Und auch die Blütezeit der Suppenküchen, der Ärzte ohne Grenzen oder von *SOS Racisme* war eher Ende der achtziger und Anfang der neunziger Jahre als heute. Kurzum, meine Beispiele sind veraltet. Aber glauben Sie nicht, ich hätte aus Faulheit oder Gewohnheit vergessen, sie zu aktualisieren. Vielmehr habe ich in der jüngsten Zeit keine gefunden, die so überzeugend und beständig wären und in die gleiche Richtung wiesen. Daher die eben geäußerte Hypothese, dass es mit dieser moralischen Generation zu Ende geht. Bleibt die Frage, wer ihre Nachfolge antreten könnte.

Ich bin kein Prophet, sondern kann nur beobachten, was bereits geschehen ist, und vielleicht versuchen, in dieser Richtung weiterzudenken. Versuchen wir also, in der allerjüngsten Zeit ein Phänomen zu entdecken, das die jungen Leute massenhaft fasziniert hat und gleichzeitig von Bedeutung war (ich sage »von Bedeutung war«, weil Ihnen ja sonst die letzte Fußballweltmeisterschaft oder irgendeine Reality-Show in den Sinn kommen könnte, deren enormer Erfolg ja unbestreitbar sein mag, aber deren Bedeutungsgehalt, wenn nicht gleich null, so doch ein wenig begrenzt ist, was Sie mir sicherlich zugestehen werden ...). Wenn ich in der allerjüngsten Zeit ein Phänomen suche, das Massen von Jugendlichen mobilisiert hat und gleichzeitig bedeutungsvoll war, so drängt sich mir eines mehr als alle anderen auf, und das umso mehr, als es noch vor dreißig Jahren unvorstellbar gewesen wäre: der erstaunliche Erfolg der Weltjugendtage unter der Schirmherrschaft von Johannes Paul II., zu denen sich 1997 mehr als eine Million Jugendliche in Paris versammelten (wenn ich nicht irre, seit 1968 die größte Versammlung junger Menschen in Frankreich), drei Jahre später zwei Millionen in Rom, 2003 in Toronto zwar nur vierhunderttausend (aber auf protestantischem Boden), und das zu Füßen eines Papstes, der zwar begabt, charismatisch und medienwirksam, aber, wie wir nicht vergessen dürfen, schon recht alt war und die Jugend, um es vorsichtig auszudrücken, nicht gerade mitreißend ansprach.

Ich erinnere mich an einen Artikel in *Le Monde*, der eine Woche vor dem Weltjugendtag in Paris erschien und über die Sorge der Bischöfe angesichts des »vorhersehbaren Misserfolgs« dieses Events berichtete. Tatsächlich erwies sich der »vorhersehbare Misserfolg« als ein vollkommen unvorhergesehener und spektakulärer Erfolg.

Ich war zu dem Zeitpunkt in Paris. Es war nicht nur die Zahl, die mich verblüffte, sondern auch die Atmosphäre, die Freude, die Heiterkeit, diese neue »ruhige Kraft« ...

Meine Hypothese lautet also, dass nach der Generation der allumfassenden Politik (den Achtundsechzigern) und nach der Generation der allumfassenden Moral und der allumfassenden Humanität (der »moralischen Generation«) etwas entsteht, was man als eine »spirituelle Generation« bezeichnen könnte, sagen wir, eine Generation, die die spirituelle Frage, die seit Jahrzehnten obsolet schien, wieder zu ihrer Frage macht.

Was ist die spirituelle Frage?

Die politische Frage ist, sehr vereinfacht gesagt, die Frage nach Recht und Unrecht. Die moralische Frage ist die Frage nach Gut und Böse, Menschlichkeit und Unmenschlichkeit. Die spirituelle Frage ist die Frage nach dem Sinn, die Sinnfrage, wie es heute heißt, also auch die Frage nach der Sinnlosigkeit. Mir scheint, dass diese Frage seit einigen Jahren wieder einen bevorzugten Platz in den Köpfen oder Herzen unserer jungen Leute einnimmt, das heißt all der jungen Leute (aber manchmal sind es auch dieselben), die noch an etwas anderes denken als Fußball, *Big Brother* oder die neueste Castingshow …

Ich möchte betonen, dass es sich nur um eine Hypothese handelt. Aber ich könnte weitere Beispiele nennen, um sie zu untermauern.

Wer kommt nach Abbé Pierre? Ich sehe nur einen Menschen, der heute im Herzen der Jungen und der weniger Jungen jene Aura besitzt, die Abbé Pierre vor zehn oder fünfzehn Jahren hatte; das ist der Dalai Lama. Bei dieser Entwicklung verblüfft mich, dass Abbé Pierre, wie ich oben sagte, zwar sehr populär war, aber weit weniger als katholischer Priester denn als Beschützer der Armen und Ausgegrenzten: nicht als spirituelle, sondern als moralische Persönlichkeit. Beim Dalai Lama verhält es sich genau umgekehrt: Er ist weit weniger populär als Verteidiger der Rechte Tibets (als humanitäre Persönlichkeit) denn als spiritueller Meister, der er ja ist. So dass der Wechsel von Abbé Pierre zum Dalai Lama nicht einfach der von einem heiligen Mann zum nächsten ist. Es ist der Wechsel von einer Frage zur nächsten: der Wechsel von einer genuin moralischen Frage (»Was tust du für die Armen?«) zu einer genuin spirituellen (»Welchen Sinn hat dein Leben?«). Natürlich können diese beiden Fragen miteinander verknüpft sein, deswegen sind sie aber doch verschieden.

Anderes Beispiel: Wer hatte Ende der neunziger Jahre den größten literarischen Erfolg in Frankreich? Ein unbekannter Autor aus einem Land der Dritten Welt, ein Buch mit esoterischem Titel, keine Seite Sex, keine Zeile Gewalt … Und dieses Buch blieb mehr als ein Jahr an der Spitze der Bestsellerliste aller Buchkategorien! Wer den *Alchimisten* von Paulo Coelho gelesen hat, weiß, worum es geht: Es ist nichts anderes als der Bericht über eine spirituelle Suche. Wäre das Buch zehn Jahren zuvor erschienen, hätte es sicherlich niemand beachtet. Gut möglich, dass es in zwanzig Jahren vergessen ist. Doch es ist im richtigen Augenblick erschienen, diesem Umstand verdankt es seinen beträchtlichen und, gemessen an seiner Qualität, etwas unverhältnismäßigen Erfolg. Aber gerade weil es sich um ein nur durchschnittliches Buch handelt (kein Meisterwerk, wie einige behaupteten, aber auch kein grottenschlechtes Buch, wie verschiedene Pariser Intellektuelle in ihrem ewigen Neid auf den Erfolg anderer gar nicht schnell genug urteilen konnten), wird deutlich, dass es sich eher um ein gesellschaftliches als literarisches Phänomen handelt und dass wir daher, zumindest aus dieser Sicht, unrecht hätten, es zu unterschätzen.

Ein weiteres Beispiel, ebenfalls dem literarischen Leben entnommen: der erstaunliche Erfolg eines echten Meisterwerks, wenn auch mit geringerer Auflagenhöhe: *Das Kind, der Engel und der Hund* von Christian Bobin. Wer hätte in den sechziger und siebziger Jahren gedacht, dass ein Buch über den heiligen Franz von Assisi sich in Frankreich – mit wenig Presse und ohne Fernsehen – zweihunderttausend Mal verkaufen würde?

Schließlich als letztes Beispiel oder letzte Anekdote der folgende Ausspruch des Philosophen Michel Serres, der wie folgt über seine Lehrerfahrungen berichtet: »Wenn ich vor dreißig Jahren das Interesse meiner Studenten wecken wollte, sprach ich über Politik; wollte ich sie zum Lachen bringen, sprach ich über Religion. Heute ist es umgekehrt: Wenn ich ihr Interesse will, spreche ich über Religion; wenn ich sie erheitern will, spreche ich über Politik …« Das ist mehr als ein Bonmot, da ist viel Wahres dran.

Damit wir uns richtig verstehen: Ich behaupte keineswegs, dass die spirituelle Frage die einzige oder auch nur die zentrale Frage ist, welche die jungen Leute bei uns beschäftigt. Sport und Musik begeistern sie sicherlich in höherem Maße. Und auch auf literarischem Gebiet verdanken die Bücher von Michel Houellebecq oder Catherine Millet ihren Erfolg ganz offensichtlich eher dem Sex als ihrem spirituellen Gehalt (der allerdings durchaus vorhanden ist, vor allem bei Houellebecq: Die Darstellung des Nihilismus ist, sofern mit Talent und Wahrhaftigkeit vorgenommen, eine Möglichkeit, die Frage nach dem Sinn des Lebens – wenn auch negativ – zu stellen). Alles deutet darauf hin, dass nicht nur die politische Frage an Bedeutung verloren hat (in Frankreich seit Anfang der achtziger Jahre mit der Wende zur Austeritätspolitik), sondern auch die moralische und humanitäre Frage (Ende der neunziger Jahre), und dass dafür die spirituelle Frage heute so aktuell ist wie schon seit mehreren Jahrzehnten nicht mehr.

Darin liegt, wie immer bei Moden, eine gewisse Gefahr der Verwirrung. Wie es in den sechziger und siebziger Jahren absurd war, alle Probleme (auch die individuellen oder existentiellen) politisch lösen zu wollen, so war es in den achtziger oder neunziger Jahren absurd, alle Probleme (auch die gesellschaftlichen und politischen) moralisch oder humanitär lösen zu wollen. Ich erinnere mich an eine Fernsehdebatte, die ich vor einigen Jahren mit einem buddhistischen Mönch führte. »Man kann die Gesellschaft nicht verändern«, sagte er zu mir, »wenn man nicht vorher sich selbst verändert.« Diese offenbar so vernünftige Formel erschien mir gefährlich. Wenn die Menschen warten, bis sie gerecht sind, um für Gerechtigkeit zu kämpfen, wird es nie Gerechtigkeit geben. Wenn sie warten, bis sie ihren Frieden gefunden haben, bevor sie für den Frieden kämpfen, wird es niemals Frieden geben. Wenn sie warten, bis sie (innerlich) frei sind, bevor sie für die Freiheit kämpfen, wird es niemals Freiheit geben. Ebenso gut könnte man auf das Paradies warten, um das Übel hier auf Erden zu bekämpfen … Die Geschichte zeigt jedoch, dass die Veränderung der Gesellschaft eine Aufgabe ist, die weitgehend unabhängig von der

Spiritualität oder der Arbeit an sich selbst ist. Nehmen Sie nur die Französische Revolution oder die Volksfront. Allerdings gilt auch die Umkehrung: Es hat noch nie ausgereicht, die Gesellschaft zu verändern, um sich selbst zu verändern. Die Politik kann ebenso wenig die Weisheit ersetzen (im Gegensatz zu dem, was manche vor dreißig Jahren glaubten), wie die Weisheit die Politik ersetzen kann (im Gegensatz zu dem, was manche heute glauben). Jede Mode ist lächerlich. Jede Monomanie ist gefährlich. Doch auch von einer Mode zur anderen zu wechseln, wie wir es gerade tun, birgt seine Tücken.

Im Übrigen wird diese »spirituelle Jugend«, die auf der Suche nach sich selbst ist, auch dann, wenn sie sich am Ende finden sollte, der moralischen Frage weder ihre Bedeutung nehmen noch uns von ihr befreien können. Der Übergang von einer Generation zur anderen und von einem Irrtum zum anderen erklärt nicht alles. Auch wenn das heute hinter uns liegt, müssen wir jetzt noch auf zwei weitere, vielleicht wichtigere, jedenfalls aber nachhaltigere Erklärungen zu sprechen kommen.

2. Der »Triumph« des Kapitalismus

Die zweite Erklärung, die ich vorschlagen möchte, um die Rückkehr der Moral begreiflich zu machen, betrifft die Zeitebene, die ein Historiker als »mittlere Dauer« bezeichnen würde.

Es geht um einen Prozess, der sich über das ganze 20. Jahrhundert erstreckt hat – wobei mich hier vor allem das Ende des Prozesses interessiert, das jüngeren Datums ist: Ich meine den Zusammenbruch der Sowjetunion und des Ostblocks Ende der achtziger Jahre (der aber, wie gesagt, nur einen Vorgang abgeschlossen hat, zumindest vorläufig, der viel früher begonnen hat, sagen wir, um ein Bezugsdatum zu nennen, 1917). Dieses Ereignis wird als der Triumph des Kapitalismus bezeichnet. Der Ausdruck verblüfft mich ein wenig. Nicht dass ich im Geringsten den Zusammenbruch des anderen Systems in Abrede stellen möchte. Doch nichts beweist, dass, wenn zwei Systeme miteinander konkurrieren, der Zusammenbruch des einen der Triumph des anderen ist. Sie könnten beide scheitern: Das wäre sowohl logisch wie auch historisch denkbar. Es ist zwar nur ein Vergleich, und er hinkt wie alle Vergleiche, aber ich möchte trotzdem daran erinnern, dass das Scheitern des Spartakus nicht ausgereicht hat, um das Römische Reich zu retten ...

Dagegen ist klar, dass das andere System, nennen wir es den Ostblock, zusammengebrochen ist.

Was hat das mit der Rückkehr der Moral zu tun? Nun, jeder Gegner ist auch eine Projektionsfläche. Während all der Jahre des Kalten Kriegs und dann der friedlichen Ko-existenz konnte sich der Kapitalismus, der liberale Westen, die freie Welt, wie es damals hieß, durch seinen Gegensatz zum kommunistischen System aus moralischer Sicht hin-reichend gerechtfertigt fühlen. In den Augen aller (die eher für de Gaulle als Che Guevara waren und die die Mehrheit in unserem Lande bildeten) war der Kommunismus, der Kollektivismus, der Totalitarismus das absolute Böse, so dass es für sie nur eine Schlussfolgerung gab: Der Kapitalis-mus wurde durch seinen Gegensatz zu diesem absoluten Bösen moralisch gerechtfertigt. Das war zwar eine rein negative Rechtfertigung – durch die Verschiedenheit, durch sein Gegenstück –, aber eben doch eine Rechtfertigung. Wie war der Westen schön unter Breschnew! Aber nun gibt es keinen Breschnew, keinen Kontrast mehr, vor dem sich unsere Kultur frisch und prächtig abheben könnte.

Sie mögen denken: »Es gibt zwar Breschnew nicht mehr, dafür aber Bin Laden.« Gewiss. Aber das ist nicht das Glei-che! Zunächst einmal, und das ist keineswegs ohne Bedeu-tung, weil das Aussehen und das Charisma der beiden Män-ner grundverschieden sind. Ich kann mir keinen jungen Kommunisten in Frankreich vorstellen, selbst unter den dogmatischsten nicht, der sich ein Foto von Breschnew in sein Zimmer gehängt hätte: Es wäre ihm und allen seinen Freunden als Gipfel der Lächerlichkeit erschienen. Doch ich bin mir sicher, dass Tausende junger Menschen heute bei uns daran denken, sich das schöne, sanfte Gesicht Bin Ladens ins Zimmer zu hängen, und dass es einige Hundert schon getan haben …

Vor allem bleibt da die grundsätzliche Frage. Was Breschnew im Guten oder Bösen (vor allem Bösen!) symbolisierte, war eine soziale, politische und wirtschaftliche Alternative zum Kapitalismus: ein anderes sozioökonomisches – also auch politisches – System, der Sozialismus in der marxistischen Bedeutung des Wortes. Bei Bin Laden nichts dergleichen. Selbst wenn Saudi-Arabien ein offeneres Ohr für die Wünsche Bin Ladens hätte, wenn es, sagen wir, fundamentalistischer oder islamistischer wäre, als es ist, wäre es noch immer ein kapitalistisches Land ... Und das mit gutem Grund: Der Islam verurteilt weder den Privatbesitz von Produktions- und Tauschmitteln noch den freien Markt oder die Lohnarbeit, die drei Säulen unseres Systems. Folglich symbolisiert Bin Laden keine soziale oder ökonomische Alternative zum Kapitalismus, sondern andere Werte, andere Ideale, andere Regeln – nicht ein anderes sozioökonomisches System, sondern eine andere Moral, ja, eine andere Kultur. Mithin ist der Wechsel von Breschnew zu Bin Laden für den Westen nicht einfach der Wechsel von einem Gegner zum anderen, sondern wiederum der Wechsel von einer Frage zur anderen: von einer genuin politischen (für oder gegen den Kapitalismus) zu einer eher moralischen oder kulturellen (die, kurz gesagt, die Werte des weltlichen und liberalen Westens denen des islamistischen Fundamentalismus gegenüberstellt).

Der Westen hat gewiss noch Gegner. Der Kapitalismus jedoch nicht; oder doch, er hat auch Gegner, aber diese haben kaum noch einen glaubhaften Gegenentwurf zu bieten, den man an seine Stelle setzen wollte. Sagen wir, dass der Kapitalismus trotz seiner unzähligen Schwächen und Ungerechtigkeiten fast ein ideologisches Monopol genießt. Das ist ein Danaergeschenk: In dem Augenblick, da der Kapitalismus seinen historischen Gegner (den Kommunismus) verliert, verliert er auch die negative Rechtfertigungsebene, die ihm auf dem Tablett serviert wurde. Daher ist der »Triumph« des Kapitalismus eigentlich eher verwirrend. Es regt sich der Verdacht, er könnte umsonst gesiegt haben. Wozu siegen, wenn man nicht weiß, wofür man lebt? Der Kapitalismus stellt sich nicht die Frage. Das ist ein Teil seiner Kraft: Er braucht keinen Sinn, um zu funktionieren. Doch die Menschen schon. Und die Kulturen auch. Hat der Westen der Welt noch etwas zu bieten? Glaubt er hinreichend an seine eigenen Werte, um sie zu verteidigen? Oder vermag er, unfähig, sie zu leben, nichts anderes mehr, als zu produzieren und zu konsumieren – und Geschäfte zu machen, in Erwartung des Endes?

Gesellschaften haben Angst vor der Leere. Nachdem unsere Gesellschaft die negative Rechtfertigung verloren hat, die ihm ihr Gegner darbot, ist sie gezwungen, sich eine andere Rechtfertigung zu suchen, die dieses Mal – mangels einer glaubwürdigen Alternative – wohl eine positive Rechtfertigung sein muss, die sie nur in sich selbst finden kann, in Gestalt von Werten, Idealen, kurz, einer Moral.

Das fällt zeitlich mit der »moralischen Generation« zusammen, von der ich eben sprach, und kann zur Erklärung beitragen. Ein Phänomen von ganz anderer Tragweite deutet folglich in die gleiche Richtung: Auch der Zusammenbruch des Ostblocks verweist uns auf die moralische Frage.

3. Der »Tod Gottes«

Die dritte Erklärung, die ich vorschlagen möchte, um die Rückkehr der Moral begreiflich zu machen, bewegt sich auf der historischen Zeitebene der »langen Dauer«. Ich denke dabei an einen Prozess, der sich über mehrere Jahrhunderte erstreckte. Er hat in der Renaissance begonnen, sich im 18. Jahrhundert unter dem Einfluss der Aufklärung beschleunigt und während des 19. und 20. Jahrhunderts fortgesetzt. Heute können wir, vor allem in Frankreich, beobachten, dass er fast abgeschlossen ist. Es handelt sich um einen Prozess der Laizisierung, der Säkularisierung und damit, zumindest soweit es Frankreich betrifft, der Entchristianisierung. Im Grunde ist es der Prozess, den Nietzsche schon Ende des 19. Jahrhunderts diagnostizierte, als er die berühmt gewordenen Worte schrieb: »Gott ist tot! ... Und wir haben ihn getötet.«[6] Denselben Prozess hat auf seine Weise der Soziologe Max Weber Anfang des 20. Jahrhunderts analysiert, als er – mit einem anderen berühmten Ausspruch, den unlängst Marcel Gauchet aufgegriffen hat – von der »Entzauberung der Welt« sprach.[7]

Was soll das heißen?

Betrachten wir, um es kurz zu halten, den berühmteren der beiden Aussprüche Nietzsches – »Gott ist tot«. Sie wis-

---

6 Vgl. beispielsweise *Die fröhliche Wissenschaft*, III, § 108 und 125 (woraus ich hier zitiere), und *Also sprach Zarathustra*, I, Prolog, Abschnitt 2.

7 Max Weber, »Wissenschaft als Beruf« (1919), in: *Max Weber im Kontext* (CD-ROM), 2. Aufl., Berlin, Worm, 2002, S. WL 553; »Die protestantische Ethik und der Geist des Kapitalismus«, a.a.O., S. RI 95; Marcel Gauchet, *Le Désenchantement du monde. Une histoire politique de la religion*, Galli-

sen natürlich, dass der Ausspruch nicht wörtlich zu nehmen ist. Nietzsche ist sich darüber im Klaren, dass Gott, wenn es ihn denn gibt, definitionsgemäß unsterblich ist. Ich möchte hinzufügen, dass er, selbst wenn es ihn nicht gibt, ebenfalls in gewisser Weise unsterblich ist...

Vom Tod Gottes zu sprechen heißt auch nicht – wie ich im Gegensatz zu dem, was Nietzsche gelegentlich zu verstehen gab, finde –, dass es heute unmöglich ist, wahrhaft an Gott zu glauben. Das ist selbstverständlich immer möglich! Gott lebt – hier, jetzt, in diesem Saal – für alle die, die an ihn glauben. Doch im Unterschied zu früheren Jahrhunderten findet dieser Glaube nur noch in der Privatsphäre statt, wie die Soziologen sagen: Wir können nach wie vor individuell an Gott glauben; aber nicht mehr kollektiv mit ihm kommunizieren. Das gilt für jeden Einzelnen von uns und für uns alle gemeinsam. Ein Lehrer kann durchaus an Gott glauben; aber er kann sich nicht auf Gott berufen, um auf welchem Gebiet auch immer sein Wissen oder seine Autorität zu belegen. Der Leiter eines Unternehmens kann durchaus an Gott glauben; aber er kann sich nicht mehr auf Gott berufen, um seine wie auch immer geartete Macht über seine Mitarbeiter und Untergebenen zu rechtfertigen. Ein Politiker kann durchaus an Gott glauben; aber er vermag sich nicht auf Gott zu berufen, um sein Programm und

mard, 1985. Für Max Weber beginnt diese »Entzauberung der Welt« paradoxerweise mit dem Judentum und setzt sich mit dem Christentum, vor allem dem Protestantismus fort: Diese monotheistischen Religionen haben die Magie »als Heilsmittel« ausgeschaltet (Max Weber, *Max Weber im Kontext*, a.a.O., S. RI 114 und RI 156). Der Atheismus führt diesen Ansatz fort, indem er auf das Heil selbst verzichtet.

sein Handeln zu legitimieren. Das ist der Preis der Trennung von Staat und Kirche. Der Einzelne kann noch an Gott glauben, unsere Gesellschaft kann ihren Zusammenhalt nicht mehr auf ihn gründen. Dadurch entsteht eine große Leere, die den Gesellschaftskörper schwächt. Das ist die Bedeutung, die Nietzsches Worte heute haben: Gott ist *gesellschaftlich* tot.

Das wirft eine Vielzahl erheblicher Probleme auf, die fast alle die Frage des Gemeinwesens betreffen. Was bleibt von unserem Gemeinwesen, beispielsweise dem nationalen oder europäischen, wenn wir es nicht mehr auf eine religiöse Gemeinschaft gründen können? Denn aus der Gemeinschaft entsteht das Gemeinwesen und nicht umgekehrt. Nur wenn Gemeinschaft vorhanden ist, gibt es ein Gemeinwesen und nicht einfach ein Konglomerat nebeneinander herlebender oder konkurrierender Einzelwesen …

Doch was ist das für ein Gemeinwesen, wenn es keine Gemeinschaft mehr gibt?

Vor einigen Jahren habe ich Michel Serres gehört, wie er sich mit der Etymologie (oder mit einer der beiden möglichen Etymologien – die Frage wird von Fachleuten diskutiert, ist hier aber ohne Belang) des Wortes »Religion« auseinandersetzte. Nach der Etymologie, für die sich Michel Serres entschied und die auch von den meisten Fachleuten favorisiert wird, leitet sich das lateinische Wort *religio* von dem Verb *religare* ab, was »verbinden« bedeutet. Daher kam Michel Serres zu der – vor ihm schon oft getroffenen – Feststellung, dass die Religion das sei, was verbinde. Es liegt auf der Hand, wie das gemeint ist: Die Religion ist das verbindende Element zwischen den Menschen, weil sie sie allesamt mit Gott verbindet. Wenn allerdings die Religion das sei, was verbinde, fügte Michel Serres hinzu – und diese Feststellung war origineller –, dann sei das Gegenteil von Religion nicht der Atheismus, wie gemeinhin angenommen, sondern *négligence*, »Nachlässigkeit«, von lateinisch *neglectio*, was ursprünglich Bindungslosigkeit bedeutet habe.

Diese letzte Bemerkung von Michel Serres aufgreifend, möchte ich sagen, dass wir heute von einem Zeitalter verbreiteter Bindungslosigkeit bedroht sind, das heißt schlicht und einfach von der Auflösung aller gesellschaftlichen Bindungen, so dass unsere Mitbürger, unfähig, in irgendeiner Hinsicht miteinander zu kommunizieren, nur noch in der Lage sind, ihre kleine Privatsphäre liebevoll zu kultivieren – was die Soziologen den Triumph des Individualismus oder *Cocooning* nennen.

Dieser Triumph des Individualismus stellt unsere Gesellschaft als Wirtschaftssystem nicht in Frage. Er ist natürlich mit dem Kapitalismus zu vereinbaren. Vielleicht ist er sogar dessen Ausdruck. Der Individualismus, das *Cocooning*, bringt gute Konsumenten hervor. Und da man von irgendwas leben muss, bringt der Individualismus, wenn er denn gute Konsumenten hervorbringt, auch ganz ordentliche Produzenten hervor. Von ihm ist unsere Gesellschaft als Wirtschaftssystem also nicht bedroht; sie könnte sehr gut fortbestehen, zumindest eine Zeitlang. Aber sie würde es nicht schaffen, Bindungen und Gemeinschaft herzustellen; sie würde es nicht schaffen, Sinn zu machen, wie man heute sagt. Unsere Gesellschaft könnte fortbestehen, aber das wäre das Ende unserer Kultur. Es gab jedoch noch nie eine

Gesellschaft ohne Kultur. Und selten hat eine Gesellschaft ihre eigene Kultur lange überlebt.

Ich befürchte, dass dieser gesellschaftliche Tod Gottes bei uns gleichzeitig der Tod des Geistes ist – das Verschwinden allen spirituellen Lebens, das diesen Namen verdient, zumindest im Westen. So dass wir am Sonntagmorgen nur noch die Supermärkte füllen können, weil die Kirchen sich leeren.

Es wäre ein Fehler, darüber zu frohlocken. Gestatten Sie mir, dass ich Ihnen als bekennender Atheist sage, dass die Supermärkte nicht die Kirchen ersetzen können. Und dass eine Gesellschaft, die ihrer Jugend nur Supermärkte zu bieten hätte, ihre Zukunft wahrscheinlich schon hinter sich hätte. Die Jugend spürt das übrigens sehr wohl. Mir scheint, dass das auch – vielleicht sogar vor allem – der Grund für den Erfolg des Weltjugendtages ist...

Was hat das mit der Rückkehr der Moral zu tun? Das falle doch mehr in die Zuständigkeit der Spiritualität als in die der Moral, könnten Sie mir entgegenhalten... Es fällt in die Zuständigkeit beider. In die der Spiritualität, weil es eine Frage des Sinns, der Bindung, der Gemeinschaft ist; aber auch in die der Moral, weil es hier um eine Frage von Regeln und Werten geht, wie wir gleich sehen werden.

Was für eine Beziehung gibt es zwischen Gottes Tod und der Rückkehr der Moral? Meiner Ansicht nach die folgende: 2000 Jahre lang wurde im christlichen Abendland, um es sehr vereinfacht zu sagen, die Frage »Was soll ich tun?« (die moralische Frage) von Gott beantwortet – durch seine Gebote, seine Priester, seine Kirche –, so dass sich der Einzelne nicht mit ihr befassen musste, war die Antwort darauf doch, eingebettet in eine zutiefst religiöse Kultur, selbstverständlich.[8] Bei der Geburt oder während der ersten Lebensjahre erhielt man eine Art Geschenkpackung, eine im Wesentlichen religiöse Packung (»christliches Abendland« genannt), die natürlich auch eine Moral enthielt. Daher war die Moral damals weit weniger ein Problem als eine Lösung.

Ja. Und nun antwortet Gott nicht mehr auf die Frage: »Was soll ich tun?« Oder genauer, nun werden seine Antworten gesellschaftlich immer weniger hörbar – was auch, nebenbei bemerkt, für die wachsende Zahl praktizierender und vor allem junger Christen gilt. Alle Untersuchungen zeigen, dass eine Mehrheit der praktizierenden Christen, insbesondere der unter Fünfzigjährigen, sich nicht mehr an die moralischen Gebote der Kirche oder des Papstes gebunden fühlt: Denken Sie an das Problem der Empfängnisverhütung oder der außerehelichen Sexualität. Wie viele von den Millionen junger Leute, die Johannes Paul II. zujubelten, fühlen sich wirklich verpflichtet, jungfräulich in die Ehe zu gehen? Wie viele haben konsequent auf Pille oder Kondom verzichtet?

Halten wir also fest: Auf die Frage »Was soll ich tun?« antwortet Gott nicht mehr, oder seine Antworten werden gesellschaftlich immer weniger gehört. Trotzdem stellt sich

8 Das gilt vor allem für die katholische Welt. Die Protestanten mit ihrem *libre examen*, dem Recht auf freie Prüfung der Glaubenssätze, räumen dem individuellen Gewissen viel mehr Bedeutung ein. Aber auch das bleibt deswegen nicht weniger an die Heilige Schrift, die Offenbarung und ein transzendentes Gesetz gebunden. Diese »freie Prüfung« ist nicht zu verwechseln mit »freiem Denken«: Die Moral bleibt auch im Protestantismus der Religion unterworfen.

die Frage noch immer ... So sieht sich jeder von uns vor dies – »Was soll ich tun?« – wie vor seine privateste persönliche Frage gestellt, auf die niemand (weder Gott noch Priester noch Generalsekretär ...) an seiner Stelle antworten kann und die daher umso mehr Bedeutung gewinnt. Mancher glaubte in seiner Naivität, der Atheismus könnte die moralische Frage beseitigen! Das Gegenteil ist der Fall: Wir brauchen die Moral umso nötiger, je weniger Religion wir haben – weil wir auf die Frage »Was soll ich tun?« unbedingt eine Antwort finden müssen, wenn Gott sie uns nicht gibt. Deshalb brauchen wir heute dringend eine Moral! Deshalb brauchen wir sie heute sogar dringender als je zuvor. Denn seit 3000 Jahren hat es noch nie eine derart säkularisierte Gesellschaft gegeben; seit 3000 Jahren hat es noch nie eine Gesellschaft gegeben, die so zutiefst unreligiös wie die unsere war. Wenn es, wie ich glaube, richtig ist, dass wir die Moral umso dringender brauchen, je weniger Religion wir haben, so ist daraus zu schließen, dass wir die Moral heute dringender brauchen, als es seit 3000 Jahren der Fall war. »Wenn es Gott nicht gibt«, sagt eine Figur bei Dostojewski, »ist alles erlaubt.« Ich möchte das Gegenteil behaupten. Wenn es Gott gäbe, könnte man sich eventuell alles erlauben, anders gesagt, ihm das Problem überlassen (da es in Wirklichkeit schon gelöst wäre) und ruhig das Ende aller Zeiten abwarten. Gutes tun? Wozu, da doch alles Gute schon existiert (in Gott)? Böses tun? Ungehorsam sein? Warum nicht? Das wäre kühn, wenn es Gott gäbe! Aber wenn es ihn nicht gibt? Was wäre daran kühn, dass man sich kraftlos, weichlich, egoistisch, böse verhielte? Gibt es Gott nicht, dann gibt es auch nichts mehr, was wir ihm überlassen oder von ihm erwarten können: Dann müssen wir uns selbst fragen, was wir uns erlauben oder nicht.

Anders gesagt, die Moral ist in die Religion eingebettet und wird dadurch zweitrangig. Erst wenn die Religion verschwindet, rückt die moralische Frage wieder in den Vordergrund.

4. Die Mode der »Unternehmensethik«

Fassen wir zusammen. Drei Erklärungen scheinen mir für die »Rückkehr der Moral« in Frage zu kommen: zunächst der Übergang von einer Generation zur anderen und die Krise der Politik, die dieser Übergang zum Ausdruck bringt; dann der Zusammenbruch des Ostblocks und der Verlust der negativen Rechtfertigung, die der Gegner dem Kapitalismus lieferte; schließlich und drittens der soziale Tod Gottes, der jeden von uns vor die Frage »Was soll ich tun?« stellt. Wenn Sie diese drei Erklärungen zusammenfügen, erkennen Sie, dass die Rückkehr der Moral nicht nur eine höchst aktuelle, sondern auch eine grundlegende Frage ist, die uns während der kommenden Jahrzehnte beschäftigen und von der das Schicksal unserer Kultur zumindest teilweise abhängen wird.

Und diese höchst aktuelle Frage ist dazu auch eine, die in Mode ist. Es kommt glücklicherweise auch ab und zu vor, dass die Mode sich wirklicher Fragen annimmt. So wie hier. Doch wenn die Mode ins Spiel kommt, ist, wie ich in meiner Einleitung sagte, der Preis dafür gewöhnlich eine gewisse Verwirrung. Dem entgeht auch die Mode der Moral nicht. Das gilt auch, und vielleicht vor allem, in der Unternehmenswelt. Vor einigen Jahren ist, wie so oft, eine Mode über den Atlantik zu uns herübergeschwappt, die wir als Unternehmensethik bezeichnen könnten. Es handelt sich dabei um nichts anderes als die von mir beschriebene »Rückkehr der Moral« auf der Managementebene.

Worum geht es? Wieder mehr um Worte als um Taten.

Ich höre vielfach und lese hier und da in der Fach- und der Publikumspresse Bemerkungen wie die folgende: »Die Ethik (die Unternehmensethik, wie aus dem Kontext hervorgeht) verbessert das Betriebsklima des Unternehmens und damit seine Produktivität«; »Die Ethik verbessert das Image des Unternehmens und damit den Absatz«; »Die Ethik verbessert die Qualität des Produkts oder der Serviceleistungen und damit, abermals, den Absatz« ... Kurzum, Ethik steigert die Leistung, Ethik steigert den Absatz! *Ethics pays* heißt es jenseits des Atlantiks: Ethik »rechnet sich«. Gelegentlich versteigt man sich sogar zu dem bizarren Neologismus »Markethik«, um das Kind der seltsamen Liebe zwischen Marketing und Ethik zu bezeichnen ...

Diese Diskurse erfreuen sich nicht nur in den Vereinigten Staaten größter Beliebtheit. Vor einigen Jahren ist mir die Fotokopie einer Anzeige des Essec-IMD[9] (der Fortbildungseinrichtung der renommierten Wirtschaftshochschule) untergekommen, aus der zu erfahren war, dass ein neuer Studiengang mit der Bezeichnung »Management der Geschäftsethik« eingerichtet worden war. Die Losung dieses Studiengangs war (ich zitiere, O-Ton Essec-IMD): »Die Ethik ist eine Quelle des Profits.« Für diese Ausbildung wurde die bescheidene Summe von – es war vor dem Euro – 98 000 Francs (ca. 15 000 Euro) netto verlangt ... Ethik scheint tatsächlich eine Quelle des Profits zu sein.

Ich gestehe, dass ich dem Thema der Ethik, die sich rechnet, der Marktethik oder der Ethik, die eine Quelle des

---

9 ESSEC = École supérieure des sciences économiques et commerciales; IMD = Institute for Management Development (A.d.Ü.).

Profits ist, etwas verblüfft und, um ganz ehrlich zu sein, auch einigermaßen ablehnend gegenüberstehe.

Es wäre das erste Mal, dass die Tugend als solche zum Geldverdienen taugen würde.

Ich möchte keinesfalls bestreiten, dass sich Geld manchmal oder oft auf ehrliche Weise verdienen lässt, dass sich Moral und Wirtschaftlichkeit, Pflichtgefühl und Interesse manchmal oder oft in die gleiche Richtung bewegen, und wo das der Fall ist, gibt es definitionsgemäß kein Problem – besonders kein moralisches Problem.

Betrachten wir ein Beispiel. Sie haben in Ihrem Beruf die Wahl zwischen zwei Möglichkeiten, A und B. Wenn Sie A wählen, sind Sie ein feiner Kerl und verdienen viel Geld. Wenn Sie B wählen, sind Sie ein Lump und verlieren viel Geld. Kein Grund, lange zu grübeln, einen Unternehmensberater oder Philosophen einzuschalten, um zu wissen, was Sie zu tun haben … Sie entscheiden sich natürlich für A, weil moralisches und wirtschaftliches Denken Sie dazu bringt, weil Sie damit Ihrem Gewissen folgen und Ihrem Eigennutz dienen! In diesem Fall gibt es kein Problem, besonders kein moralisches.

Ich frage mich, ob das, was gemeinhin in unseren Zeitungen und Hörsälen Unternehmensethik genannt wird, nicht die Kunst ist, Probleme dieser Art zu lösen – will sagen, Probleme, die keine sind.

Sie wählen also A, weil Moral und Wirtschaft sowie Pflicht und Eigennutz dafür sprechen. Bleibt die Frage, ob Sie A aus Pflichtgefühl oder Eigennutz wählen, aus moralischen oder wirtschaftlichen Erwägungen. Wie wollen wir wissen, welcher der beiden Beweggründe sich als der bestimmendere erweist, da sich die beiden doch, gemäß unserer Hypothese, decken? Die Frage muss jeder für sich selbst beantworten. Doch mir scheint, dass wir uns bei ein bisschen Klarblick und Bescheidenheit der Erkenntnis nicht verschließen können, dass wir in diesem Fall aus Eigennutz handeln. Und dass folglich unsere Handlung, egal, wie sehr sie der Moral entspricht, keinerlei moralischen Wert besitzt, wie Kant sagen würde – da sie aus Eigennutz vorgenommen wird und da das besondere Merkmal des moralischen Werts einer Handlung, wie jeder weiß, die Uneigennützigkeit ist.[10]

Lassen Sie mich diesen Punkt mit zwei Beispielen ver-

---

10 Zum Begriff der Uneigennützigkeit bei Kant vgl. den ersten Abschnitt der *Grundlegung zur Metaphysik der Sitten*. Vgl. ferner die *Kritik der praktischen Vernunft*, Dialektik, Zweites Hauptstück, Abschnitt IX. Niemand ist verpflichtet, Kantianer zu sein, ich bin es, nebenbei gesagt, auch nicht. Ich vertrete hier nur eine Art »zeitweiligen Kantianismus«, um rascher zum Kern der Sache zu kommen, ohne auf die meta-ethischen Fragen einzugehen, die ich andernorts behandelt habe und die meine Darlegungen hier nur unnötig komplizieren würden. Im Übrigen hat Kant in Hinblick auf die Moral zumindest phänomenologisch recht: Er beschreibt die Moral, wie sie uns erscheint, wie wir sie erleben oder zu erleben glauben – von innen gesehen. Jeder hat das Gefühl, dass eine Handlung, die aus Eigennutz geschieht (beispielsweise in der Hoffnung auf eine Belohnung), jeden moralischen Wert einbüßt. Das ist der Punkt, in dem man den Utilitaristen nicht ganz Folge leisten kann. Niemand bestreitet, dass die Moral auch einen gesellschaftlichen oder individuellen Nutzen haben kann. Doch sie ist nur im eigentlichen Sinne moralisch, insoweit sie sich nicht auf diesen Nutzen beschränken lässt. Sonst hätten wir das moralische Recht, ein Kind zu quälen (das Beispiel stammt von Dostojewski), wenn es dem Wohl der Menschheit diente – was natürlich inakzeptabel ist. Deswegen ist der Eigennutz aber nicht unvereinbar mit der Moral. Andererseits können wir diese beiden Begriffe nicht gleichsetzen, ohne die Moral aufzuheben. Daher bleibt der Begriff der Uneigennützigkeit phänomenologisch von entscheidender Bedeutung. Im Übrigen kann eine moralische Handlung durchaus eigennützig sein. Sie hat aber nur in dem Maße moralischen Wert, wie ihr Beweggrund nicht auf diesen Eigennutz beschränkt ist – also in dem Maße, wie sich in ihr, zumindest teilweise, Uneigennützigkeit ausdrückt.

deutlichen, einem, das von mir persönlich ausgeht, und einem anderen, das sich eher auf den Markt im Allgemeinen bezieht und all diejenigen einschließt, die von ihm leben (also uns alle direkt oder indirekt).

Stellen Sie sich vor, ich würde heute Abend bei einem Essen mit Freunden die folgende alberne Rede zum Besten geben: »Freunde, heute habe ich mich moralisch einwandfrei verhalten! Ich habe den ganzen Nachmittag vor einer großen Zuhörerschaft einen Vortrag über die Beziehung zwischen Moral und Wirtschaft gehalten. Zwei Stunden Rede, drei Stunden Diskussion! Wenn das kein Anlass ist, eine hohe Meinung von meinem Verhalten als Intellektueller, Philosoph und Bürger zu haben!« Meine Freunde, obschon vielleicht etwas überrascht von dem Ton, könnten nicht umhin, mir beizupflichten. Außer wenn mich einer von ihnen plötzlich fragte: »Aber sag mal, sie haben dich doch für deinen Vortrag bezahlt, oder hast du ihn unentgeltlich gehalten?« Wahrheitsgemäß würde ich ihnen antworten: »Unentgeltlich? Nein. Sie haben mich bezahlt … Und gemessen an den knickrigen akademischen Honoraren sogar höchst anständig!« Daraufhin würden meine Freunde natürlich einwenden: »Keiner von uns wird dir einen Vorwurf daraus machen, dass du dich für deinen Vortrag hast bezahlen lassen: Jede Arbeit verdient ihren Lohn, und wir zweifeln nicht daran, dass du deinen Vortrag korrekt gehalten hast. Andererseits finden wir es etwas unverschämt, dass du dir einen Vortrag, von dem du selbst sagst, dass er höchst anständig bezahlt wurde, moralisch so hoch anrechnest! Lies deinen Kant noch mal«, würden mir meine philosophischen Freunde sagen. »Da doch ganz eindeutig ist, dass du deinen Vortrag aus Eigennutz gehalten hast, bleibt er, selbst wenn du in vollkommenem Einklang mit der Moral gehandelt hast, ohne den geringsten moralischen Wert – weil du ihn, wie gesagt, aus Eigennutz gehalten hast und weil der eigentliche moralische Wert einer Handlung die Uneigennützigkeit ist.« Meine Freunde hätten selbstverständlich recht, weshalb mir auch nicht einen Augenblick in den Sinn kommt, mich moralisch besonders gut zu fühlen, wenn ich hier und heute einen Vortrag über Moral halte.

Das zweite Beispiel liefert uns Kant selbst. Das ist für unser Thema besonders interessant, weil es darin um einen Geschäftsmann geht. Gemeint ist das Beispiel vom »klugen Kaufmann« – wie ihn Kant nennt –, der nur deshalb ehrlich ist, weil er seine Kunden behalten möchte. Er betrügt nicht mit den Waren, nimmt von jedem den gleichen Preis, gibt das Wechselgeld gewissenhaft heraus, »so daß ein Kind eben so gut bei ihm kauft, als jeder andere«[11]. Sehr schön. Aber warum? Weil unser Kaufmann sehr gut weiß, dass er bei der ersten kleinen Schummelei, die aufflöge, Kunden und damit über kurz oder lang viel mehr Geld verlöre als die paar Pfennige, die er hier unrechtmäßig herausschlüge ... Daher ist er von gewissenhafter Ehrlichkeit ... und vollkommen egoistisch. Dieser Kaufmann handle, so Kant, trotzdem gemäß der Moral, gemäß der Pflicht. Worin besteht seine Pflicht? Darin, ehrlich zu sein. Nun, ehrlich ist er ... Ja, sagt Kant, er handelt, wie es seine Pflicht ist, aber nicht aus Pflichtgefühl. Er handelt, wie es seine Pflicht

11 *Grundlegung zur Metaphysik der Sitten*, I, Text der von der Preußischen Akad. der Wiss. 1902 begonnenen Ausg. von Kants gesammelten Schriften (Akademieausgabe), Bd. IV, S. 397.

ist, aber aus Eigennutz. In diesem Fall, so Kant, hat seine Handlung, und mag sie noch so sehr in Einklang mit der Moral stehen, keinen moralischen Wert: weil sie aus Eigennutz geschieht und weil das Besondere des moralischen Werts einer Handlung die Uneigennützigkeit ist.

Ich frage mich auch hier, ob das, was in unseren Zeitungen und Hörsälen gewöhnlich Unternehmensethik genannt wird, nicht die Kunst ist, Handlungen dieser Art vorzunehmen: Handlungen, die sicherlich in Einklang mit der Moral stehen, das stelle ich nicht in Abrede, die aber keinen moralischen Wert haben – da uns in den Zeitungen und Hörsälen lang und breit erklärt wird, dass diese Unternehmensethik in Ihrem Interesse (soll heißen, im Interesse des Unternehmens) liegt, dass die Ethik, wie es bei Essec-IMD heißt, eine »Quelle des Profits« ist. Wenn aber die Ethik eine Quelle des Profits ist, was hat dann die Moral damit zu tun? Profit ist Sache des Managements, des Marketings, der Geschäftsführung und nicht der Moral.

Mit einem Wort, diese Mode der Unternehmensethik lässt mich befürchten, dass die Moral, wenn sie überall bemüht wird und überall zugegen sein muss (und obendrein noch Gewinn abwerfen soll), am Ende so verwässert und instrumentalisiert ist, dass sie in Wahrheit (ja, in ihrer strengen und objektiven Wahrheit) nirgendwo mehr ist.

Statt die Moral überall zu bemühen, statt sie überall zu sehen, was am ehesten dazu führt, dass sie in Wahrheit nirgendwo mehr ist, möchte ich lieber verschiedene Bereiche, die ich als Ordnungen bezeichne, voneinander unterscheiden und versuchen, die Grenzen zwischen diesen Ordnungen auszuloten.

II

Das Problem der Grenzen
und die Unterscheidung der Ordnungen

Warum das Problem der Grenzen? Weil wir, sobald wir auf das »Alles ist erlaubt« des Einfaltspinsels, Achtundsechzigers oder Lumpen verzichten, uns fragen müssen, was nicht erlaubt ist. Und mit der Frage, was nicht erlaubt ist, stellt sich das Problem der Grenzen.

1. Die technowissenschaftliche Ordnung

Wo haben beispielsweise die Technowissenschaften, wie man heute sagt, insbesondere die Wissenschaften vom Leben, ihre Grenzen? Wo sind die Grenzen der Biologie? Noch genauer, die Grenzen der gentechnischen Manipulationen von Keimzellen, die das Erbmaterial der Menschheit enthalten und weitergeben? Oder wo die Grenzen (einschließlich einer absoluten Grenze: eines bedingungslosen *Neins*) des reproduktiven Klonens von Menschen? Auf diese Fragen gibt die Biologie keine Antwort. Weil sie noch nicht weit genug fortgeschritten ist, so dass in zehn oder zwanzig Jahren eine Antwort vor ihr zu erwarten wäre? Nein. Sie antwortet nicht und wird nie antworten, weil sie sich diese Frage gar nicht stellt. Die Biologie kann uns als Naturwissenschaft lediglich sagen, welche Genmanipulation technisch möglich ist und welche, zumindest heute, zwar nicht möglich, aber wissenschaftlich denkbar ist, so dass sie in einigen Jahren unter Umständen möglich sein wird... Gleiches gilt natürlich für das reproduktive Klonen: Die Biologie sagt, wie es gemacht wird, aber nicht, ob es gemacht werden darf. Die Biologie sagt uns, was biologisch möglich oder unmöglich ist. Aber die Biologie ist – wie alle Wissenschaften – definitiv unfähig, auf dem Gebiet des Möglichen eine Grenze zu ziehen. Welche Grenzen für die Biologie? Die Biologie gibt keine Antwort.

Zweites Beispiel: Welche Grenzen für die Wirtschaft? Welche Grenze für den Kapitalismus? Welche Grenzen für den Markt und die Marktgesetze? Ich erinnere mich an ein Kolloquium, an dem ich vor einigen Jahren teilnahm; vor den Vorstandsmitgliedern einiger Großunternehmen diskutierte eine Gruppe von Fachleuten, bei denen es sich größtenteils um Wirtschaftswissenschaftler handelte. Darunter ein brillanter Nationalökonom, der vor versammeltem Publikum verkündete: »Schon seit langem liegt die Kakaonotierung weit unter dem, was der Anstand dulden kann.« Ich erwiderte, ich verstünde sehr gut, was er sagen wolle, und könne ihm nur beipflichten. Allerdings sei der Anstand, soweit ich wisse, kein ökonomischer Begriff.

Welche Grenze für die Kakaonotierung? Die Ökonomie gibt keine Antwort. Als Wissenschaft kann sie uns lediglich sagen, wie die aktuelle Notierung ist (was nicht schwer ist), welche Notierung zu erwarten ist (in zwei Wochen, sechs Monaten, zehn Jahren...), dank welcher Mechanismen der Markt im Falle eines Preissturzes sich wieder stabilisieren würde und so fort. Doch die Ökonomie als solche ist ganz

sicher nicht in der Lage, eine Art Basisnotierung festzusetzen, unter die der Kakao auf keinen Fall abrutschen darf.
Welche Grenze für die Wirtschaft? Die Wirtschaft gibt
keine Antwort.

Wir sehen uns hier einer ersten Ordnung gegenüber, wie
ich sie in der pascalschen Bedeutung des Wortes nennen
möchte,[12] anders gesagt, einer ersten Ebene, einem ersten
Bereich (mit einer eigenen Kohärenz und Unabhängigkeit
gegenüber anderen Ordnungen), für die ich die Bezeichnung technowissenschaftliche Ordnung vorschlagen möchte. Aus Gründen der Vollständigkeit oder Deutlichkeit
könnten wir die Ordnung auch wirtschaftlich-technowis-
senschaftlich nennen. Doch erstens wäre die Bezeichnung
entsetzlich schwerfällig, und zweitens und vor allem wäre
sie pleonastisch, da die Wirtschaft beides, eine Wissenschaft und eine Technik, ist. Sprechen wir also von der
technowissenschaftlichen Ordnung, aber behalten wir im
Hinterkopf, dass die Wirtschaft wie jede Wissenschaft und
jede Technik selbstverständlich dazugehört.

Diese technowissenschaftliche Ordnung gewinnt ihre innere Struktur aus dem Gegensatz zwischen dem Möglichen

12 Eine Ordnung ist bei Pascal »ein homogenes und autonomes Ganzes, von
   Gesetzen bestimmt und an einem bestimmten Modell ausgerichtet, woraus
   es seine Unabhängigkeit gegenüber einer oder mehreren anderen Ordnungen gewinnt« (Jean Mesnard, »Le thème des trois ordres dans l'organisation
   des Pensées«, in: *Thématique des Pensées*, Vrin, 1988, S. 31). Bekanntlich
   sind die drei Ordnungen Pascals die Ordnung des Körpers, die Ordnung
   des Geistes oder der Vernunft, schließlich die Ordnung des Herzens oder
   der Nächstenliebe. Der entscheidende Text zu diesem Begriff ist das Fragment 308/793; *Pascal im Kontext*, Komplettausgabe deutsch-französisch,
   CD-ROM, 1. Aufl., Berlin, Worm, 2003. (Die Zahlverweise bei den *Gedanken*: Die erste Zahl bezieht sich auf die Lafuma-Ausgabe, die zweite auf die
   Brunschvicg-Ausgabe.)

und dem Unmöglichen. Technisch gibt es das, was wir machen können (das Mögliche), und das, was wir nicht machen können (das Unmögliche). Wissenschaftlich gibt es das, was wir denken können (das möglicherweise Wahre), und das, was wir nicht denken können (das zweifelsfrei Falsche). Doch diese innere Grenze zwischen dem Möglichen und dem Unmöglichen kann die technowissenschaftliche Ordnung selbst nicht begrenzen. Warum nicht? Weil sie sich historisch unablässig verschiebt! Das nennen wir den wissenschaftlichen und technischen Fortschritt, ungeachtet der Tatsache, dass er sich (denken Sie an die Atombombe) als verhängnisvoll erweisen kann. Was noch vor zehn Jahren unmöglich war, kann heute möglich sein; vieles, was heute unmöglich ist, wird in zwanzig oder dreißig Jahren möglich sein. Diese Grenze zwischen dem Möglichen und dem Unmöglichen ist eine innere, sie begrenzt jedoch nicht die technowissenschaftliche Ordnung; sie dient lediglich zu ihrer Strukturierung, indem sie ihren aktuellen Entwicklungsstand festhält. Wenn wir die technowissenschaftliche Ordnung allein ihrer inneren Dynamik überlassen, wird sie daher bestätigen, was der Biologe Jacques Testart bei einer Podiumsdiskussion, an der ich ebenfalls teilnahm, das »einzige Prinzip des technischen Universums« nannte. Gelegentlich wird es auch als Gabor'sches Gesetz bezeichnet. Das Prinzip oder Gesetz lautet wie folgt: »Alles, was möglich ist, wird auch gemacht.« Ich möchte lediglich hinzufügen: vorausgesetzt, es gibt einen Markt.

Nun stellt sich aber heraus, dass das Mögliche (einschließlich eines möglichen Marktes) heute besondere Schrecken birgt. Der technologische Fortschritt ist keine Garantie. Er kann sich gegen uns wenden und sogar den Fortbestand der Menschheit in Frage stellen – etwa durch Genmanipulation, einen Nuklearkrieg oder die Umweltverschmutzung... Was die Wirtschaft betrifft, so stellt sie viel einfacher und unauffälliger, aber häufig höchst dramatisch die Lebensbedingungen – wenn nicht gar das Leben selbst – von Millionen von Zeitgenossen in Frage. Jedes Mal wenn der Kakao in London oder New York ein paar Cent pro Tonne niedriger notiert, fallen Zehntausende Menschen in den Erzeugerländern unter die Armutsschwelle. Das genügt nicht, um die Notierung wieder nach oben zu treiben, verbietet uns aber, uns seelenruhig den Marktgesetzen anzuvertrauen...

Mit einem Wort, wenn wir die technowissenschaftliche Ordnung ihrer inneren Dynamik überlassen, wird alles, was möglich ist, auch gemacht; das Mögliche aber ist heute erschreckender als jemals zuvor.

Daher sind wir gezwungen, diese technowissenschaftliche Ordnung zu begrenzen, um dafür zu sorgen, dass doch nicht alles, was wissenschaftlich denkbar und technisch möglich ist, gemacht wird. Und da diese Ordnung, wie die vorangehende, unfähig ist, sich selbst Grenzen zu setzen – keine biologischen Grenzen für die Biologie, keine wirtschaftlichen Grenzen für die Wirtschaft und so fort –, können wir sie nur von außen begrenzen.

2. Die rechtlich-politische Ordnung

Was kann die technowissenschaftliche Ordnung von außen begrenzen? Eine zweite Ordnung, die ich rechtlich-politische Ordnung nennen möchte. Genauer: das Recht, der Staat. Wer soll uns beispielsweise sagen, ob wir das Recht zum – heute schon technisch möglichen – reproduktiven Klonen oder gentechnischen Verändern von Keimzellen haben oder nicht? Antwort: der Gesetzgeber – der Wille des souveränen Volks, in unseren Demokratien vermittelt durch dessen Vertreter.

Diese rechtlich-politische Ordnung gewinnt ihre innere Struktur aus dem Gegensatz zwischen dem Legalen und dem Illegalen. Rechtlich gibt es das, was das Gesetz erlaubt (das Legale), und das, was das Gesetz verbietet (das Illegale). Politisch gibt es diejenigen, die in der Lage sind, das Gesetz zu machen (in unseren parlamentarischen Demokratien die Mehrheit), und diejenigen, die nicht in der Lage sind, das Gesetz zu machen (die Minderheit, die Opposition). Das bezeichnen wir bei uns als demokratische Ordnung.

Es stellt sich allerdings die Frage, womit diese zweite Ordnung begrenzt werden kann.

Die Frage wird Sie vielleicht überraschen. Sie könnten mir entgegenhalten: »Aber wozu denn diese zweite Ordnung begrenzen? Dass Sie die erste einschränken wollten, ist durchaus verständlich. Jeder erkennt die Gefahren einer sich selbst überlassenen Technik oder Wirtschaft. Aber diese zweite Ordnung? Sie haben das doch selbst gesagt, es handelt sich um die demokratische Ordnung ... Warum zum Teufel wollen Sie der Demokratie Grenzen setzen?«

Ich würde Ihnen antworten, dass ich sie begrenzen will, weil wir meines Erachtens dazu gezwungen sind. Und zwar im Wesentlichen aus zwei Gründen: einem individuellen Grund, der für jeden von uns gilt, und einem kollektiven Grund, der für das Volk – oder die Völker – gilt, das – oder die – wir konstituieren.

Ich beginne mit dem individuellen Grund. Stellen Sie sich einen Menschen vor, der die Gesetze des Landes, in dem er lebt, in jeder Hinsicht befolgt, der immer tut, was das Gesetz verlangt, der niemals tut, was das Gesetz verbietet – der ein vollkommener Legalist ist. Der sich aber nur an diese eine Bedingung hält. Schauen wir, was daraus werden könnte.

Kein Gesetz verbietet die Lüge – ausgenommen unter bestimmten Umständen, besonders im Wirtschafts- und Vertragsrecht. Das kann von der ausgeübten Funktion abhängen. Vielleicht gilt für den einen oder anderen unter Ihnen, dass er, wenn er im Rahmen seines Berufs lügt, dadurch auch das eine oder andere Gesetz übertritt. Ich weiß es nicht und will es nicht wissen. Aber ich weiß, dass ich, wenn ich lüge (was mir selten passiert, was mir aber, wie allen Menschen, von Zeit zu Zeit passieren kann), kein Gesetz übertrete.

Kein Gesetz verbietet den Egoismus.

Kein Gesetz verbietet die Verachtung.

Kein Gesetz verbietet den Hass.

Kein Gesetz verbietet – so dumm ist es nun mal – die Bösartigkeit.

Folglich könnte unser vollkommen legalistisches Individuum in vorbildlicher republikanischer Gesetzestreue lügen, egoistisch sein, hassen und verachten, mit einem Wort, bösartig sein. Was wäre er anderes als ein legalistischer Lump?

Nun verstehen Sie wohl, dass es in dieser zweiten Ordnung keine Möglichkeit gibt, dem zu entgehen, was ich das *Gespenst des legalistischen Lumpen* nennen werde – weil es durch die vollständige, gewissenhafte und unnachgiebige Befolgung aller Gesetze definiert ist. Es gibt aber auch keine Möglichkeit in der ersten Ordnung, diesem Gespenst zu entgehen: Ein legalistischer Lump kann im Übrigen auch wissenschaftlich und technisch bewandert sein; dann wäre er sicherlich tüchtiger, vielleicht auch gefährlicher, aber deshalb nicht weniger ein Lump. Wenn wir individuell diesem Gespenst des legalistischen Lumpen entgehen wollen, müssen wir also etwas anderes als diese beiden Ordnungen auftreiben – um dafür zu sorgen, dass doch nicht alles getan wird, was technisch möglich und rechtlich erlaubt ist.

Das ist der erste Grund, der individuelle Grund.

Der zweite Grund, der mich veranlasst, diese juristisch-politische Ordnung begrenzen zu wollen, ist ein kollektiver Grund. Lassen Sie mich Ihnen eine Anekdote erzählen, um ihn zu verdeutlichen. Es geschah vor einigen Jahren an der Sorbonne, als ich dort unterrichtete (es war ein Seminar, für das man einen Schein in politscher Philosophie bekam). Das Thema hieß in jenem Jahr »Das Volk«. Ich doziere, lege die Texte aus ... Es kommt das Ende des ersten Quartals: Ich muss meinen Studenten ein Thema für die Hausarbeit geben. Mein Vorschlag: »Hat das Volk alle Rechte?« Ich korrigiere die Arbeiten ... Und ich stellte fest, dass fast alle unsere Studenten mit vorbildlichem, mich jedoch auch etwas beängstigendem demokratischem Selbstbewusstsein antworteten: Aber ja doch, das Volk habe alle Rechte – so sei das eben, das nenne man Demokratie ... Allerdings nicht, das verstehe sich von selbst, weil jeder machen könne, was ihm gefalle! Meine Studenten verwechselten die Demokratie nicht mit der Anarchie. Sie wussten sehr wohl, dass die Bürger in einer Demokratie dem Gesetz unterworfen sind (auch Untertanen sind, würde Rousseau sagen[13]). Aber sie verwechselten ebenso wenig die Bürger und das Volk. Nur das Volk, so erklärten sie mir völlig zu Recht, könne in einer Demokratie letztlich entscheiden, was legal und was illegal sei, mit anderen Worten, welche Grenzen der Freiheit des Einzelnen zu setzen sind. Die Bürger haben natürlich nicht alle Rechte, aber das Volk schon: Denn das Volk entscheidet souverän über das Recht des einen und des anderen und seiner selbst. Andernfalls gäbe es weder Souveränität noch Rechte.

Was sei denn schließlich die Demokratie, fragten sich meine Studenten. Es sei die Regierungsform, in der das Volk souverän sei. Was ist der Souverän? Es sei definitionsgemäß derjenige, der alle Rechte habe, erklärten sie mir (wobei sie auf viele Texte verwiesen, die wir gemeinsam ausgelegt hatten – Hobbes, Spinoza, Rousseau –, die das tatsächlich gesagt haben und zu Recht gesagt haben, das ist der springende Punkt), denn er mache die Gesetze. Außerdem, fügten die hinzu, die sich an das Argument von Hobbes erinnerten, wenn der Souverän nicht alle Rechte

13 Jean-Jacques Rousseau, *Der Gesellschaftsvertrag*, I, 6.

hätte, bräuchte man eine Autorität über ihm, die dafür sorgte, dass er seine Rechte nicht überschritt, und ihn bestrafte, wenn er es doch täte. Aber dann wäre er nicht mehr der Souverän, sagte Hobbes, das wäre die Autorität über ihm, und damit wäre das Problem nur verlagert ... Mit einem Wort, so schlossen meine Studenten, das Volk habe tatsächlich alle Rechte, zumindest in einer Demokratie – weil es souverän sei –, und das sei sehr gut so: Das sei das, was die Demokratie begründe und definiere.

Ich gebe die Arbeiten zurück ... Ich sage: »Gut, einverstanden, das Volk hat alle Rechte. Also auch das Recht, diese oder jene Minderheit zu unterdrücken, etwa antijüdische Gesetze zu beschließen; also das Recht, legale Morde zu begehen, etwa, Konzentrationslager einzurichten; also das Recht, Angriffskriege zu führen ... Ich fragte sie: »Was haben Sie dann Hitler vorzuwerfen, der 1933 fast demokratisch zum Reichskanzler ernannt wurde?« Sie antworteten: »Das wollten wir damit nicht sagen!« Das konnte ich mir natürlich denken. Dann bleibt aber die Frage: Hat das Volk nun alle Rechte, oder hat es sie nicht?

Die besonders Schlauen hielten mir entgegen: »Ihr Trick funktioniert nicht, weil die Verfassung verbietet, Minderheiten zu unterdrücken, legale Morde zu begehen, Aggressionskriege zu führen und so fort. Sehen Sie, es gibt kein Problem!«

Ich erwiderte ihnen, es gebe sehr wohl ein Problem, ein verflixtes Problem, denn dieselbe Verfassung, die solche Handlungen in der Tat verbiete, sehe demokratische Modalitäten zur Verfassungsänderung vor. Ein bestimmtes Volk möchte unter Umständen (leider wissen wir dank unserer geographischen Lage in Europa nur zu gut, dass es sich dabei nicht unbedingt um Sciencefiction handelt) diese oder jene Minderheit unterdrücken, muss aber feststellen – etwa weil, wie es bei uns der Fall wäre, das Verfassungsgericht ein Gesetz kassiert hat –, dass die Verfassung es verbietet; dann kann dieses Volk, wenn es das möchte, die Verfassung so ändern (oder wandeln), dass sie dem Wunsch nicht mehr im Wege steht. Deshalb ist bei uns das Volk souverän und nicht die Verfassung oder das Verfassungsgericht. Ich brauche Ihnen wohl nicht zu sagen, dass ich das für einen glücklichen Umstand halte. Deshalb haben wir eine Demokratie, Souveränität des Volks (*demos* auf Griechisch) und keine Nomokratie, Souveränität des Gesetzes (*nomos*) – die im konkreten Fall Gefahr liefe, alle Macht den Richtern zu übertragen, was mir keinesfalls ideal erscheint…

Mit einem Wort, es gibt kein »verpflichtendes Grundgesetz«, wie Rousseau es im Rechtsvokabular seiner Zeit sehr klar ausgedrückt hat.[14] Was ist ein »Grundgesetz« in der Rechtssprache des 18. Jahrhunderts? Ein Gesetz, das dem Souverän – dem souveränen Volk in einer Demokratie – so auferlegt ist, dass er es nicht verändern kann. Es gebe kein Grundgesetz, erläutert Rousseau, eben weil das Volk souverän ist: Das Volk macht das Gesetz, und das Volk kann es jederzeit aufheben, erneuern, verändern. Insofern ist die Souveränität ihrem Wesen nach unbegrenzt (»Sie einschränken heißt, sie zerstören«[15]): weil ihr niemand Gren-

---

14 Vgl. etwa Jean-Jacques Rousseau, *Der Gesellschaftsvertrag*, I, 7. Vgl. ferner Robert Derathé, *Jean-Jacques Rousseau et la science politique de son temps*, Vrin, 1979, Kap. V (»La théorie de la souveraineté«), S. 328–341.
15 Jean-Jacques Rousseau, *Der Gesellschaftsvertrag*, III, 16.

zen setzen kann, außer sie selbst. Trotzdem bleibt das Volk seinen eigenen Gesetzen unterworfen: Es kann sie verändern, aber nicht übertreten. Das wird als Rechtsstaat bezeichnet, im Unterschied zu einer Volksdiktatur. Doch diese Unterwerfung kann nicht als Grenze gelten, da es dem souveränen Volk jederzeit freisteht, seine Gesetze und seine Verfassung zu ändern. Nichts kann den Souverän »gegen sich selbst verpflichten«, betont Rousseau; es wäre gegen die Natur der Souveränität, wenn »sich der Souverän ein Gesetz auferlegt, das er nicht brechen kann«.[16] Das ist der entscheidende Punkt, besonders für die Demokratien. Wenn wir mit Rousseau sagen, dass es kein verpflichtendes Grundgesetz gibt und dass die Souveränität sich nicht selbst einschränken kann, so läuft das exakt auf die Aussage hinaus: Es gibt keine demokratischen Grenzen für die Demokratie. So wenig wie es biologische Grenzen für die Biologie, wirtschaftliche Grenzen für die Wirtschaft etc. gibt, existieren demokratische Grenzen für die Demokratie.

Deshalb ist die Demokratie – und wiederum können wir das dank unserer geographischen Lage in Europa bestens beurteilen – keinesfalls eine Garantie, auch nicht gegen das Schlimmste.

Wenn wir also, dieses Mal kollektiv, dem Gespenst des Volks, das alle Rechte – auch zum Schlimmsten – hat, entgehen wollen, sind wir wiederum gezwungen, diese rechtlich-politische Ordnung zu begrenzen. Aber womit? Sie sehen ein, dass wir keine Grenze in dieser zweiten Ordnung finden können (wie könnte das Gesetz der Instanz Gren-

16 A.a.O., I, 7 (»Vom Souverän«).

zen ziehen, von der es erlassen wird?) und noch viel weniger in der ersten: Ein Volk, das wissenschaftlich und technisch entwickelt ist, ist deshalb nicht weniger gefährlich, ganz im Gegenteil; genau das war einer der tragischen Aspekte des Nationalsozialismus: dass sich dieser Schrecken in einem Volk entwickeln konnte, das zu den technisch und wissenschaftlich höchstentwickelten Ländern der Erde gehörte. Wo wären wir heute, wenn die Deutschen die Atombombe vor den Amerikanern entwickelt hätten?

Wir haben also zwei Gründe, diese rechtlich-politische Ordnung zu begrenzen: einen individuellen, um dem Gespenst des legalistischen Lumpen zu entgehen, und einen kollektiven, um dem Gespenst des Volkes zu entgehen, das alle Rechte hat, auch zum Schlimmsten. Und da diese Ordnung, wie die vorangehende, unfähig ist, sich selbst zu begrenzen (keine demokratischen Grenzen für die Demokratie, keine rechtlichen oder politischen Grenzen für das Recht oder die Politik), können wir sie – wiederum – nicht von außen begrenzen.

3. Die Ordnung der Moral

Was kann diese zweite Ordnung von außen begrenzen?

Eine dritte Ordnung, Sie werden es sicherlich schon vermutet haben (seien Sie getrost, es gibt nur vier; wir sind bald damit durch), die ich die Ordnung der Moral nennen möchte.

Damit sind wir beim Thema. Wenn wir individuell nicht das Recht haben, legalistische Lumpen zu sein, und wenn das Volk kollektiv nicht alle Rechte hat, so hat das keine rechtlichen oder politischen Gründe, sondern moralische Gründe. Denn wir sind nicht nur in Ordnung Nr. 1 einer bestimmten Anzahl technischer, wissenschaftlicher, wirtschaftlicher Zwänge, nicht nur in Ordnung Nr. 2 einer bestimmten Anzahl rechtlicher oder politischer Zwänge unterworfen, sondern auch einer bestimmten Anzahl eigentlich moralischer Forderungen.

Meine Studenten hatten recht, zumindest im Rahmen der Ordnung Nr. 2, wenn man die Frage allein vom rechtlichen und verfassungsmäßigen Standpunkt aus betrachtet: Das Volk hat in der Demokratie formal tatsächlich alle Rechte. Aber sie hatten drei wichtige Punkte vergessen, die selbst in einer Demokratie die Souveränität des Volks begrenzen.

Der erste, der eher in die Ordnung Nr. 1 gehört, besagt, dass das Volk, obwohl souverän, den Gesetzen der Natur und der Vernunft unterworfen bleibt. Darin sind Hobbes, Spinoza und Rousseau abermals einig und ergänzen sich. Die Souveränität hat keine Grenzen, wohl aber Einschränkungen.[17] Souverän zu sein heißt nicht, allmächtig zu sein. Dass die souveräne Gewalt nie ganz den Gesetzen des Staates unterworfen ist, bedeutet nicht, dass sie tun darf, was sie will: Sie kann sich nicht über die Gesetze der Natur hinwegsetzen (das kann niemand) und nicht die Gesetze der Vernunft übertreten (weil sie dann verschwände: Eine toll gewordene Demokratie hätte keinen Bestand[18]). Das Volk hat, selbst wenn es souverän ist, nur ein Recht auf das Mögliche; insofern wird seine Macht in der Ordnung Nr. 2 von außen begrenzt durch die Ordnung Nr. 1.

Der zweite, innerhalb der Ordnung Nr. 2 gelegene Punkt besagt, dass die Politik über das Recht hinausgeht. Die »Macht der Menge«[19], wie Spinoza sagt, beschränkt sich nicht auf die institutionellen Formen ihrer Repräsentation (das Parlament, die Regierung etc.): Sie begründet sie, gewiss, das nennt man Souveränität, doch sie begrenzt sie auch durch eine ganze Reihe von Gegenmaßnahmen, Gegenkräften und Kräfteverhältnissen. Das Volk bleibt auch in der Demokratie außerhalb des Staatsapparats (wobei es aber natürlich zur Ordnung Nr. 2 gehört). Der Staat regiert die Menge nur »in dem Maße, wie er durch die Macht die Oberhand über sie gewinnt«, wie Spinoza in

---

17 Der Ausdruck stammt von Rousseau: *Der Gesellschaftsvertrag*, II, 4 (»Von den Einschränkungen der souveränen Gewalt«). Diese Einschränkungen beruhen auf dem Gemeinwohl und der Vernunft. Der Untertan veräußert nur den Teil seiner Freiheit, »dessen Gebrauch für die Gemeinschaft von Bedeutung ist«; allerdings erläutert Rousseau, »daß allein der Souverän über diese Bedeutung entscheidet«, wodurch ausgeschlossen ist, dass die betreffenden »Einschränkungen« als Grenzen gelten können.

18 Baruch de Spinoza, *Politischer Traktat*, IV, 4.

19 A.a.O, z. B. II, 17 (*multitudinis potentia*), deutsch: Baruch de Spinoza, *Werke*, Bd. 3, Hamburg, Meiner, 2006.

etwa sagt,[20] und dieses Maß ist nie total oder absolut. Man kann der Gewalt Widerstand leisten, selbst wenn sie demokratisch ist, und muss es sogar.[21] Dadurch wird bereits in Ordnung Nr. 2 verboten, dass die »höchste Gewalt« absolut alle Rechte hat: Das gilt nur juristisch, nicht politisch; nur von Rechts wegen, nicht in Wirklichkeit. Die Menge, wie Spinoza sagt, die Massen, wie Marx sagt, oder die Bürger, wie Alain sagt, wehren sich dagegen und müssen sich dagegen wehren.

Der dritte Punkt schließlich, den meine Studenten vergessen oder verkannt hatten, besagt, dass es auch die Moral gibt, anders gesagt, dass das Recht nicht alles ist, dass die Politik nicht alles ist, dass selbst das Volk nicht alles ist. Sie hatten vergessen, dass die rechtlich-politische Ordnung nur eine unter anderen ist, zwar autonom und kohärent (genau das besagt der Begriff der Souveränität), aber auch be-

---

20 Spinoza, Brief 50, an Jarig Jelles. Vgl. ferner *Politischer Traktat* (der zeigt, »dass das Recht der höchsten Gewalten durch deren Macht bestimmt wird«, IV, 1). Das ist der Grund, warum wir bei Spinoza den Naturzustand nie ganz verlassen: Die Politik bleibt den sie begründenden und konstituierenden Kräfteverhältnissen unterworfen.

21 Das weiß auch Alain, ein aufmerksamer Spinoza-Leser: »Widerstand und Gehorsam, das sind die beiden Tugenden des Bürgers. Durch den Gehorsam gewährleistet er die Ordnung; durch den Widerstand gewährleistet er die Freiheit« (Propos vom 7. September 1912). Deshalb lässt sich die Demokratie nicht auf die Souveränität des Volks beschränken: Sie ist auch »ein fortwährender Einsatz der Regierten gegen den Missbrauch der Macht« (Propos vom 20. Juni 1909). Sonst wäre es keine Demokratie mehr, sondern eine Tyrannei des Volks: »Ein Tyrann kann durch allgemeine Wahlen gewählt werden und trotzdem ein Tyrann sein. Wichtig ist nicht [oder nicht nur] der Ursprung der Gewalten, sondern auch ständige und wirksame Kontrolle, die die Regierten über die Regierenden ausüben« (Propos vom 12. Juli 1910). Der Begriff des Widerstands, dem Alain zentrale Bedeutung beimisst, ist zunächst spinozistisch; vgl. dazu: Laurent Bove, *La stratégie du conatus. Affirmation et résistance chez Spinoza*, Vrin, 1996.

grenzt, nicht von innen (es lässt sich immer ein Gesetz zu einem Gesetz, eine Kraft zu einer Kraft hinzufügen), sondern von außen: weil das souveräne Volk ebenso unfähig ist, eine moralische Forderung zu verändern (in Ordnung Nr. 3) wie eine wissenschaftliche oder technische Wahrheit (in Ordnung Nr. 1). Selbst wenn das französische Volk »souverän« (was hier lächerlicherweise hieße) entschiede, dass die Sonne um die Erde kreist oder dass die Menschen ungleich an Würde und Rechten sind, würde das nichts an der Wahrheit (im ersten Fall) oder der Richtigkeit des Gegenteils (im zweiten) ändern. Unterscheidung der Ordnungen: Über das Wahre und das Falsche stimmt man ebenso wenig ab wie über das Gute und das Böse. Deshalb ersetzt die Demokratie weder das Gewissen noch den Sachverstand. Umgekehrt können moralisches Gewissen (in Ordnung Nr. 3) und Sachverstand (in Ordnung Nr. 1) nicht die Demokratie (in Ordnung Nr. 2) ersetzen. Die Wahrheit befiehlt nicht und gehorcht nicht. Das Gewissen? Es gehorcht nur sich selbst und befiehlt nur sich selbst. Das sei dessen Art, sagt Rousseau, frei zu sein.[22]

Das verbietet dem Souverän, wer immer er auch sei, alle Rechte zu haben. Die Moral steht dem von außen entgegen.

Diese Begrenzung der Ordnung Nr. 2 durch die Ordnung Nr. 3 gilt vor allem für den Einzelnen. Es gibt Dinge, die das Gesetz erlaubt und die wir uns doch verbieten müssen, und andere, die uns das Gesetz nicht auferlegt und die wir uns doch auferlegen müssen. Die Moral tritt aus Sicht

---

22 *Der Gesellschaftsvertrag*, I, 8 (»Der Antrieb des reinen Begehrens ist Sklaverei, und der Gehorsam gegen das selbstgegebene Gesetz ist Freiheit«).

des Einzelnen zum Gesetz hinzu. Das ist wie eine positive Grenze: Das Gewissen eines ehrlichen Menschen ist anspruchsvoller als der Gesetzgeber; der Einzelne hat mehr Pflichten als der Bürger.

Doch die gleiche Grenze gilt auch für die Völker, zumindest wenn die Bürger (die zunächst Einzelne sind) ihren eigenen Ansprüchen genügen. Es ist ein Gebot der Sittlichkeit, einen rassistischen Gesetzesentwurf abzulehnen, selbst wenn er laut Verfassung möglich ist. Aus der Sicht des Volks führt die Moral also eher eine Subtraktion aus: Die Gesamtheit dessen, was moralisch akzeptabel ist (das Legitime), ist stärker eingeschränkt als die Gesamtheit dessen, was rechtlich in Betracht zu ziehen ist (das, auch potentiell, Legale). Das ist wie eine negative Grenze: Das Volk hat (infolge der Moral) weniger Rechte, als das Recht selbst ihm zugesteht.

Es ist ersichtlich, dass beide Grenzen durch die Einzelnen ins Spiel kommen. Nur sie allein existieren (Nominalismus). Das Volk ist ohne sie nur ein Mythos; die Gesellschaft nur eine Abstraktion; der Staat nur ein Monstrum.

So geht die Demokratie – soll sie nicht zur Zahlendiktatur verkommen – eindeutig zu Lasten der Bürger.

»Wir stimmen nicht über Gut und Böse ab…« Diese Formel habe ich vor einigen Jahren in einer Fernsehdebatte verwendet. Der Soziologe Alain Touraine, der an der Sendung teilnahm, widersprach mir: »Doch! Wir stimmen über Gut und Böse ab: Das nennt man das Gesetz!« Ich habe damals lediglich erwidert: »Soziologenmoral.« Doch diese Moral wäre, würde man sie ernst nehmen, unmoralisch. Nehmen wir an, eine Mehrheit beschlösse in einer

Demokratie, dass Rassismus gut ist, was würde das (für alle Antirassisten) an der moralischen Evidenz des Gegenteils ändern?

Ich weiß nicht, ob die antijüdischen Vichy-Gesetze rechtswirksam waren. Das sollen Historiker und Juristen entscheiden. Aber sie waren unmoralisch und hatten in Ordnung Nr. 3 nur eine Bedeutung: dass es gerechtfertigt war, sie zu missachten und zu bekämpfen.

Über Wahr und Falsch abstimmen? Das wäre keine Demokratie mehr, sondern Sophistik.

Über Gut und Böse abstimmen? Das wäre keine Demokratie mehr, sondern Nihilismus.

Keine Frage, dass beide unsere Demokratie bedrohen. Und aus mindestens drei Gründen leisten wir dagegen Widerstand: aus Liebe zur Wahrheit, zur Freiheit, zu den Menschen. Rationalismus, Laizismus, Humanismus. Das nennen wir Aufklärung, oder?

Drei Gründe: für jede Ordnung einen, aber keinen in jeder Ordnung. Die Wahrheit liebt sich nicht selbst (dann wäre sie Gott), und die Wissenschaften beweisen nicht, dass wir sie lieben müssen. Die Freiheitsliebe leistet der Demokratie keinen Gehorsam: Eine totalitäre Mehrheit wird freie Geister niemals daran hindern können, die Freiheit zu lieben. Die Menschenliebe ist keine Pflicht (die Liebe, so Kant, lasse sich nicht befehlen[23]). Das ist der Grund, warum

23 »Die Liebe gegen Menschen ist zwar möglich, kann aber nicht geboten werden; denn es steht in keines Menschen Vermögen, jemanden bloß auf Befehl zu lieben.« (*Kritik der praktischen Vernunft*, »Von den Triebfedern der reinen praktischen Vernunft«, Akademieausgabe, Bd. v, S. 83.) Vgl. ferner *Die Metaphysik der Sitten*, Akademieausgabe, Bd. vi, ii, 12, c, S. 401 f.

diese drei Ordnungen nicht genügen. Ich komme gleich darauf zurück. Zunächst aber ein Wort über die Ordnung der Moral.

Sie gewinnt ihre innere Struktur aus dem Gegensatz zwischen Gut und Böse, Pflicht und Verbot. Was ist die Moral? Um es kurz zu machen, antworte ich mit Kant: Die Moral ist die Gesamtheit unserer Pflichten – mit anderen Worten, die Gesamtheit der Verpflichtungen und Verbote, die wir uns selbst auferlegen, nicht unbedingt a priori (im Gegensatz zu dem, was Kant wollte), jedoch unabhängig von jeder erwarteten Belohnung oder Bestrafung und auch von jeder Hoffnung.[24] Das ist die Gesamtheit dessen, was für ein bestimmtes Bewusstsein bedingungslos gilt oder sich aufdrängt.

Diese Moral ist historischen und kulturellen Ursprungs, also auch relativ: Sie ist die Gesamtheit der Normen, die sich die Menschheit gegeben hat (in allen Kulturen der Erde verschieden und zugleich konvergent), um die Rohheit zu überwinden, aus der sie hervorgegangen ist, und um der Barbarei zu widerstehen, die sie unaufhörlich von innen bedroht. Deshalb wirkt sie, subjektiv gesehen, aber doch als Absolutes: Moralisch gibt es das, was ich tun muss (die Pflicht), und das, was ich nicht tun darf (das Verbot, das immer nur eine negative Pflicht ist). Deshalb ist die Moral nicht alles (glücklicherweise fallen nicht alle Handlungen in ihre Zuständigkeit: Sie sind weder moralisch verboten noch moralisch geboten). Deshalb ist sie nicht nichts.

---

24 Zur Stellung der Moral, die ich hier nicht behandeln kann, vgl. Kapitel IV meines *Traité du désespoir et de la béatitude*, PUF, 1984 und 1988, Neudruck coll. »Quadrige«, 2002.

Es stellt sich jedoch die Frage, ob die dritte Ordnung ihrerseits begrenzt werden muss und wodurch.

Sie zu begrenzen scheint mir nicht der passende Ausdruck zu sein. Von den beiden ersten Ordnungen ist das Schlimmste zu befürchten. Von der Moral, richtig verstanden, keineswegs. Wir wissen sehr wohl, was in Ordnung Nr. 2 unter einem legalistischen Lumpen und in Ordnung Nr. 1 unter einem kompetenten und tüchtigen Lumpen zu verstehen ist... Mir ist aber nicht ganz klar, was in Ordnung Nr. 3 ein moralischer Lump sein könnte. Sie meinen vielleicht, es gebe doch genügend moralisierende Lumpen... Ich bin ganz Ihrer Meinung. Doch für die Moral ist von ganz wesentlicher Bedeutung, dass wir zwischen moralisch und moralisierend unterscheiden. Der Unterschied ist so einfach, dass wir ihn gelegentlich übersehen. Er sieht folgendermaßen aus: Moralisch sein heißt, sich um die eigene Pflicht zu kümmern; moralisieren heißt, sich um die Pflicht der anderen zu kümmern – was viel einfacher ist, zugegeben, viel angenehmer, aber etwas völlig anderes. Alain sagt: »Die Moral betrifft nie deinen Nachbarn.« Er hat recht. Wer seinem Nachbarn sagt: »Du sollst großmütig sein«, beweist damit keine Großmut. Wer seinem Nachbarn sagt: »Du sollst mutig sein«, beweist damit keinen Mut. Doch moralisieren heißt eben, sich um die Moral des Nachbarn zu kümmern. Es ist also keine Moral. Das unterscheidet die »moralische Ordnung« im Sinne von Mac-Mahon oder den Puritanern von dem, was ich als Ordnung der Moral bezeichne. Wenn die »moralische Ordnung« droht, was passieren kann, dann weil sie aufgehört hat, moralisch zu sein, um moralisierend zu werden.

Wenn Sie mit dieser Unterscheidung einverstanden sind, werden Sie mir sicherlich zugestehen, dass sich sehr wohl verstehen lässt, was ein moralisierender Lump ist, aber nicht so recht, was wir uns unter einem moralischen Lumpen vorzustellen haben; und dass die moralische Ordnung in diesem Sinne nicht begrenzt werden muss, jedenfalls nicht in dem Sinn wie die beiden vorhergehenden Ordnungen, in dem Sinn, dass von ihr das Schlimmste zu befürchten wäre.

Wenn es allerdings nicht nötig ist, sie zu begrenzen (als könnte man zu moralisch sein), so ist es doch nötig, sie zu ergänzen – weil die Moral an sich ungenügend ist. Stellen wir uns einen Menschen vor, der immer seine Pflicht tut, allerdings nur seine Pflicht. Er wäre kein Lump, das ist klar, aber wäre er nicht das, was wir in unserer Kultur – zu Recht oder zu Unrecht – als Pharisäer bezeichnen? Ein Pharisäer ist jemand, der sich stets an den Buchstaben des Moralgesetzes hält, von dem wir aber gemeinhin annehmen, dass ihm etwas fehlt, dass ihm eine, wie es heißt, Dimension fehlt, dass ihm sogar etwas Wesentliches fehlt. Was fehlt dem Pharisäer? Zweitausend Jahre christlicher Kultur, vielleicht sogar dreitausend Jahre jüdisch-christlicher Kultur, antworten uns mit einer höchst bemerkenswerten Klarheit und Eindringlichkeit, dass das, was dem Pharisäer fehlt, ganz offensichtlich die Liebe ist. Deshalb erscheint mir wichtig, zumindest den Platz – mag er auch großenteils leer bleiben – für eine vierte Ordnung freizuhalten, die ich (wobei ich mich auf eine terminologische Unterscheidung stütze, die von der Sprache nahegelegt wird) ethische Ordnung nennen möchte: die Ordnung der Liebe.

4. Die ethische Ordnung

Das ist schlicht und einfach eine terminologische Konvention. In der Umgangssprache werden die beiden Wörter *Moral* und *Ethik* nahezu austauschbar verwendet. Doch ein Wort ersetzt keinen Begriff. Aus einer Reihe von philosophischen Gründen, auf die ich hier aus Zeitgründen nicht eingehen kann (wobei ich aber natürlich vor allem an Kant und Spinoza denke[25]), habe ich mir angewöhnt, mit den beiden Wörtern, die die Sprache uns bietet, zwei verschiedene Wirklichkeiten zu bezeichnen: Ich schlage Ihnen vor, auch auf die Gefahr hin, sehr zu vereinfachen, mit »Moral« all das zu bezeichnen, was wir aus Pflichtgefühl tun, und mit »Ethik« all das, was wir aus Liebe tun. So kommt es zur vierten Ordnung, weniger um die Ordnung der Moral zu begrenzen (die Liebe und die Moral veranlassen uns fast immer zu den gleichen Handlungen), als vielmehr um sie zu vervollständigen oder, wenn Sie mir die Formulierung gestatten, um sie von oben zu öffnen: die ethische Ordnung, die Ordnung der Liebe.

Diese vierte Ordnung gewinnt ihre innere Struktur aus dem Gegensatz zwischen Freude und Trauer. Schon Aristoteles hat gesagt: »Daher bedeutet das Lieben Freude.«[26] Die

25 Vgl. meinen Artikel »Morale ou éthique?«, in: *Valeur et vérité*, PUF, 1994, S. 183–205. Vgl. ferner den Vortrag, den ich vor der *Groupe de recherche pour l'éducation et la prospective* (Arbeitsgruppe für Erziehungs- und Zukunftsforschung) gehalten habe – »Éthique, morale et politique«, dessen Text veröffentlicht wurde in der Zeitschrift *Parcours*, Nr. 9–10, Les Cahiers du GREP Midi-Pyrénées, Toulouse, 1994, S. 199–256.
26 *Eudemische Ethik*, VII, Paderborn, Schöningh, 1954, S. 197.

Bestätigung und Ergänzung finden wir bei Spinoza: »Liebe ist Freude unter Begleitung der Idee einer äußeren Ursache; Haß ist Trauer unter Begleitung der Idee einer äußeren Ursache.«[27] Das heißt, die ethische Ordnung gewinnt ihre Struktur aus der Begierde selbst, in der doppelten Bestimmung (Natur/Kultur) und der doppelten Polarisierung (Lust/Leiden, Freude/Trauer) ihres Handlungsvermögens.[28] Hier begegnen sich Freud und Spinoza. Doch davon habe ich an anderer Stelle so ausführlich gesprochen,[29] dass ich hier nicht darauf zurückkommen muss. Die Frage, die sich bei dieser Ordnung wie bei den anderen stellt, ist vielmehr diejenige nach ihrer Grenze oder ihrer Unvollständigkeit. Muss diese vierte Ordnung ihrerseits begrenzt oder vervollständigt werden? Und wenn ja, wodurch?

Darauf kann ich zunächst nur antworten, dass ich nicht recht sehe, was man über die Liebe stellen könnte, um sie zu begrenzen oder zu vervollständigen. Doch ich glaube auch nicht an Gott … Ein Gläubiger könnte durchaus (müsste es sogar aus seiner Sicht, wie mir scheinen will) eine fünfte Ordnung ins Auge fassen, die wir als übernatürliche oder göttliche Ordnung bezeichnen könnten und die die Gesamtheit der Ordnungen überwölben und ihre

---

27 *Ethik*, III. Teil, »Definition der Affekte«, 6 und 7.
28 A.a.O., Lehrsatz 9, und die Definitionen der Affekte 1 bis 3 nebst ihren Erklärungen.
29 Vgl. insbesondere Kapitel 18 meiner Schrift *Petit traité des grandes vertus* (*Ermutigung zum unzeitgemäßen Leben. Ein kleines Brevier der Tugenden und Werte*, Reinbek, Rowohlt, 1996). Zu dem spezifischen und maßgeblichen Problem der Beziehung zwischen Spinoza und Freud (das heißt in diesem Fall zu dem Nutzen, den ein Freud-Leser aus Spinoza ziehen kann) vgl. meinen Artikel »Spinoza contre les herméneutes«, in: *Une éducation philosophique*, PUF, 1989, S. 245–264.

Schlüssigkeit gewährleisten würde. Glauben Sie mir, ich bezweifle nicht, dass das gelegentlich bequem wäre … Ich sage nur, dass das eine Möglichkeit ist, von der ich, da ich nicht gläubig bin, keinen Gebrauch machen kann. Um ganz ehrlich zu sein, füge ich noch hinzu, dass es mir nicht wirklich fehlt. Die grenzenlose Liebe (wenn man sie nicht begrenzt, riskiert man im schlimmsten Fall, dass sie unbegrenzt ist …) brauchen wir nicht zu fürchten. Aus zwei Gründen: Erstens, wir können uns nichts Besseres wünschen als die grenzenlose Liebe; zweitens, die grenzenlose Liebe ist, unter uns gesagt, nicht gerade das, was uns bedroht …

»Grenzenlose Liebe«, sagt Augustinus, »ist das einzige Maß der Liebe.« Davon sind wir fast alle fast immer weit entfernt. Die Liebe glänzt meist, sobald wir den Kreis der nahen Angehörigen verlassen, durch Abwesenheit. Sie glänzt, aber von fern: Sie erleuchtet uns, das nennen wir einen Wert, jedoch vermutlich umso heller, je mehr sie uns fehlt. Das erinnert mich an Alain, der über die Gerechtigkeit schreibt: »Gerechtigkeit gibt es nicht; deswegen müssen wir sie machen.« Das würde ich gerne auf die Liebe übertragen – in jeder Bedeutung des Wortes *machen*. Die Liebe ist für fast alle von uns der höchste Wert. Was jedoch kein Grund ist, uns über ihre Realität Illusionen zu machen. Die Menschen, die an die Unendlichkeit und Allmacht der Liebe in Gott glauben, haben es gut. Die anderen, zu denen ich gehöre, lieben die Liebe jedoch nicht weniger. Sie wissen, dass sie nie zu viel und noch nicht einmal genug von ihr haben werden. Sie trösten sich darüber hinweg, so gut sie können, oder vielmehr, sie tun alles, um sich nicht ganz darüber hinwegzutrösten. Doch alle, ob gläubig oder nicht, müssen, zumindest hienieden, mit der Endlichkeit der Liebe und damit auch (da sie endlos sein will) mit ihrer Unvollständigkeit leben; das bezeichnen wir als Ethik, und das macht sie notwendig.

Wie Sie sehen, begegnen sich in dieser vierten Ordnung die drei Lieben, die ich eben erwähnt habe: die Wahrheitsliebe, die Freiheitsliebe und die Menschen- oder Nächstenliebe. Die Liebe greift also auch in die vorhergehenden Ordnungen ein, doch ohne sie aufzuheben, und eher motivierend (für das Subjekt) denn regulierend (für das System). Das Beispiel der Wirtschaft genügt, um es zu beweisen: Die Liebe zum Geld oder zum Wohlstand spielt dort zweifellos eine Rolle, genügt aber nicht, um das eine oder das andere zu verschaffen. Ebenso kann in Ordnung Nr. 1 die Liebe zur Wahrheit ein Beweggrund sein (besonders für Wissenschaftler), doch sie kann die Beweise nicht ersetzen – so wenig, wie die Freiheitsliebe in Ordnung Nr. 2 für die Demokratie genügt. Die Nächstenliebe? Sie würde nur dann die Moral ersetzen – vorausgesetzt, es könnte sie ohne Moral geben –, wenn sie herrschte, was keineswegs der Fall ist. Daher brauchen wir diese vier Ordnungen alle zugleich in ihrer zumindest relativen Unabhängigkeit (jede ihrer eigenen Logik folgend) und ihrer Wechselwirkung (sie können nicht wirken ohne die anderen). Die vier Ordnungen sind notwendig; keine ist hinreichend.

III

Kann Kapitalismus moralisch sein?

Wir sehen uns alle (wenn wir die mögliche fünfte Ordnung dem Glauben oder Unglauben derer, die es angeht, überlassen) diesen vier gemeinsamen Ordnungen gegenüber, die ich noch einmal zusammenfasse: Da ist zunächst die technowissenschaftliche (oder wirtschaftlich-technowissenschaftliche) Ordnung, die ihre innere Struktur aus dem Gegensatz zwischen dem Möglichen und dem Unmöglichen gewinnt, aber unfähig ist, sich selbst zu begrenzen; daher wird sie von außen durch eine zweite Ordnung begrenzt, die rechtlich-politische Ordnung, die ihre innere Struktur aus dem Gegensatz zwischen dem Legalen und dem Illegalen gewinnt, aber genauso unfähig ist wie die vorherige Ordnung, sich selbst zu begrenzen; also wird sie ihrerseits von außen durch eine dritte Ordnung begrenzt, die Ordnung der Moral (der Pflicht, des Verbots), die ergänzt und »von oben geöffnet« wird zu einer vierten Ordnung, der ethischen Ordnung, der Ordnung der Liebe.

1. Moral und Wirtschaft

Inwiefern erlaubt mir diese Unterscheidung der Ordnungen, die ich soeben vor Ihnen entfaltet habe, auf die Titelfrage »Kann Kapitalismus moralisch sein?« zu antworten?

Sie erlaubt mir folgende Antwort: Vorzugeben, dass der Kapitalismus moralisch wäre, oder sogar zu wollen, dass er es sei, das hieße vorzugeben, dass die Ordnung Nr. 1 (die wirtschaftlich-technowissenschaftliche Ordnung) ihrer Natur nach der Ordnung Nr. 3 (der Ordnung der Moral) unterworfen wäre, *was mir wegen der Art ihrer jeweiligen inneren Struktur ausgeschlossen erscheint.* Das Mögliche und Unmögliche, das möglicherweise Wahre und zweifelsfrei Falsche haben nichts mit dem Guten und Bösen zu tun.

Das macht den Szientismus und damit auch den Ökonomismus so beängstigend, vor allem angesichts des rasanten Fortschritts in Wissenschaft und Technik. »Denn die Wahrheit ohne die christliche Liebe ist nicht Gott«, sagt Pascal.[30] Sie ist deshalb nicht weniger wahr, aber weniger menschlich: Es ist immer legitim, sie zu suchen, aber nie akzeptabel, sich mit ihr zufriedenzugeben. Seit Rabelais wissen wir: »Wissenschaft ohne Gewissen zerstört die Seele.« Im Übrigen sind die Wissenschaften nicht die Wahrheit (sie sind nur das stets partielle und relative Wissen, das wir von ihr haben), und Szientismus ist nicht Wissenschaft: Er ist lediglich eine Ideologie (und als solche nicht wissenschaftlich), die möchte, dass die Wissenschaften allen Ansprüchen genügen und insbesondere an die Stelle der Moral treten. Den Szientismus abzulehnen heißt nicht, die Wissenschaften abzulehnen; wir lehnen damit lediglich ab, uns in Hinblick auf die Wissenschaften etwas vorzumachen. Die Technokratie abzulehnen heißt nicht, die Technik abzulehnen; wir lehnen damit lediglich ab, uns ihr auszuliefern.

30 *Gedanken*, 926/582.

Das gilt in besonderem Maße für die Wirtschaft. Die Wissenschaften haben keine Moral; die Technik genauso wenig. Warum sollte die Wirtschaft, die Wissenschaft und Technik zugleich ist, eine Moral haben?

Einige Beispiele, um diesen Punkt zu verdeutlichen.

Ein Buchhalter erinnert seinen Kunden daran, dass zwei plus zwei gleich vier ist ... Stellen Sie sich das Gesicht des Buchhalters vor, wenn der Kunde erwidert: »Ja, ja, das mag ja sein; aber ist das alles auch moralisch?« So schwierig, wie das Leben ist, wäre es sicherlich für alle vorteilhafter, wenn zwei plus zwei zumindest in bestimmten Fällen gleich fünf wäre ... Der Buchhalter würde das sicherlich anders sehen. Er würde so etwas antworten wie: »Hören Sie auf, Sie machen mir Angst! Ich rede im Augenblick nicht von Moral, sondern vom Rechnen: Das Rechnen kennt keine Moral.« Der große Logiker Carnap sagte zu Anfang des 20. Jahrhunderts: »In der Logik gibt es keine Moral.« Er hatte recht. Im Rechnen auch nicht.

Sie laden einen Physiker zu einer Podiumsdiskussion ein. Er erklärt Ihnen die berühmte Einstein-Gleichung $E = mc^2$ – Energie gleich Masse mal Lichtgeschwindigkeit zum Quadrat ... Stellen Sie sich sein Gesicht vor, wenn einer von Ihnen einwenden würde: »Ja, ja, das mag ja sein; aber ist das alles eigentlich auch moralisch, wenn Sie bedenken, dass das zur Entwicklung der Atombombe führte?« Der Physiker würde Ihnen antworten: »Wir sprechen von völlig verschiedenen Dingen! Ich rede im Augenblick nicht von der Moral, ich rede von der Physik. In der Physik gibt es keine Moral!«

Eines Abends schauen Sie sich den Wetterbericht im

Fernsehen an. Gehen wir davon aus, dass es seit sechs Wochen regnet. Und da verkündet der Wetterfrosch Ihnen munter: »Morgen, Freunde, wird schönes Wetter sein. Es muss schönes Wetter sein«, fügt er hinzu, »weil es seit sechs Wochen regnet. Würde es morgen auch noch regnen, wäre das einfach unmoralisch!« Sie werden sagen: »Der ist ja wohl völlig durchgeknallt!« Denn Sie wissen natürlich, dass es in der Meteorologie keine Moral gibt.

Es gibt keine Moral im Rechnen, keine in der Physik, keine der Meteorologie ... Warum sollte es sie in der Wirtschaft geben?

Ich weiß schon, warum es alle gern hätten ... Das hat mir eine Frau vor einigen Jahren nach einem meiner Vorträge zu dem Thema in scharfem Ton entgegengehalten. Es war im belgischen Namur, einige Monate nach der Schließung des Renault-Werks in Vilvoorde. Unsere belgischen Freunde waren außerordentlich aufgebracht gegen den Kapitalismus im Allgemeinen und den französischen im Besonderen ... Ich hatte für meine Darlegung die eben erwähnten drei Beispiele gewählt. Bei der anschließenden Debatte ergriff eine Frau das Mikrofon und fuhr mich wütend an: »Was Sie da gesagt haben, ist ein Skandal. Sie werfen Dinge in einen Topf, die nichts miteinander zu tun haben!« Um dann zu erläutern: »Rechnen hat mit Zahlen zu tun, Physik mit Teilchen, Meteorologie mit Luftmassen und Druckverhältnissen, aber die Wirtschaft hat mit Männern und Frauen zu tun. Das ist etwas ganz anderes.«

Ich habe ihr geantwortet: »Gut, einverstanden, nehmen wir ein anderes Beispiel. Stellen Sie sich den Chef eines Unternehmens etwa der Nahrungsmittelbranche vor, sagen wir einer Großbäckerei, der über eine Investition für sein Unternehmen nachdenkt … Um seine Entscheidung abzusichern, lässt er einen Prognostiker kommen und erläutert ihm: »Ich denke an eine Investition, die zwar eine Belastung für mein Unternehmen ist, aber nach meiner Einschätzung in den kommenden zehn Jahren von entscheidender Bedeutung sein könnte. Warum ich Sie hergebeten habe? Weil ich, um meine Entscheidung treffen und um Amortisation und Rentabilität berechnen zu können, wissen muss, wie sich die Kakaonotierung in den kommenden zehn Jahren entwickeln wird.« Stellen Sie sich das Gesicht des Unternehmenschefs vor, wenn der Prognostiker ihm antwortet:

»Da können Sie ganz beruhigt sein, Herr Generaldirektor, kein Problem! Die Kakaonotierung wird auf jeden Fall steigen.«

»Ah ja? Warum das? Was macht Sie da so sicher?«

»Ganz einfach«, antwortet der Prognostiker, »die Notierung ist schon so lange im Keller, dass es einfach unmoralisch wäre, wenn sie nicht wieder stiege!«

Der Prognostiker würde, sofern angestellt, auf der Stelle entlassen oder, viel wahrscheinlicher, in einen langen Genesungsurlaub geschickt … Der Arme ist verrückt geworden, würde man denken. Weil wir im Grunde alle wissen, dass die Moral die Notierung des Kakaos oder irgendeiner anderen Ware noch nie um einen Cent pro Tonne hat steigen oder fallen lassen. Und dass auch die Wirtschaft in diesem Sinne keine Moral hat.

Es stimmt schon, die Wirtschaft, das sind letztlich Männer und Frauen; aber sie richtet sich nach keinem von ihnen, noch nicht einmal nach ihrer Gesamtheit. Auch wenn sich alle Wachstum wünschen, wird dadurch eine Rezession nicht verhindert. Auch wenn sich alle Wohlstand wünschen, wird dadurch Armut nicht verhindert. Wie könnte denn die Wirtschaft moralisch sein, wo sie doch ohne Willen und Gewissen ist? Es gibt die »unsichtbare Hand« des Marktes nicht (die bei Adam Smith natürlich nur eine Metapher war) und noch viel weniger einen verborgenen Willen, sondern nur, wie Althusser sagt, »Prozesse ohne Subjekt und Zweck(e)«[31]. Die Formel wird häufig missverstanden: Es heißt, sie verkenne die Rolle des Individuums. Das ist ein Irrtum. Sie besagt lediglich, dass die Geschichte keine Person ist, dass sie keinen Willen besitzt und keinen Zweck verfolgt. Sie ist kein Grund für den Einzelnen, mit dem Wollen oder Handeln aufzuhören! Dasselbe gilt für die Wirtschaft. Sie ist keine Person, die einen Willen hat, Vorlieben, Ziele. Wie sollte sie dann eine Moral haben? Es ist an uns, die wir zweifellos Subjekte sind, hier und jetzt moralisch zu sein, ohne davon zu träumen, dass die Wirtschaft in ihrer Eigenschaft als Prozess es werden könnte!

Man könnte mir entgegenhalten, die Wirtschaft postuliere, dass die Individuen sich rational verhalten: dass jedes nach einer Maximierung seines Nutzens strebe. Ist das nicht schon ein moralischer Ansatz? Keineswegs. Zunächst einmal, weil es sich um Eigennutz handelt und nicht um Pflicht; sodann, weil das, was rational ist, nicht immer vernünftig ist; schließlich und vor allem, weil rationales Verhalten noch lange nicht tugendhaft sein muss. Ein Mörder

---

31 Louis Althusser, »Remarque sur une catégorie: ›Procès sans Sujet ni Fin(s)‹«, in: *Réponse à John Lewis*, Maspero, 1973, S. 69–76.

kann durchaus rational handeln (danach streben, seinen Nutzen zu mehren); deswegen ist er nicht weniger schuldig.

Ich könnte die Beispiele beliebig fortsetzen. Warum haben wir in den achtziger Jahren die Inflation überwunden? Die Wirtschaftswissenschaftler streiten sich darüber; sie schlagen mehrere mögliche Erklärungen vor, die einander eher ergänzen als widersprechen. Doch gibt es eine, die bisher noch kein Wirtschaftswissenschaftler vorgeschlagen hat und nie einer vorschlagen wird: dass wir die Inflation in den achtziger Jahren aus moralischen Gründen überwunden hätten. Und doch haben wir – das interessiert mich an diesem letzten Beispiel am meisten – ausgezeichnete moralische Gründe für den Wunsch, die Inflation zu überwinden. Ganz gewiss. Aber wir wissen alle, dass wir ihre Überwindung nicht moralischen Gründen zu verdanken haben.

Folglich ist meine These radikal: In dieser ersten Ordnung (der wirtschaftlich-technowissenschaftlichen Ordnung) ist nichts moralisch. Und gleichzeitig ist darin, streng betrachtet, nichts jemals unmoralisch. Um unmoralisch sein zu können, müssen wir moralisch sein können. Sie und ich, wir können unmoralisch sein, weil wir moralisch sein können. Der Regen, der vom Himmel fällt, ist niemals moralisch oder unmoralisch. Nur sehr kleine Kinder glauben, der Regen sei freundlich, weil er Blumen und Gemüse wachsen lässt, und böse, weil er Überschwemmungen verursacht oder sie am Fußballspielen hindert ... wir Großen wissen sehr gut, dass er niemals freundlich oder böse, moralisch oder unmoralisch ist: Er ist Gesetzen unterworfen, Ursachen, einer immanenten Rationalität, die nichts mit unseren Werturteilen zu tun hat. Dasselbe gilt natürlich für die Notierungen des Erdöls oder den Eurokurs: Sie hängen nicht im mindesten von der Moral ab, sondern von der allgemeinen Wirtschaftsentwicklung, den globalen Kräfteverhältnissen (auch den politischen Verhältnissen – die amerikanische Macht ist beispielsweise auch ein Faktor der Ordnung Nr. 1) und vom Gesetz von Angebot und Nachfrage. Sie haben keine Pflicht; sie machen nur ihren Job, wenn ich so sagen darf, auf dem Rohstoff- oder Geldmarkt.

Woraus nicht folgt, dass psychologische Faktoren in der Wirtschaft keine Rolle spielen können (sie schlagen zwangsläufig zu Buche). Beispielsweise braucht jeder Markt Vertrauen. Doch Vertrauen ist ein psychologisches und soziologisches Phänomen, das in dieser Eigenschaft in die Ordnung Nr. 1 fällt (als ein möglicher Gegenstand der Humanwissenschaften) und kein moralisches Phänomen ist. Im Übrigen betrifft es weniger die Individuen als den Markt selbst. Wenn ich ein Kleidungsstück oder ein Auto kaufe, muss ich den Fabrikanten oder Verkäufer nicht kennen und noch weniger in der Lage sein (wer wäre das schon?), ihr moralisches Verhalten zu beurteilen. Der Zustand des Marktes (einschließlich seiner rechtlichen Dimension, die ihn von außen begrenzt) flößt mir hinreichendes Vertrauen ein, um mir meinen Kauf zu erlauben. Ist dieser Händler ein böser Mensch? Ich weiß es nicht. Ich muss es nicht wissen. Das hindert mich nicht daran, mit ihm höchst redliche Geschäfte zu machen. Ist er ein Heiliger? Ich weiß es ebenso wenig, und das hindert mich nicht daran, mit ihm gegebenenfalls unvernünftige Geschäfte zu machen. Dass wir nicht bei ausgewiesenen Schwindlern kaufen, ist selbstverständlich. Doch die Selbstverständlichkeit ist wirtschaftlicher und nicht moralischer Art (ich folge da nur meinem Eigennutz), was im Übrigen erklärt, warum die meisten Schwindler schon vom Markt selbst ausgeschaltet werden. Der Markt braucht Vertrauen; er bestraft diejenigen, die es missbrauchen. Doch dieses Vertrauen und diese Bestrafung sorgen für die Effizienz und unterliegen nicht der Zuständigkeit der Moral, sondern der des Marktes (oder, wenn der Markt nicht ausreicht, der des Rechts). So ist das nun mal. Wenn wir immer in der Lage sein müssten, den menschlichen Wert eines jeden Kaufmanns zu beurteilen, bevor wir unsere Einkäufe machen, wo bliebe dann der Handel?

In dieser ersten Ordnung ist nichts je moralisch, nichts je unmoralisch, weil alles amoralisch ist – wobei das Präfix *a-* nur seinen rein verneinenden Sinn besitzt. Die Wissenschaft hat keine Moral, habe ich gesagt. Der Gegenstand, dem sie sich widmet, ebenso wenig. Was, nebenbei bemerkt, auch für die Moral selbst gilt, begreift man sie als Erkenntnisgegenstand. Eine Wissenschaft der Sittlichkeit wäre selbstverständlich möglich und würde die wissenschaftliche (soziologische, psychologische, historische …) Analyse moralischer Vorstellungen umfassen. Doch diese Wissenschaft würde die Moral als Gegebenheit ansehen, die sie (ursächlich) erklären, aber nicht (wertbezogen) beurteilen könnte. So hat das auch Wittgenstein in seinem *Vortrag über Ethik* gesehen. Ein Buch umfasste, wenn es unendlich wäre und die vollständige Beschreibung der Welt enthielte, mithin auch die Gesamtheit aller wahren Aussagen, auch alle unsere Werturteile. Aber es würde sie nicht beurteilen. Dort wären nur Tatsachen – Tatsachen, aber keine Moral. Wissen heißt nicht, zu urteilen: Die Moral ist nicht zuständig für die Beschreibung oder Erklärung irgendwelcher Prozesse in der ersten Ordnung.

Das gilt in besonderem Maße für die Wirtschaft, als Teil dieser ersten Ordnung, folglich auch für den Kapitalismus.

Was ist die Wirtschaft? Sie ist zugleich eine Wissenschaft (*Ökonomik*) und der Gegenstand, den sie untersucht (*Ökonomie*): Sie umfasst alles, was mit dem Austausch von materiellen Gütern – Waren oder Dienstleistungen – zu tun hat, sowohl auf der individuellen und unternehmerischen Ebene (Mikroökonomie) als auch auf der der Gesellschaft oder der Weltwirtschaft (Makroökonomie). Die Marktwirtschaft ist nur ein Sonderfall. Der Markt ist die Begegnung von Angebot und Nachfrage. Die Marktwirtschaft unterwirft sich (bei Zwischenschaltung des Geldes und vorbehaltlich der Konkurrenz) freiwillig dieser Begegnung und damit dem Gesetz von Angebot und Nachfrage. Was konkret bedeutet, dass jede Ware einen – natürlich Schwankungen unterworfenen – Preis hat, der, wirtschaftlich gesehen, ausreicht, um ihren Wert zu bestimmen. Daraus resultiert, dass alles, was nicht zu verkaufen ist – alles, was keinen Preis hat –, sich der Wirtschaft entzieht und sich dummerweise von ihr auch nicht beherrschen lässt. Die Kakaonotierung, um bei diesem Beispiel zu bleiben, ist dem Gesetz von Angebot und Nachfrage unterworfen. Dort kommt die Moral zu kurz. Nicht anders ergeht es der Wirtschaft bei der Moral. Dass jeder Mensch, moralisch betrachtet, das Recht hat, sich satt zu essen, sagt nichts über die wirtschaftlichen Maßnahmen aus, die dazu führen.

Unterscheidung der Ordnungen. Nicht die Moral bestimmt die Preise, sondern das Gesetz von Angebot und

Nachfrage. Nicht die Tugend ist wertschöpfend, sondern die Arbeit. Nicht die Pflicht regiert die Wirtschaft, sondern der Markt. Der Kapitalismus macht da, um es vorsichtig auszudrücken, keine Ausnahme. Die Antwort auf meine Titelfrage »Kann Kapitalismus moralisch sein?« lautet also: Nein. Aber sie muss natürlich präzisiert (um nicht zu sagen, differenziert) werden: Der Kapitalismus ist nicht moralisch; er ist auch nicht unmoralisch; er ist – aber das total, radikal und definitiv – amoralisch.

Daraus ziehe ich eine erste Schlussfolgerung, die mir wichtig erscheint: Wenn wir wollen, dass es eine Moral in der kapitalistischen Gesellschaft gibt (und es muss sie unbedingt auch in der kapitalistischen Gesellschaft geben), dann muss diese Moral ihren Ursprung, wie in jeder Gesellschaftsform, außerhalb der Wirtschaft haben. Hoffen Sie nicht darauf, dass der Markt an Ihrer Stelle moralisch sein könnte!

2. Marx' Irrtum

Diese fundamentale Amoralität des Kapitalismus reicht nicht aus, um ihn zu verurteilen. Zunächst einmal, weil sie generell der Wirtschaft eigen ist, auf die wir wohl kaum verzichten können. Sodann, weil wir meines Wissens keine glaubhafte Alternative zum Kapitalismus haben. Und schließlich, weil, wie sich in der Rückschau viel deutlicher zeigt, diese Amoralität zum Teil die Stärke des Kapitalismus gegenüber dem marxistischen Sozialismus ausmachte, der sich, anfangs wenigstens, in seinen moralischen Anspruch verstrickte. So ist festzustellen, dass die immanente und amoralische Rationalität des Kapitalismus den Sieg über die angeblich vernünftige und transzendente (weil aus einer anderen Ordnung, nämlich der politischen, stammende) Moral des sogenannten wissenschaftlichen Sozialismus davongetragen hat.

Im Grunde wollte Marx die Wirtschaft moralisieren. Er hatte die Absicht, die Ordnung Nr. 1 endlich der Ordnung Nr. 3 zu unterwerfen. Diese Funktion haben in seinem Werk die Begriffe »Entfremdung« und »Ausbeutung«. Sie sind an der Grenze zwischen Wirtschaft und Moral angesiedelt; sie sorgen für den Übergang von der einen zur anderen Ordnung. Marx wollte die Ungerechtigkeit abschaffen – nicht durch eine einfache Politik der Umverteilung, deren Grenzen er sehr wohl erkannte, noch weniger durch das Vertrauen auf das moralische Gewissen des Einzelnen, an das er nicht recht glaubte, sondern durch die Erfindung eines anderen Wirtschaftssystems, das zuletzt die wirtschaftliche Gleichheit unter den Menschen herstellen sollte. Moralisch ist nichts dagegen einzuwenden. Aber wie sollte das wirtschaftlich gehen? Marx' Schwäche liegt darin, dass er nicht die anthropologischen Mittel für seine Politik hat. Doch seine Anthropologie ist richtig. Als guter Materialist glaubt er, dass das Handeln der Menschen bestimmt werde durch ihr Interesse oder durch das, was sie dafür halten. Marx geht sogar weiter, als ich persönlich gehen würde: Die Individuen suchen »*nur* ihr besondres, für sie nicht mit ihrem gemeinschaftlichen Interesse zusammenfallendes«[32]. Aber warum unterwerfen sie sich dann diesem? Und wenn sie es nicht tun, was bleibt dann vom Kommunismus? Hier kommen wir mit der utopischen Dimension des Marxismus in Berührung.[33] Der Kommunismus hat, so wie ihn Marx versteht, nur dann Aussicht auf Erfolg, wenn zumindest eines geschieht: dass die Menschen aufhören, egoistisch zu sein, und endlich das gemeinschaftliche Interesse über ihr besonderes Interesse stellen. Wenn es dazu käme, hätte der Kommunismus eine Chance. Andernfalls nicht. So musste er zwangsläufig scheitern (das lässt sich im Nachhinein leicht sagen, zugegeben, aber warum sollen wir nicht davon profitieren, dass wir es im Nachhinein betrachten …), weil die Menschen nun einmal egoistisch sind und in ihrer großen Mehrheit ihr besonderes Interesse über ihr gemeinschaftliches stellen. So war es dann auch fast unvermeid-

---

32 Karl Marx u. Friedrich Engels, *Die deutsche Ideologie*, MEW, Bd. 3, S. 34 (Hervorhebung von Marx). Natürlich hat Marx dabei im Sinn, diesen Gegensatz zu »dialektisieren«.
33 In meiner Schrift *Traité du désespoir et de la béatitude*, a.a.O., Kap. II, Abschnitt 5, gehe ich ausführlich darauf ein.

lich, dass der Kommunismus totalitär wurde, musste er doch durch Zwang verordnen, was die Moral, wie sich sehr rasch zeigte, nicht erreichte. Auf diese Weise vollzog sich der Übergang von der schönen marxistischen Utopie des 19. Jahrhunderts zum sattsam bekannten totalitären Schrecken des 20. Jahrhunderts. Es galt, sich von dem Traum zu verabschieden oder die Menschen zu verändern. Also wurde die Veränderung in Angriff genommen (Propaganda, Indoktrination, Umerziehungslager, psychiatrische Kliniken ...), mit dem blutigen Fiasko, das wir alle kennen.

Der Geniestreich des Kapitalismus dagegen, oder vielmehr (da ihn niemand erfunden hat) seine besondere Logik, seine wirkliche und wirksame Natur oder, wie Spinoza sagen würde, seine ihm innewohnende Kraft (sein *conatus*[34]), besteht darin, dass er, um einigermaßen zu funktionieren, von den Individuen nur verlangt, genau das zu sein, was sie sind: »Seid egoistisch, kümmert euch, wenn möglich auf intelligente Weise, um euer Interesse, und alles wird, wenn auch nicht zum Besten in der besten aller Welten, denn das ist nur ein Traum, so doch fast fehlerlos bestellt sein in der effizientesten aller real existierenden Wirtschaftswelten, dem Markt also.« Das erinnert an das berüchtigte Credo von Guizot, das man ihm oft und törichterweise vorgeworfen hat: »Bereichert euch!« Ein unsympathisches Credo, das ist mir durchaus klar, auch wenn man es vollständig zitiert, das aber vielleicht nur umso wah-

---

34 Vgl. *Ethik*, III, Lehrsätze 6 und 7 nebst Beweisen. Zur Anwendung dieses Begriffs auf das gesellschaftliche und politische Leben vgl. das Vorwort, das Laurent Bove für die franz. Ausg. des *Politischen Traktats* geschrieben hat (*Traité politique*, trad. Siasset-Bove, Le Livre de Poche, 2002).

rer ist oder vielmehr (da ein Befehl weder wahr noch falsch sein kann) den Geist des Kapitalismus umso besser zum Ausdruck bringt: Denn dieser braucht nicht sympathisch zu sein, um zu existieren oder gar Erfolg zu haben.[35]

Marx' sympathischer, aber verhängnisvoller Fehler bestand trotz seiner positivistischen und szientistischen Leugnung im Grunde darin, dass er die Moral in der Wirtschaft etablieren wollte. Machen wir Schluss mit der Ausbeutung des Menschen durch den Menschen, mit der Entfremdung, mit der Not, mit den gesellschaftlichen Klassen, dem Staat selbst, verschaffen wir jedem Individuum, unabhängig von seinen Fähigkeiten und seinem Beruf, die vollständige Befriedigung seiner Bedürfnisse (das ist die berühmte Formel aus der *Kritik des Gothaer Programms*: »jeder nach seinen Fähigkeiten, jedem nach seinen Bedürfnissen!«[36] – und nicht wie im Sozialismus »jedem nach seiner Arbeit«), sorgen wir bis dahin dafür, dass der Reichtum vor allem denen zugutekommt, die arbeiten, und nicht denen, die besitzen, denen, die nichts haben (den Proletariern), nicht, wie im Kapitalismus, denen, die schon reich sind, und verhelfen wir schon jetzt und in immer stärkerem Maße der Gerechtigkeit und Gleichheit zur Herrschaft ... Moralisch betrachtet, können wir nicht schöner träumen. Aber durch welches Wunder sollte die Wirtschaft das erreichen können? Es wäre das Ideal. Ein Grund mehr, sagt der scharfsinnige Verstand, nicht daran zu glauben.

35 Das vollständige Zitat lautet: »Bereichert euch durch Arbeit und Sparen.« Der häufig zitierte Ausspruch ist möglicherweise nicht authentisch (vgl. Gabriel de Broglie, *Guizot*, Perrin, 1900, S. 333 f.).
36 MEW, Bd. 19, S. 21.

3. Das Goldene Kalb

Das ist kein Grund, Marx auf den Müll zu werfen. Seine Vision des Kommunismus ist überholt. Seine Analyse des Kapitalismus bleibt in vielerlei Hinsicht eine der aufschlussreichsten Untersuchungen.

Ein Grund weniger, den Kapitalismus anzubeten. Besser ist es, ihn sich so zu denken, wie er ist – was im Übrigen genügt, um nicht mehr an ihn zu glauben (in der religiös angehauchten Bedeutung des Wortes).

Was ist der Kapitalismus? Ich werde Ihnen zwei Definitionen vorschlagen, beide treffend und komplementär.

Die erste, sehr klassische, ist eher deskriptiv oder strukturell: Sie sagt, wie der Kapitalismus beschaffen ist. Das ist die Definition von Marx, die allerdings nur die der klassischen englischen Volkswirtschaftslehre wiederaufnimmt oder erweitert. Aus deskriptiver oder struktureller Sicht würde man sagen, dass der Kapitalismus ein Wirtschaftssystem ist, das sich auf den Besitz der Produktions- und Tauschmittel, auf die Freiheit des Marktes und auf die Lohnarbeit gründet (wobei das letzte Merkmal nur die Anwendung der beiden ersten auf den Arbeitsmarkt ist: Insofern ist der Kapitalismus der Triumph der Marktwirtschaft). Diejenigen, die das Unternehmen besitzen (die Aktionäre), lassen also diejenigen, die es nicht besitzen (die Lohnarbeiter) – auf der Grundlage eines freiwilligen Vertrags und im Tausch gegen einen Lohn –, für sich arbeiten. Die Aktionäre haben daran nur Interesse, weil die Arbeiter mehr Wert schaffen, als sie (in Form des Lohns) bekommen: Das nennt Marx Mehrwert. Das gilt übrigens auch in einem sozialistischen Land: Die Arbeitenden müssen mehr Wert produzieren, als sie verbrauchen, weil nicht alle produzieren, wohl aber alle (darunter auch Kinder, Rentner, Kranke...) konsumieren, weil investiert und weil ertragloser Sozialaufwand (etwa für die Rechtsprechung oder die Verteidigung) getrieben werden muss. Das Besondere am Kapitalismus ist nicht die Schaffung eines Mehrwerts durch die Arbeitenden, sondern dessen zumindest partielle Abschöpfung durch die Besitzer der Produktionsmittel. Das hindert die Kapitalisten nicht daran, nach Belieben ebenfalls zu arbeiten; aber sie sind nicht dazu gezwungen. Das hindert die Lohnarbeiter nicht, auch Aktien ihres Unternehmens zu besitzen, wenn sie es können; deswegen bleiben sie doch Lohnarbeiter. Der Gegensatz von Kapital und Arbeit, egal, wie es um sie bestellt ist (ob der Chef Eigentümer ist oder nicht, ob es eine Belegschaftsbeteiligung gibt oder nicht), bleibt also wirksam: Er gehört zum Wesen des Kapitalismus.

Praktische Konsequenz? Für das Problem, das uns beschäftigt, nimmt sie zunächst die Form einer Tautologie an: Das Unternehmen gehört dem oder denen, der oder die es besitzen. Aber es gibt gefährliche Tautologien. Wenn das Unternehmen denen gehört, die es besitzen (den Aktionären), steht es ihnen folglich von Rechts wegen zu Diensten: Eigentum berechtigt zur Nutznießung. Da können uns Unternehmerverband und Jungunternehmer noch so sehr einreden, das Unternehmen diene seinen Kunden oder Mitarbeitern; das kann einfach nicht stimmen, denn das Unternehmen dient seinen Aktionären!

Ich übertreibe ein wenig, um mich verständlich zu machen und weil ich von der politischen Korrektheit genug habe. Natürlich dient das Unternehmen auch seinen Kunden! Aber warum? Weil sich der Aktionär natürlich nur dann zufriedenstellen lässt, wenn der Kunde zufriedengestellt wird! Doch soweit ich weiß, will man in einem kapitalistischen Land den Aktionär nicht zufriedenstellen, um den Kunden zufriedenzustellen. Selbstverständlich verhält es sich umgekehrt: Um den Aktionär zufriedenzustellen, möchte man den Kunden zufriedenstellen (auch indem man diesem, wenn er daran Vergnügen findet, Produkte verkauft, die ihm schaden: Tabak, Alkohol, verblödende Fernsehsendungen ...). Selbstverständlich dient das Unternehmen auch, zumindest teilweise, seinen Lohnarbeitern! Aber warum? Weil die einzige Möglichkeit, den Kunden – und damit den Aktionär – dauerhaft zufriedenzustellen, darin besteht, die Lohnarbeiter zumindest teilweise zufriedenzustellen! Aber ich bitte Sie, versuchen Sie doch nicht, uns einzureden, dass wir es hier mit einer neuen »heiligen Dreieinigkeit« zu tun haben, wo die drei »Personen« einander gleichgestellt wären! Das ist nicht wahr, das war nie wahr und wird nie wahr sein: In einem kapitalistischen Land dienen die Lohnarbeiter den Kunden, die ihrerseits den Aktionären dienen. Das nennen wir Handel.

Im Übrigen bewährt sich das System schon so lange, dass es nicht mehr auf falsche moralische Rechtfertigungen angewiesen ist. Ein Wirtschaftssystem ist dazu da, Reichtum zu schaffen – wenn möglich zu minimalen sozialen, politischen und ökologischen Kosten. Unter diesen drei Gesichtspunkten war der Kapitalismus – trotz und gelegentlich auch wegen seiner Schwächen – bei weitem erfolgreicher als der Kollektivismus. Das ist sattsam bekannt. Ein Irrtum wäre es aber zu glauben, Reichtum genüge, um eine menschlich erträgliche Zivilisation oder auch nur Gesellschaft zu schaffen. Deshalb brauchen wir auch das Recht und die Politik. Und da Politik und Recht auch nicht ausreichen, brauchen wir noch Moral, Liebe, Spiritualität … verlangen wir doch nicht von der Wirtschaft, sie zu ersetzen!

Doch damit komme ich zu meiner zweiten Definition. Sie ist nicht mehr deskriptiv, sondern funktional: Sie sagt nicht, wie der Kapitalismus beschaffen ist, sondern wozu er dient. Aus funktionaler Sicht schlage ich Ihnen die folgende Definition vor: Der Kapitalismus ist ein Wirtschaftssystem, das dazu dient, mit Reichtum weiteren Reichtum zu produzieren. Damit nehme ich nur eine der gängigen Definitionen des Kapitals auf: Reichtum zur Schaffung von Reichtum. Wenn Sie eine Million Euro in Goldbarren oder Banknoten in Ihrem Keller versteckt haben, sind Sie deshalb noch lange kein Kapitalist. Sie sind reich. Sie sind unvorsichtig. Sie sind dumm. Aber Sie sind kein Kapitalist: Ihr Reichtum schafft keinen Reichtum. Wenn Sie hingegen tausend Euro in Aktien auf Ihrer Bank haben, sind Sie in Ihrem bescheidenen Rahmen ein Kapitalist: Reichtum schafft Reichtum (oder hat zumindest die Chance, welchen zu schaffen: keine kapitalistische Investition ohne Risiko).

Welche praktische Konsequenz hat das auf das Problem, das uns beschäftigt? Eine sehr aufschlussreiche: Aus Gründen, die mit der Natur des Systems zu tun haben (Reichtum in eine Quelle der Bereicherung zu verwandeln), kommt in einem kapitalistischen Land Geld zu Geld, mit anderen

Worten, nicht zu denen, die es am meisten benötigen (den Ärmsten), sondern zu denen, die es, zumindest objektiv betrachtet, am wenigsten brauchen, weil sie davon schon am meisten haben. So gesehen müssen wir zugeben, dass, wenn wir denn dem Kapitalismus unbedingt eines der beiden Adjektive »moralisch« oder »unmoralisch« zuweisen müssten, das zweite weitaus passender wäre! Doch das wäre meiner Meinung nach eine Dummheit (weil die grundsätzliche Amoralität des Kapitalismus ausschließt, dass er unmoralisch ist), wenn auch eine geringere, als ihn moralisch zu finden! Einige bereichern sich, ohne zu arbeiten, andere rackern sich ab und bleiben arm. Finden Sie das moralisch? Sie werden mir entgegenhalten, dass ein Reicher pleite gehen und ein Armer ein Vermögen machen kann … Klar, das passiert manchmal. Doch eher selten. Der sicherste Weg, reich zu sterben, ist in einem kapitalistischen Land (war es aber wohl auch, und möglicherweise noch mehr, in einem Feudalstaat), reich geboren zu werden. Wenn Ihnen eine Milliarde Euro in die Wiege gelegt wird, müssten Sie schon verrückt sein oder einen absolut unfähigen Vermögensberater haben, um nicht mit weit mehr als einer Milliarde Euro in Ihrem Sarg oder vielmehr in Ihrem Testament zu sterben. Geld kommt zu Geld. Der beste Weg, in einem kapitalistischen Land reicher zu werden, ist, reich zu sein. Das hat Marx schockiert und mit ihm alle Sozialutopisten des 19. Jahrhunderts. Sie waren zu Recht schockiert; sie haben sich nur in den Mitteln zur Bekämpfung dieses Missstands geirrt.

Marx' Irrtum, sagte ich, war der Wunsch, die Wirtschaft der Moral zu unterwerfen, nicht von außen (als ob die Wirtschaft sich dem moralischen Gewissen der Individuen unterordnen könnte und sollte, so naiv war Marx nicht), sondern von innen, indem er ein Wirtschaftssystem erfand, das seinem Wesen nach gerecht war, weil von der Ausbeutung des Menschen durch den Menschen befreit (Kommunismus). Das hieß, die Moral in der Wirtschaft etablieren zu wollen. Achtung, verfallen Sie jetzt, da der Kommunismus tot ist, nicht in den entgegengesetzten Fehler: Hüten Sie sich, die Wirtschaft in der Moral zu etablieren! Der Kapitalismus, sagen manche, sei Leben und Freiheit: Er belohnt Arbeit und Sparen, Risikobereitschaft, unternehmerischen Geist, Erfindungsvermögen, Kreativität … Pech für die Armen, wenn sie zu blöd sind, um das zu kapieren oder mitzumischen! Und leisten Sie nicht den Börsenkursen Folge, wie andere sich an die Gesetzestafeln halten … das ist eine andere Fehldeutung, oder vielmehr die gleiche (Verwechslung der Moral mit der Wirtschaft), aber umgekehrt – dieses Mal zugunsten der Wirtschaft. Auch das Leben ist nicht moralisch, die Biologie beweist es zur Genüge. Warum sollte es dann die Wirtschaft sein? Das Leben verschlingt, das Leben tötet. Soll das unseren Gesellschaften als Vorbild dienen? Dass manche Leute bei ihren Gesellschaftsentwürfen Marx durch Darwin ersetzen möchten, kann ich aus ihrer Sicht durchaus verstehen. Das heißt, sich gegen die Schwächeren auf die Seite der Stärkeren zu schlagen. Das steht ihnen frei. Aber sie mögen bitte nicht von uns verlangen, darin etwas Moralisches zu sehen! Der Kapitalismus ist dazu da, Reichtum zu schaffen. Das gelingt ihm viel zu gut, als dass es nötig wäre, sich in dieser Hinsicht etwas vorzumachen. Ihn akzeptieren? Scheint mir vernünftig, solange wir ihn durch nichts Besseres ersetzen können. Was jedoch kein Grund ist, vor ihm auf die Knie zu fallen.

Aus dem Kapitalismus eine Moral machen zu wollen, das hieße, aus dem Markt eine Religion zu machen,[37] und aus dem Unternehmen einen Götzen. Genau das gilt es zu verhindern. Würde der Markt eine Religion, wäre es die schlimmste überhaupt, die des Goldenen Kalbes. Und die lächerlichste aller Tyranneien, die des Reichtums.

---

37 Durch die Verbindung aus Wahrheit und Wert, die mir das Wesen eines jeden religiösen Diskurses zu sein scheint: Das Wahre und das Gute sind eins. Vgl. dazu den Artikel »Dieu« in meinem *Dictionnaire philosophique*, PUF, 2001.

IV

Verwechslung der Ordnungen: Lächerlichkeit und Tyrannei, Blauäugigkeit oder Barbarei

Hier sind also die beiden Wörter *Lächerlichkeit* und *Tyrannei*, von denen ich in der Einleitung erklärt habe, sie seien Pascal'sche Begriffe.

Das führt uns zu einem dritten Punkt: gegen die Verwechslung der Ordnungen, gegen die Tyrannei und die Lächerlichkeit.

1. Lächerlichkeit und Tyrannei nach Pascal

Warum Pascal'sche Begriffe? Weil Sie, wenn Sie die *Gedanken* von Pascal lesen oder wieder lesen und dabei aufmerksam zu Werke gehen, sehen können, dass Pascal die beiden Wörter »Lächerlichkeit« und »Tyrannei« ziemlich eigenwillig verwendet.

Fangen wir mit der Lächerlichkeit an. Pascal bezeichnet mit diesem Wort nicht nur etwas, was zum Lachen reizt: Er spricht von Lächerlichkeit, wenn eine Verwechslung der Ordnungen vorliegt. Die Pascal'schen Ordnungen sind jedoch nicht dieselben wie die meinen. Es gibt deren drei, die hier zur Erinnerung noch einmal genannt seien: die Ordnung des Fleisches, die Ordnung des Geistes oder der Vernunft, schließlich die Ordnung des Herzens oder der Nächstenliebe. Jedes Mal, wenn zwei oder drei dieser Ordnungen verwechselt werden, heißt es bei Pascal sinngemäß: »Vorsicht, Lächerlichkeit!« So heißt es in den *Gedanken* beispielsweise: »Das Herz hat seine Ordnung, der Geist hat die seine, die aus Grundsätzen und Beweisen besteht. Das Herz hat eine andere. Man beweist nicht, dass man geliebt werden muss, indem man die Ursachen der Liebe geordnet darlegt; das wäre lächerlich.«[38]

Was heißt das? Das heißt, meine Herren, dass eine junge Dame Sie auslachen wird, wenn Sie sie z.B. folgendermaßen auf der Straße ansprechen: »Meine Dame, mein Fräulein, ich werde Ihnen nach allen Regeln der Vernunft darlegen, dass Sie mich lieben müssen.« Und sie wird Sie nicht deshalb auslachen, weil sie Sie lustig findet, was bekanntlich ein sehr guter Anfang ist, sondern weil sie Sie lächerlich findet, was ein weit weniger guter Anfang ist! Und wenn sie ein ganz klein wenig belesen ist oder wenn sie meinen Vortrag gehört hat, wird sie Ihnen entgegenhalten: »Sie sind lächerlich, Sie Ärmster! Lesen Sie Pascal: Das Herz hat seine Vernunftgründe, welche die Vernunft nicht kennt ...« Ein anderes bekanntes Fragment aus den Gedanken.[39]

Folglich liegt die Lächerlichkeit in der Verwechslung der Ordnungen. Was ist dann aber die Tyrannei? Die Lächerlichkeit an der Macht, anders gesagt, die Verwechslung

---

38 *Gedanken*, 298/283.
39 In diesem Fall das Fragment 423/277. Zu der Lächerlichkeit, die in der Verwechslung der Ordnung des Herzens mit der der Vernunft liegt, vgl. auch das Fragment 110/282.

der Ordnungen zum Regierungssystem erhoben. Von der Tyrannei liefert Pascal die folgende schöne Definition: »Tyrannei besteht im allumfassenden Verlangen nach der Herrschaft außerhalb ihrer eigenen Ordnung.«[40] Für Pascal ist ein Tyrann nicht jemand, der, wie man heute gelegentlich glaubt, mit Autorität regiert, wobei Autorität oft mit dem Begriff der Macht verwechselt wird. Autorität ist in Pascals Augen eine Tugend, was die Tyrannei niemals sein kann. Nein, der Tyrann regiert nicht mit Autorität; er regiert – oder tut so – in einer Ordnung, in der zu regieren er keinerlei Rechtsanspruch hat: Tyrann zu sein heißt, wie Pascal unnachahmlich sagt, »etwas auf einem Wege haben zu wollen, was man nur auf einem anderen haben kann«[41]. Ein Tyrann ist beispielsweise – ich folge nur dem Text – jemand, der Liebe verlangt, weil er mächtig ist, Gehorsam, weil er gelehrt ist, oder Furcht, weil er schön ist…[42] Und Pascal fügt hinzu: »Daher sind diese Reden falsch und tyrannisch: Ich bin schön, also muß man mich fürchten, ich bin stark, also muß man mich lieben, ich bin…«[43]

Pascal lässt den Satz in der Schwebe. Er ließe sich ohne Schwierigkeiten vervollständigen: »Ich bin gelehrt, also muss man mir gehorchen.« Oder auch: »Ich bin mächtig, also muss man mir glauben…«

Es zeigt sich, dass die beiden Begriffe *Lächerlichkeit* und *Tyrannei* zusammengehören und mit der Macht (sei sie real oder vorgeblich) einhergehen. Der Tyrann ist der König,

40 A.a.O., 58/332.
41 Ebd.
42 Ebd.
43 Ebd.

der geliebt werden will (Paternalismus oder Personenkult: Kein König wurde jemals so geliebt wie Stalin), der König, dem die Menschen glauben sollen (Stalin, »der größte Gelehrte des 20. Jahrhunderts«, sagten die Stalinisten der Zeit in vollem Ernst), aber auch der Gelehrte, der regieren will, oder der Geliebte, der Gehorsam verlangt...

Stellen wir uns – und damit entferne ich mich kaum von Pascal – einen König vor, der sagt: »Ich bin mächtig, daher muss man mich lieben.« Dazu brauchen wir unsere Phantasie kaum zu bemühen, sagen es doch alle Könige oder deuten es zumindest an oder träumen davon – einschließlich jener, deren Königreich nur die Größe eines Unternehmens oder eines Hörsaals hat... »Liebt mich, ich bin euer Chef!«, »Liebt mich, ich bin euer Professor!« Lächerlich: Verwechslung der Ordnungen. Du bist mächtig – du bist der König, du bist der Chef (lassen wir die Lehrer beiseite, sie werden leider immer ohnmächtiger) – deshalb muss man dich fürchten, deshalb muss man dir gehorchen. Aber warum willst du geliebt werden? Die Macht ist nicht liebenswert!

»Liebt mich, ich bin euer Chef«, das ist im Prinzip die versteckte Devise des Paternalismus, die patriarchische Lächerlichkeit. »Liebt mich, ich bin euer Professor«, das ist die versteckte Devise einer bestimmten Form von pädagogischem Paternalismus und Narzissmus, das ist die professorale Lächerlichkeit. Und die eine so tyrannisch wie die andere, wenn sie an die Macht will oder gelangt. Das Unternehmen oder die Schule (Universität) ist nicht die Familie (in der Familie herrscht die Liebe oder sollte herrschen, nicht aber im Unternehmen oder in der Schule). Lehrer oder Chefs sind nicht dazu da, geliebt zu werden. Und wenn sie geliebt werden, was passieren kann, dann nicht einfach deshalb, weil sie Lehrer oder Chefs sind...

Lächerlich ist auch, wie Pascal hinzufügen könnte, der König, der sagt: »Ich bin mächtig, folglich müsst ihr mir glauben.« Oder der Chef, der sagt: »Es ist wahr, weil ich der Chef bin.« Lächerlich: Verwechslung der Ordnungen. Du bist mächtig – du bist der König, du bist der Chef –, folglich müssen wir dich fürchten. Du bist mächtig, folglich müssen wir dir gehorchen. Aber warum willst du, dass wir dir glauben? Nicht die Macht verdient Glaubwürdigkeit, sagt Pascal,[44] sondern das Wissen, die Kompetenz, die Ehrlichkeit... Zu sagen (oder zu denken oder anzudeuten): »Das ist wahr, weil ich euer Chef bin«, heißt, die Ordnungen zu verwechseln, heißt, lächerlich zu sein. Müssen wir also auf die Liebe verzichten? Das Vertrauen? Natürlich nicht. Wenn ein Individuum – egal, ob Chef oder Lehrer – möchte, dass man es liebt oder ihm glaubt, können wir ihm das nicht zum Vorwurf machen. Wer würde nicht lieber geliebt als verabscheut oder verachtet werden? Wem wäre es nicht lieber, dass die Leute ihm glaubten? Die Lächerlichkeit (also die Tyrannei, wenn die Macht hinzukommt) liegt in dem Wunsch, geliebt zu werden oder glaubwürdig zu sein, nicht allein »von Amts wegen«, was unvermeidlich ist,[45] sondern infolge von Eigenschaften (in unserem Falle Macht, Stellung, Funktion), die in diesem Zusammenhang ohne Bedeutung sind.

44 Ebd.
45 Wie Pascal in seinem genialen Fragment 688/323 (»Was ist das Ich«) ausführt.

Um sich Gehorsam zu verschaffen, genügt es im Großen und Ganzen, der Chef zu sein (und es sollte im Prinzip genügen, der Lehrer zu sein). Sagen wir, das gehört zum Berufsbild. Um geliebt zu werden, hat es noch nie genügt, Chef zu sein: Um geliebt zu werden, muss man liebenswert sein, und das ist etwas ganz anderes!

Um sich Glauben zu verschaffen, hat es noch nie genügt, Chef zu sein: Dazu muss man glaubwürdig sein, und das ist etwas ganz anderes. Wenn wir diesen Unterschied vergessen, sind wir lächerlich und folglich in dem Maße, wie wir Macht besitzen, auch tyrannisch.

Stellen Sie sich ein junges Nachwuchstalent vor, das gerade von einer unserer Grandes Écoles kommt, in einem Unternehmen beschäftigt ist und mit seinem Chef in einem strategisch wichtigen Punkt eine Meinungsverschiedenheit hat. Der junge Mann ist intelligent, aber eigensinnig. Die Lautstärke nimmt zu. Der Chef, dem die Argumente ausgehen, erklärt schließlich: »Das ist wahr, weil ich der Chef bin!« Unser Jungmanager könnte, falls er belesen und mutig genug wäre, ungefähr Folgendes antworten: »Bei allem Respekt, Herr Generaldirektor, Sie sollten Pascal lesen: Sie sind lächerlich …«

»Hören Sie mal, ich bin der Chef!«

»Glauben Sie mir, Herr Generaldirektor, das bestreite ich nicht im Geringsten. Sie sind der Chef, und daher werde ich tun, was Sie entscheiden. Sie können, solange ich bei Ihnen bleibe, auf meinen Gehorsam zählen. Doch Sie haben – Chef hin oder her – weder das Recht noch die Mittel, unter dem Vorwand, der Chef zu sein, von mir zu fordern, dass ich Ihnen recht gebe, während ich aufgrund stichhaltiger

Argumente überzeugt bin, dass Sie unrecht haben. Daher werde ich Ihnen weiterhin Gehorsam leisten, wenn Sie mich in Ihrem Unternehmen behalten, dabei aber bei meiner Meinung bleiben, dass Sie unrecht haben.«

Von Unternehmenschefs bekomme ich oft zu hören, sie brauchten mich nicht für die Personalplanung, dafür hätten sie ihre Personalabteilung – oder sie würden sich selbst darum kümmern. Mir scheint jedoch, dass sie, sollten sie mit einem solchen Nachwuchstalent zu tun bekommen, unrecht hätten, es ihrem Unternehmen vorzuenthalten. Zunächst einmal, weil unser Jungmanager Pascal gelesen hat, was für ihn spricht (alles, was selten ist, ist teuer: Statt eines Rausschmisses wäre eine Gehaltserhöhung angebracht). Sodann, und nun ernsthaft, weil er mutig ist und weil unsere Unternehmen mutige Führungskräfte brauchen. Schließlich, und das ist vielleicht das Wichtigste, weil er zwei wichtige Eigenschaften in sich vereint, von denen jede für sich wertvoll ist, die sich aber selten miteinander vertragen: auf der einen Seite die Fähigkeit zum Gehorsam (Disziplin) und auf der anderen Seite die Freiheit des Geistes. Man wird mir nicht ausreden können, dass das Unglück unserer Zeit teilweise den vielen Menschen zu verdanken ist, die gerne gehorchen möchten, aber nur wenn sie einverstanden sind. Und andere, die so daran gewöhnt sind zu gehorchen, dass sie aus Gehorsam einverstanden sind. Jene besitzen die Freiheit des Geistes (im besten Fall), aber keine Disziplin. Diese haben Disziplin, aber keine Freiheit des Geistes. Doch unsere Gesellschaft (genauso wie unsere Unternehmen) braucht Menschen, die diese beiden Tugenden miteinander in Einklang bringen können. Das ist der Geist der Demokratie wie der Laizität. »Gehorsam der Macht«, sagte Alain, »Achtung nur dem Geist.« Und Widerstand folglich aller Tyrannei.[46]

---

46 Zu den (gleichzeitig entgegengesetzten und zusammenhängenden) Begriffen des Gehorsams, der Achtung und des Widerstands bei Alain vgl. meinen Artikel »Le philosophe contre les pouvoirs (La philosophie politique d'Alain)«, in: *Revue internationale de philosophie*, März 2001, S. 121–162. Alain, der Pascal bewunderte, ohne ihn zu lieben, war einer der wenigen Philosophen des 20. Jahrhunderts, die ihn verstanden.

2. Die Tyrannei des Niederen: die Barbarei

Ich sprach vom Paternalismus, von der patriarchischen Lächerlichkeit des 19. Jahrhunderts – einer Tyrannei der Unternehmenschefs. Was allerdings nicht bedeutet, dass wir die Lächerlichkeit hinter uns hätten. Der Paternalismus ist tot? Vielleicht. Doch die Lächerlichkeit ist in allen Zeiten und allen Milieus zu Hause. Jede Epoche hat ihre Tyrannen und Tyranneien, die sie bedrohen.

Zum Schluss möchte ich Ihre Aufmerksamkeit auf zwei Lächerlichkeiten, zwei Tyranneien – zwei Verwechslungen der Ordnungen lenken, die uns heute, wie mir scheint, ganz besonders drohen: Die eine möchte ich Barbarei, die andere Blauäugigkeit nennen.

Was verstehe ich unter Barbarei? In einem allgemeinen Sinne ist sie der Gegensatz der Kultur, insofern uns diese erzieht. Der Barbar ist nicht nur der Grausame oder Gewalttätige; er ist derjenige, der keine höheren Werte anerkennt, der nur an das Niedrigste glaubt, der sich darin suhlt und alle anderen ebenfalls hineinziehen möchte.

Genauer gesagt, und um auf meine vier Ordnungen zurückzukommen (achtungsvoll überlasse ich Pascal die seinen), schlage ich vor, als »Barbarei« die Lächerlichkeit zu bezeichnen, die darin besteht, eine gegebene Ordnung einer niederen Ordnung zu unterwerfen oder sie auf diese zu reduzieren: Die Barbarei ist die Tyrannei des Niederen – die Tyrannei der niederen Ordnungen.

Ein Beispiel für Barbarei: die Politik oder das Recht (Ordnung Nr. 2) der Wirtschaft, der Technik, den Wissenschaften (Ordnung Nr. 1) unterwerfen zu wollen. Technokratische Barbarei (Tyrannei der Experten) oder auch – es gibt zwei Schulen – liberale Barbarei (Tyrannei des Marktes).

Es gibt zwei Schulen. Gemäß der einen bekommen Sie in etwa Folgendes zu hören: »Natürlich, lieber Freund, das Volk ist souverän, wir sind doch alle Demokraten. Aber Sie müssen doch zugeben, dass das Volk keine Ahnung davon hat.«

(Halten wir uns die Stärke des Arguments vor Augen, die sich auf seine Wahrhaftigkeit gründet, die einzige Stärke von Argumenten. Egal, welche Frage dem souveränen Volk gestellt wird, sobald sie ein wenig schwierig oder kompliziert ist, erweist es sich nur als allzu wahr, dass das Volk, in seiner Mehrheit betrachtet, nichts mehr versteht. Das sei »die Ansicht der am wenigsten Klugen«, würde Pascal sagen.[47] Erinnern Sie sich beispielsweise an den Volksentscheid über Maastricht… Wer von uns hat denn wirklich in klarer Kenntnis des Sachverhalts abgestimmt? Ich zum Beispiel habe mit Ja gestimmt, doch ich erinnere mich vor allem an meine Ratlosigkeit angesichts der Argumente der einen wie der anderen, an meine Unsicherheit, an das hartnäckige Gefühl meiner Inkompetenz… Was lag im Interesse Europas? Was im Interesse Frankreichs? Und auch in

---

47 *Gedanken*, 85/878. Zu den ungewöhnlich tiefgründigen politischen Gedanken Pascals vgl. mein Vorwort zu seinen *Pensées sur la politique*, Éditions Rivages Poche, Reihe »Petite Bibliothèque«, 1992.

meinem eigenen? Ich wusste es nicht genau ... Dabei habe ich eine ganz ordentliche Ausbildung; vor allem interessiere ich mich seit mehr als dreißig Jahren leidenschaftlich für Politik und seit gut einem Jahrzehnt ernsthaft für Wirtschaft ... Durch welches Wunder sollte die Mehrheit unserer Mitbürger besser informiert oder kompetenter sein als ich? Egal: In einer Demokratie entscheidet nicht die Kompetenz, sondern die große Zahl. Nehmen wir zum Beispiel eine Präsidentschaftswahl: Die Meinungsverschiedenheiten der Kandidaten werden in Frankreich von etwa vierzig Millionen Wählern entschieden, deren Kompetenzniveau im Normalfall – wenn es bei der Auswahl der Kandidaten mit rechten Dingen zugeht – weit unter dem des inkompetentesten Kandidaten liegt ... Sie ahnen sicherlich, dass sich das nicht gegen die Demokratie richtet, sondern dass ich es sage, weil wir sie nur dann wirksam verteidigen können, wenn wir nichts beschönigen, auch nicht hinsichtlich ihrer Einschränkungen. Im Übrigen wäre eine Aristokratie des Wissens schlimmer.)

»Also, lieber Freund, das Volk hat keine Ahnung ... Wenn sich daher eine Frage ergibt, die etwas wichtiger oder komplizierter ist (und die wichtigen Fragen sind selten einfach), sollten wir, statt einen Volksentscheid oder eine Parlamentsdebatte durchzuführen – denn die Abgeordneten, das wissen Sie so gut wie ich, verstehen nicht viel mehr davon –, lieber einen Fachausschuss, einen Sachverständigenrat oder dergleichen einsetzen. Lassen wir endlich die kompetenten Leute entscheiden!« Und das könnte sehr gut funktionieren (leider funktioniert es auch schon, etwa auf der Ebene der Europäischen Kommission). Es gibt nur ein einziges Problem: Wenn wir dieser Logik konsequent bis zum Ende folgen, ist nicht mehr das Volk souverän, sondern die Experten – und wir bewegen uns nicht mehr ganz auf dem Boden der Demokratie. Wir haben die Macht an die Wissenden abgegeben, mit anderen Worten, sie allen anderen, die die Mehrheit bilden, entzogen. Was bleibt von der Demokratie? Nicht viel mehr, fürchte ich, als eine Fassade. Technokratische Barbarei: Tyrannei der Experten.

Es gibt zwei Schulen, sagte ich, und gemäß der anderen bekommen wir Folgendes zu hören: »Gewiss, lieber Freund, das Volk ist souverän: Wir sind alle Demokraten. Aber Sie müssen doch zugeben, dass es zu viel Staat gibt…« Vielleicht. Aber das ist beunruhigend, könnte doch durch das ständige Gerede über zu viel Staat manch einer versucht sein, ganz ohne Staat oder, bleiben wir realistisch, mit einem Minimum an Staat auszukommen, mit einem Staat, der konsequent auf seine berühmten hoheitlichen Funktionen – Verwaltung, Justiz, Polizei und Diplomatie – beschränkt bleibt und der alle anderen Fragen, das heißt in Friedenszeiten die meisten wirklich wichtigen Fragen, den ebenso berühmten Selbstregulierungskräften des Marktes überlässt. Und auch das kann, weiß Gott, sehr gut funktionieren! Das einzige Problem ist auch in diesem Fall, dass das Volk nicht mehr souverän ist: Souverän ist in diesem Fall das Kapital oder diejenigen, die es besitzen. Und deswegen bewegen wir uns nicht mehr ganz auf dem Boden der Demokratie. Liberale Barbarei: Tyrannei des Marktes.

Beiläufig bemerkt, diese beiden Barbareien der Ordnung Nr. 1, die liberale und die technokratische, können sehr gut

Hand in Hand gehen: Dazu müssen die Experten, denen man die Führung der laufenden Geschäfte überlassen hat, nur ultraliberal sein... Mir scheint, wir kennen zumindest einen Fall eines solchen Zusammentreffens: Pinochets Chile. Sie übernehmen die Macht durch einen Militärputsch (so wird das Volk, diese inkompetente Masse, die Allende gewählt hat, einige Jahre kaltgestellt), Sie morden ein bisschen, foltern reichlich, brauchen sich aber um die Wirtschaft nicht zu kümmern: Die vertrauen Sie einigen Sachverständigen an, die vielfach von den besten nordamerikanischen Universitäten kommen, unter ihnen auch einige Schüler oder Kollegen (»Chicago Boys« sagte man damals) des sehr liberalen und schon bald mit einem Nobelpreis ausgezeichneten Milton Friedman... Wie in vielen rechtsextremen Regimen ist die Wirtschaftspolitik ausgesprochen liberal, wenn nicht gar ultraliberal ausgerichtet: Privatisierung, Aufhebung der Preiskontrollen, Öffnung des Marktes für die internationale Konkurrenz... Mit einem Wort, Sie entziehen dem Staat und den Gewerkschaften so viel Macht wie möglich und übertragen sie möglichst vollständig auf den Markt und die Unternehmer... Das Ergebnis? Ziemlich spektakulär: Fünfzehn Jahre lang haben Sie die höchste Wachstumsrate in ganz Lateinamerika. Sie werden einwenden: »Und, wo ist das Problem?« Es gibt nur eines, bei dem Sie selbst entscheiden müssen, ob Sie es für wichtig halten oder nicht: dass nämlich Pinochets Chile keine Demokratie ist.

Als General de Gaulle in den sechziger Jahren sagte, dass »die französische Politik nicht an der Börse gemacht wird«, brachte er damit nicht nur eine persönliche, seinem Naturell entsprechende Einschätzung zum Ausdruck. Er erinnerte an ein Grundprinzip jeder Demokratie, die diesen Namen verdient: In einer Demokratie ist das Volk souverän, was ausschließt, dass die Märkte es sein können. Sie werden mir entgegenhalten, dass sich das heute genauso leicht sagen lässt wie in den sechziger Jahren, aber (wegen der Globalisierung) schwieriger durchzuführen ist. Ich gebe Ihnen recht. Aber wie kommen Sie darauf, dass die Demokratie sich mit dem begnügen muss, was leicht ist?

Schauen Sie sich Microsofts Streit mit der amerikanischen Justiz an ... Der Markt drängt zum Monopol? Mag sein. Aber es gibt ein Wettbewerbsrecht, das angewendet werden muss. Und mir gefällt sehr, dass man ausgerechnet in jenem Land, das zu Recht als eines der liberalsten der Welt gilt (zumindest innerhalb seiner Grenzen), und in der Auseinandersetzung mit diesem Unternehmen, das zu Recht als eines der mächtigsten der Welt gilt, die Idee wiederentdeckt hat, die so einfach wie einleuchtend ist: dass das Recht des Volks, das keine käufliche Ware ist, den Märkten auferlegt werden muss, nicht umgekehrt. Ich weiß sehr wohl, dass es nicht ganz so einfach und leicht ist und dass die Angelegenheit in diesem Falle noch nicht abgeschlossen ist. Doch trotz aller Unklarheit und Unsicherheit ist sie geeignet, uns daran zu erinnern, dass der Markt in den Vereinigten Staaten dem Recht unterworfen bleibt. Womit wir eine offene Tür eingerannt haben, weist es uns doch auf eine Selbstverständlichkeit hin: Die Vereinigten Staaten sind eine Demokratie. Doch dann ist das amerikanische Volk der Souverän, was ausschließt und ausschließen muss (wenn die Demokraten es nicht an der nötigen Wachsamkeit fehlen lassen), dass die Wallstreet es ist.

Politische Barbarei

Zweites Beispiel für Barbarei: die Moral (Ordnung Nr. 3) der Politik oder dem Recht (Ordnung Nr. 2) unterwerfen zu wollen. Politische oder rechtliche Barbarei: Barbarei des Parteisoldaten oder des Richters. Es ist wiederum der Wunsch, das Höhere dem Niederen unterzuordnen. Auch hier gibt es zwei Schulen: die totalitäre Barbarei, etwa bei Lenin oder Trotzki, und die demokratische Barbarei, die bei uns die größere Gefahr darstellt.

Die totalitäre Barbarei ist leichter zu erkennen. Was ist Moral? Lenin beantwortete die Frage 1920 in einer Rede an die kommunistische Jugend Russlands: »Sittlich [moralisch] ist, was der Zerstörung der alten Ausbeutergesellschaft und dem Zusammenschluss aller Werktätigen um das Proletariat dient, das eine, die kommunistische Gesellschaft schafft.«[48] Die Moral kann also nicht unabhängig von der Politik sein. Vielmehr muss sie ihr unterworfen werden. Lenin: »Für uns ist die Sittlichkeit [Moral] den Interessen des proletarischen Klassenkampfes untergeordnet.«[49] Was natürlich bequem ist, wenn man die Partei führt, die vermeintlich die revolutionären Interessen besagten Proletariats vertritt...

Es ist bequem, bleibt aber ein wenig abstrakt. Trotzki, der konkreter dachte, versuchte einige Jahre später, die glei-

48 Lenin, *Die Aufgabe der Jugendverbände*, Berlin, Dietz, 1970, S. 15.
49 A.a.O., S. 285.

che Idee an einem Beispiel zu erläutern. So fragte er sich, ob der Terrorismus moralisch zulässig sei. Hat man das Recht, Menschen zu ermorden, Geiseln zu erschießen, auch dann, wenn sie nichts Unrechtes getan haben? Und Trotzki, der konkret und differenziert dachte, antwortete: »Das hängt vom Einzelfall ab.«[50]

Von seinem Standpunkt ist das verständlich, denn unter normalen Umständen, vor allem in Friedenszeiten, ist der Terrorismus sinnlos und politisch sogar verhängnisvoll: Man macht sich Feinde. Also ist er moralisch schlecht. Dagegen können Terrorismus und Mord in einer revolutionären Situation, vor allem im Falle eines Bürgerkriegs, politisch notwendig, politisch gerecht und damit moralisch gut sein.

Vorsicht, stellen wir den Gründer der Roten Armee nicht vorschnell an den Pranger. Trotzki denkt vor allem an die Ermordung bestimmter Unterdrücker (»wenn ein Revolutionär General Franco und seinen Generalstab in die Luft jagte«, schreibt er), und es ist nicht auszuschließen, dass eine solche Tat manchmal tatsächlich moralisch gerechtfertigt ist. Allerdings muss dann die Moral und nicht die Politik darüber entscheiden. Wo macht man sonst halt? Zumal Trotzki auch an vollkommen Unschuldige denkt (beispielsweise Geiseln, die mit dem gegnerischen Lager nur »durch die Bande der Klasse und der familiären Solidarität« verbunden sind[51]). Das ermögliche zumindest »eine

---

50 Leo Trotzki, *Leur morale et la nôtre*, 1938, Éditions de la Passion, 2003 (vgl. insbesondere die S. 39–42 und 51–55).
51 A.a.O., S. 63–64. Das Beispiel der Geiseln ist für Trotzki besonders heikel, weil er 1919 ein Geisel-Dekret erlassen hatte, für das er die »volle Verant-

bewusste Auswahl«, was immer noch besser sei als das Geschoss »einer Kanone oder eine Bombe, die, aus einem Flugzeug abgeworfen, unter Umständen nicht nur Feinde vernichtet, sondern auch Freunde oder deren Eltern und Kinder«[52]. Welch Zartgefühl! Wer könnte nicht erkennen, dass Stalin nur ein wenig weiter in die gleiche Richtung gegangen ist.

Trotzkis Text verrät weit mehr Talent als der Lenins, ist dadurch aber möglicherweise noch erschreckender. Das gleiche gute Gewissen, die gleiche Gewalttätigkeit, die gleiche Gewissheit, recht zu haben. Das liegt weniger an seinem Temperament, das durchaus sympathisch ist, als an seinem Denken. Wenn sich alles, was politisch nützlich ist, moralisch rechtfertigen lässt, ist die Moral nur noch Selbstrechtfertigung der Politik, eine Draufgabe, die dem Seelenfrieden, dem guten Gewissen dient. »Die Fragen der revolutionären Moral«, schrieb Trotzki seelenruhig, »verschmelzen mit den Fragen der revolutionären Strategie und Taktik.«[53] Verwechslung der Ordnungen: Tyrannei der Ordnung Nr. 2 über Ordnung Nr. 3. Und ein Stück weiter: »Das moralische Urteil wird zusammen mit dem politischen Urteil durch die inneren Notwendigkeiten des Kampfes bestimmt.«[54] Stalin hätte es genauso schreiben können. Doch was bleibt dann von der Moral? Nichts Autonomes, nichts Radikales. Unterwerfung der Moral unter die Politik

wortung« übernahm und auch 1938 noch rechtfertigte. Vgl. hierzu S. 39 ff. (»La Révolution et les otages«) und S. 62 ff. (»Une fois encore à propos des otages«).
52 A.a.O., S. 63 f.
53 A.a.O., S. 52.
54 A.a.O., S. 53.

(moralisch gut ist, was politisch richtig ist): politische Barbarei, hier totalitäre Barbarei.

Vergessen wir aber nicht, dass es auch eine andere politische Barbarei geben kann, die, obwohl weniger spektakulär und scheinbar gemäßigter, nicht weniger bedrohlich ist – bei uns sogar noch bedrohlicher. Das gute Gewissen gibt es auch bei uns, will sagen, bei den Demokraten. Dort könnte die Gefahr heute sogar am bedrohlichsten sein. Wenn die Demokratie die beste aller Regierungsformen ist, wovon wir doch alle überzeugt sind, warum ihr dann nicht auch die Moral unterordnen? Das nenne ich die demokratische Barbarei. Was soll das heißen? Das Gleiche wie in der totalitären Barbarei: die Unterwerfung der Moral (Ordnung Nr. 3) unter die Politik (Ordnung Nr. 2), allerdings eine demokratische Politik. An dem Tag, an dem unsere Mitbürger zu der Überzeugung gelangen, dass alles, was legal ist, zwangsläufig auch moralisch ist, mit anderen Worten, an dem Tag, an dem die Legalität an die Stelle der Moralität, der Sittlichkeit, tritt, an dem die Rechte (in der juristischen Bedeutung des Wortes) an die Stelle der Pflichten treten, wird es keine Sittlichkeit, kein Gewissen und keine Pflichten mehr geben. Und damit wird die geruhsame, bequeme, demokratische Herrschaft des legalistischen Lumpen anheben. »Kein Gesetz verbietet den Egoismus. Mit welchem Recht werft ihr mir vor, egoistisch zu sein? Ich zahle meine Steuern, ich habe weder gemordet noch gestohlen und halte bei Rot... Ansonsten, was gehen mich die Armen an?«

Das wirft schwierigere Probleme auf. Wenn Johannes Paul II. uns in einer seiner Enzykliken daran erinnert, dass die Entkriminalisierung der Abtreibung absolut nichts über ihre Sittlichkeit aussagt, hat er natürlich recht.[55] So wie er unrecht hat, wenn er im Namen ihrer vorgeblichen Sittenwidrigkeit den Gesetzen, die die Abtreibung in den verschiedenen Ländern und in den allgemein bekannten Grenzen legalisieren, ihre Rechtmäßigkeit abspricht.[56] Was das rechtliche Problem angeht, bin ich ganz anderer Meinung als der Vatikan. Das »Veil-Gesetz«, das nach der Politikerin Simone Veil benannte Gesetz zur Legalisierung der Abtreibung, scheint mir nicht nur juristisch legitim, sondern auch politisch gerechtfertigt zu sein: Ich habe dafür gekämpft, bevor es existierte, und ich werde dafür kämpfen, sollte es in Gefahr sein. Genau genommen sagt das Veil-Gesetz aber weder, dass die Abtreibung moralisch unschuldig sei, noch, dass sie moralisch schuldig sei. Ein Gesetz sagt nicht, was gut oder böse ist: Es sagt lediglich, was der Staat erlaubt und was er verbietet. Das ist keineswegs das Gleiche! Im Prinzip sagt uns der Gesetzgeber durch das Veil-Gesetz: »Ich, der Staat (oder ich, das souveräne Volk), halte die Abtreibung nicht für mein Problem, eben weil sie ein moralisches Problem ist, und überlasse sie als moralisches Problem den betroffenen Personen.« Daher ist es nach meiner Auffassung ein gutes Gesetz: Niemand kann es anstelle der

---

55 Ioannes Paulus PP. II, *Evangelium vitae*,
    http://www.vatican.va/edocs/DEU0073/_INDEX.HTM;
    vgl. ferner ders., *Brief an die Familien*,
    http://www.vatican.va/holy_father/john_paul_ii/letters/documents/
    hf_jp-ii_let_02021994_families_ge.html.
56 »Die Gesetze, die Abtreibung und Euthanasie zulassen und begünstigen,
    stellen sich also nicht nur radikal gegen das Gut des einzelnen, sondern
    auch gegen das Gemeinwohl *und sind daher ganz und gar ohne glaubwür-
    dige Rechtsgültigkeit.*« (Meine Hervorhebung.)
    http://www.vatican.va/edocs/DEU0073/_PP.HTM#1OT.

Paare – und vor allem der Frauen – entscheiden, die sich diesem Problem gegenübersehen. Daher müssen sich aber auch alle Betroffenen um ihrer selbst willen prüfen! Das Risiko dabei ist, dass die Legalisierung fast unvermeidlich einen Gewöhnungseffekt hat: Sobald die Abtreibung nicht mehr das Problem des Staates ist, glaubt manch einer (die Männer, scheint mir, eher als die Frauen, die persönlicher betroffen sind), dass es überhaupt kein Problem mehr gibt. Das ist natürlich ein Irrtum. Der Umstand, dass die Abtreibung gesetzlich erlaubt und die Sterbehilfe gesetzlich verboten ist, um ein anderes Beispiel zu bemühen, sagt nichts über die Sittlichkeit der Abtreibung oder der Sterbehilfe aus (oder vielmehr, da es sich hier immer nur um Einzelfälle handelt, dieser Abtreibung oder jener Sterbehilfe). Das Legale ist nicht das Gute und das Illegale nicht das Böse. Wenn wir diesen Unterschied vergessen und uns damit begnügen, die Legalität zu respektieren, wenn die Beachtung demokratischer Spielregeln das moralische Gewissen ersetzt, befinden wir uns schon mitten in der demokratischen Barbarei.

Moralisierende Barbarei

Ein anderes Beispiel möglicher Barbarei: die Ordnung Nr. 4, die Liebe, der Ordnung Nr. 3, der Moral, zu unterwerfen. Da hatten wir das Risiko einer moralisierenden Barbarei, eine Barbarei moralischer Ordnung. Denken Sie an Saint-Just, der die Diktatur der Tugend errichten wollte, oder an Khomeini, der Jagd auf Miniröcke und Liebespaare machen ließ. Moralische Ordnung: Tyrannei der Puritaner.

Oder die Versuchung, die viel einfacher, banaler und normaler ist: die Menschen nur nach Maßgabe ihrer Moral zu lieben. Was wäre verständlicher? Wir werden die Lumpen doch nicht genauso lieben wie die anständigen Leute... So geht es uns schließlich allen. Alle, die für diese Art von Tradition empfänglich sind, seien daran erinnert, dass die Liebe, die man den Menschen im Verhältnis zu ihrem sittlichen Verhalten schenkt, nicht nur das genaue Gegenteil der Leidenschaft (siehe Proust) und jeder bedingungslosen Liebe (zum Beispiel der Eltern für ihre Kinder) ist, sondern auch und vor allem der Nächstenliebe – deren ganzes Paradox ja eben darin liegt, dass sie eine Liebe ist, die sich nicht nach dem moralischen Wert ihres Gegenstands richtet. Vergessen wir niemals – das ist vielleicht der tiefgründigste Aspekt der christlichen Tradition –, dass Jesus vor allem für die Sünder gekommen ist.

Eine ethische Barbarei?

Wenn wir nur diese vier Ordnungen anerkennen, müssen wir hier Schluss machen. Doch wie steht es mit denen, die an eine fünfte Ordnung glauben? Die an das Göttliche, das Übernatürliche, die Transzendenz glauben? Da ist eine ethische Barbarei zumindest vorstellbar, die bestrebt wäre, die göttliche Ordnung derjenigen der Ethik zu unterwerfen oder sie auf diese zu reduzierten – Gott der Menschenliebe, die Transzendenz der Immanenz, die Ordnung Nr. 5 der Ordnung Nr. 4 unterzuordnen. Man müsste die Theologen fragen. Doch ich bin mir nicht sicher, ob bestimmte humanistische oder anthropozentrische Versuchungen (gegen die

Pascal, unter uns gesagt, energisch zu Felde gezogen ist[57]) aus theologischer Sicht nicht dieser Tendenz zuzurechnen sind. Manche wiederholen so unermüdlich, Gott sei die Liebe, dass sie schließlich glauben, jede Liebe sei göttlich. Manche preisen die Menschwerdung Gottes (Jesus Christus) so unermüdlich, dass sie schließlich glauben, jeder Mensch sei Gott. Vergöttlichung des Menschen, Vermenschlichung Gottes ... Für Atheisten oder Agnostiker mag das nur eine Metapher oder ein theoretisches Modell sein, was als legitim anzusehen ist (da es die Ordnung Nr. 5 nach ihrer Auffassung nur in der Phantasie oder in den Gedanken der Menschen gibt). So bei Feuerbach, bei Alain oder, um ein Beispiel aus jüngerer Zeit zu nennen, bei meinem Freund Luc Ferry.[58] Aber bei den Gläubigen? Ist dieser der Menschenliebe unterworfene Gott noch ein Gott? Ist dieser vergöttlichte Mensch nicht bereits ein Götzenbild? Ist dieser Anthropotheismus, wie ihn Feuerbach nannte, nicht noch schlimmer als der Atheismus (der Gott zwar leugnet, aber nicht vorhat, ihn zu ersetzen)? Ist dieser Humanismus – aus religiöser Sicht – nicht schon eine ethische Barbarei?

---

57 Vgl. das schöne Buch: Henri Gouhier, *L'Anti-Humanisme au* XXIIe *siècle*, Vrin, 1987 (vor allem die Kapitel IX und X).

58 Ludwig Feuerbach, *Das Wesen des Christentums*, Berlin, Akademie-Verlag, 2006 (vgl. auch die elegante Darstellung: Jean Salem, *Une lecture frivole des Écritures. L'essence du christianisme de Ludwig Feuerbach*, Encre Marine, 2003); Alain, *Les Dieux*, Gallimard, 1930; Luc Ferry, *L'Homme Dieu ou le sens de la vie*, Grasset, 1996.

3. Die Tyrannei des Höheren: Blauäugigkeit

Die andere Versuchung dagegen, die andere Lächerlichkeit, die andere Tyrannei, ist das, was ich Blauäugigkeit nenne. Sie ist symmetrisch zur Barbarei, aber unter Umkehrung der Hierarchie. In beiden Fällen liegt eine Verwechslung der Ordnungen vor. Barbarei ist der Wunsch, das Höhere dem Niederen zu unterwerfen. Blauäugigkeit ist das Bestreben, das Niedere im Namen des Höheren aufzuheben.

Als »Blauäugigkeit« wollen wir also die Tyrannei bezeichnen, die bestrebt ist, eine gegebene Ordnung im Namen einer höheren Ordnung aufzuheben oder aufzulösen. Blauäugigkeit ist die Tyrannei des Höheren – die Tyrannei der höheren Ordnungen.

Politische oder rechtliche Blauäugigkeit

Ein Beispiel für Blauäugigkeit. Bestrebt sein, die wirtschaftlichen, technischen, wissenschaftlichen Zwänge (die Zwänge der Ordnung Nr. 1) im Namen der Politik oder des Rechts (im Namen der Ordnung Nr. 2) aufzuheben: Das ist politische oder rechtliche Blauäugigkeit.

Und woran erinnert das konkret? Meist nimmt es die Form des Voluntarismus an, in der abwertenden Bedeutung des Wortes. Erinnern Sie sich an die Linke von 1981. Was sagte sie zur Arbeitslosigkeit? Im Wesentlichen das Folgende: »Die Überwindung der Arbeitslosigkeit ist eine Frage des politischen Willens.« Zwei präsidiale Amtszeiten später hatten sich die Arbeitslosenzahlen bekanntlich verdoppelt ... Erinnern Sie sich an Chirac 1995. Was sagte er? Im Grunde – und seltsamerweise – das Gleiche: »Die Überwindung der Arbeitslosigkeit ist eine Frage des politischen Willens.« Zwei Jahre später war die Zahl der Arbeitslosen praktisch noch auf dem gleichen Stand, einem sehr hohen Stand, und Chirac hatte seine Mehrheit verloren ... Wer käme auch nur einen Augenblick auf den Gedanken, es könnte daran liegen, dass Mitterand oder Chirac leichtsinnigerweise vergessen hätten zu wollen? Wer erkennt nicht vielmehr die einfache und unangenehme Wahrheit (nur weil sie unangenehm ist, dürfen wir nicht die Augen vor ihr verschließen), die da lautet, dass die Überwindung der Arbeitslosigkeit nicht einfach eine Frage des politischen Willens ist? Zum Beweis sei darauf hingewiesen, dass in einem Rechtsstaat die stärkste Willensäußerung das Gesetz ist. Würde ein Gesetz gegen die Arbeitslosigkeit verabschiedet (»die Arbeitslosigkeit für gesetzwidrig erklärt«, wie es so schön heißt, was ein treffliches Beispiel für Lächerlichkeit im pascalschen Sinne des Wortes wäre ...), würde das nicht einen einzigen Arbeitsplatz schaffen.

Jedes Jahr sehen wir in Paris Demonstranten mit Spruchbändern, auf denen steht: »Nur der politische Wille kann Aids besiegen!« Ich verstehe schon, was sie damit sagen wollen, wie im Fall der Arbeitslosigkeit, ich bin nicht dümmer als andere. Keine Frage, je mehr öffentliche Gelder eingesetzt werden (was vom politischen Willen bei der Verabschiedung des Haushalts abhängt) für Forschung, Aufklärung und Verhütung, desto besser die Aussichten, über kurz oder lang Aids zu besiegen. Je mehr wir für berufliche Bildung, Senkung der Lohnnebenkosten oder öffentliche

Investitionen ausgeben, desto besser die Aussichten, die Arbeitslosigkeit abzubauen. Das ändert nichts daran, dass die Parole, wörtlich verstanden, lächerlich ist. Aids zu besiegen ist keine Frage des politischen Willens: Ein Gesetz gegen Aids würde nicht einen einzigen Kranken heilen. Verzeihen Sie mir, wenn ich an eine Selbstverständlichkeit erinnere: Aids zu besiegen ist nicht die Sache der Politik, sondern der Medizin, es ist ein Problem, das sich in Ordnung Nr. 1 stellt und nur dort gelöst werden kann. Alles, was wir vom Staat fordern können (und als Staatsbürger auch müssen), ist, dass er alles unternimmt (in der Ordnung Nr. 2: durch Gewährung von Krediten etc.), damit das Problem so schnell wie möglich in der ihm gemäßen Ordnung, nämlich der wissenschaftlichen und technischen, gelöst wird. Dass dazu ein politischer Wille erforderlich ist, liegt auf der Hand. Dass er genügen könnte, ist absurd. Es wurde weit weniger Geld und Mühe (weit weniger »politischer Wille«) in den Kampf gegen die Tollwut als in den Kampf gegen den Krebs investiert. Trotzdem ist die Tollwut besiegt und der Krebs nicht. Warum? Weil der Wille noch nie genügt hat, um irgendein wissenschaftliches Problem zu lösen.

Gleiches möchte ich, auch wenn es sich nur um einen Vergleich handelt, von dem Kampf gegen die Arbeitslosigkeit behaupten. Die Überwindung der Arbeitslosigkeit kann nicht einfach eine Sache des politischen Willens sein: Die Arbeitslosigkeit ist ein wirtschaftliches Problem, das sich als solches in der Ordnung Nr. 1 stellt und auch nur in der Ordnung Nr. 1 gelöst werden kann. Alles, was wir von den Politikern, dem Staat und uns selbst als Staatsbürgern verlangen können (und müssen), beschränkt sich auf die

Forderung nach größtmöglichen Anstrengungen in der Ordnung Nr. 2 (etwa die Verkürzung der gesetzlichen Arbeitszeit, falls das für eine wirksame Maßnahme gehalten wird, oder die Flexibilisierung der Arbeitsbedingungen, wenn diese Lösung vorgezogen wird – das sind zwei der aktuellen Lösungsansätze), damit das Problem in der ihm gemäßen Ordnung, das heißt unter wirtschaftlichen Gesichtspunkten, gelöst wird. Doch wer ein Problem, das sich in der Ordnung Nr. 1 stellt, durch einen Federstrich oder einen Gesetzesartikel, also in der Ordnung Nr. 2, lösen will, der macht sich natürlich etwas vor: Der erweist sich als blauäugig.

Sie können mir glauben, dass ich das bedaure. Viel lieber sähe ich es, dass der Sieg über Aids und Arbeitslosigkeit tatsächlich eine Sache des politischen Willens wäre – denn dann wären diese beiden Probleme sicherlich schon gelöst oder auf dem Weg zu einer endgültigen Lösung. Wer könnte verkennen, dass das leider nicht der Fall ist?

Moralische Blauäugigkeit

Zweites Beispiel für Blauäugigkeit. Das Bestreben, die Forderungen und Zwänge der Ordnung Nr. 2 (die Forderungen und Zwänge der Politik und des Rechts) im Namen der Moral (im Namen der Ordnung Nr. 3) aufzuheben: moralische Blauäugigkeit. Und woran erinnert das konkret? An die »moralische Generation«, von der anfangs die Rede war. Was tun gegen die Not? Suppenküchen einrichten. Was tun in der Außenpolitik, etwa gegen den Krieg? Humanitäre Maßnahmen. Um die Probleme der Zuwanderung und der

Integration der Zugewanderten zu lösen? *SOS Racisme* und *Mach meinen Kumpel nicht an*. Alle politischen Probleme (in der Ordnung Nr. 2) in moralische Probleme (in der Ordnung Nr. 3) zu verwandeln ist der sicherste Weg, sie nie zu lösen.

Wenn Sie auf die Suppenküchen setzen, um Not und Ausgrenzung zu besiegen, wenn Sie Außenpolitik durch humanitäres Handeln ersetzen, Einwanderungspolitik durch Antirassismus, machen Sie sich etwas vor: Sie sind blauäugig – und somit lächerlich, wenn sie in der Opposition, und tyrannisch, wenn Sie an der Macht sind (oder über Medienmacht verfügen): Dies ist die Tyrannei des Gutmenschentums.

Ethische Blauäugigkeit

Drittes Beispiel für Blauäugigkeit. Das Bestreben, die Forderungen und Zwänge der Moral oder gar der drei ersten Ordnungen im Namen der Ordnung Nr. 4 – im Namen der Ethik, der Liebe – aufzuheben: ethische Blauäugigkeit, Blauäugigkeit der Liebe. Und woran erinnert das konkret? An die siebziger Jahre, die Ideologie von *Peace and Love* der Blumenkinder. Man sieht sie heute nicht mehr so häufig, aber wenn man einem von ihnen begegnet, verkündet er mit verklärtem Blick und wirren Worten (was verschiedene Gründe haben kann) in etwa Folgendes: »Weißt du, ich brauche keine Moral, ich brauche keine Politik und ich brauche auch keine Technik: Die Liebe genügt.« Ihnen ist zu antworten, dass die Liebe natürlich nicht genügt. Oder konkreter: »Hör auf, dich für Jesus zu halten! Fang endlich an, in der Ordnung Nr. 3 deine Pflicht zu tun, in der Ordnung Nr. 2 zur Wahl zu gehen und in der Ordnung Nr. 1 einen Beruf zu lernen. Wenn du darauf hoffst, dass die Liebe irgendwelche Probleme in den drei Ordnungen lösen kann, machst du dir was vor: Du bist blauäugig.«

Religiöse Blauäugigkeit

Ein letztes Beispiel für Blauäugigkeit: der Wunsch, die Forderungen und Zwänge der Liebe oder gar der vier ersten Ordnungen im Namen einer hypothetischen Ordnung Nr. 5 aufzuheben – einer göttlichen oder übernatürlichen Ordnung. Religiöse Blauäugigkeit: Fundamentalismus. Beispielsweise zu wollen, dass die Religion sagt, was gut und böse ist (in der Ordnung Nr. 3), was legal und illegal (in der Ordnung Nr. 2), was wahr und falsch (in der Ordnung Nr. 1) … Natürlich kommt uns sofort der islamistische Fundamentalismus in den Sinn, und das mit gutem Recht: Denken Sie an die Scharia. Wenn das islamische Recht uns allen aufgezwungen werden soll, wozu dann die Demokratie? Wenn Gott souverän ist, wie soll es dann das Volk sein? Aber es kann auch einen christlichen Fundamentalismus geben, und es gibt ihn tatsächlich: Etwa in den protestantischen Sekten, die in den Schulen der Vereinigten Staaten die darwinistische Lehre verbieten, weil sie vermeintlich im Widerspruch zur biblischen Schöpfungsgeschichte steht … Ich will nicht näher darauf eingehen, möchte aber doch mit Rilke daran erinnern, dass »ein jeder Engel … schrecklich« ist. Blauäugigkeit ist nicht weniger gefährlich als Barbarei – und gelegentlich sogar noch gefährlicher. Fast immer wird aus dem Guten das Recht zum Schlimmsten abgeleitet. Das ist das Kreuzzugssyndrom mit all seinen sattsam bekannten Schrecknissen. Daran hat sich bis heute nichts geändert. Wären Bush und bin Laden nicht zutiefst davon überzeugt, für das Gute (Ordnung Nr. 3) – oder Gott selbst (Ordnung Nr. 5) – zu stehen, müssten wir ihre Politik nicht so sehr fürchten. Hätten Lenin und Trotzki nicht wirklich an den Kommunismus geglaubt, wären sie bei ihren Erschießungen vielleicht weniger unbeschwert und weniger flächendeckend zu Werke gegangen.

Das letzte Beispiel zeigt, dass Barbarei und Blauäugigkeit sich durchaus miteinander vertragen. Die Moral der Politik unterzuordnen, wie es Lenin und Trotzki taten, ist Barbarei. Doch die Politik und das Recht einer moralisch gut gemeinten Utopie unterzuordnen (einer Gesellschaft in Frieden, Überfluss, Freiheit, Gleichheit, Brüderlichkeit, Glück ...), wie es Marx wollte und sicherlich auch Lenin und Trotzki, wäre eher Blauäugigkeit. Die Ergebnisse dieser schrecklichen Kombination sind bekannt.

In diesem Zusammenhang empfiehlt sich die Lektüre von Louis Althussers Ausführungen über den Stalinismus. Die sind häufig missverstanden worden. Bei der »stalinistischen Verirrung« prangerte Althusser das Begriffspaar Humanismus und Ökonomismus an.[59] Das schockierte: beim GULAG vom Humanismus zu reden! Und doch entspricht es dem expliziten Diskurs der Stalinisten, den für reine Lüge und Heuchelei zu halten naiv wäre. »Der Mensch ist das kostbarste Kapital«, hat Stalin gesagt. Ich weiß nicht, ob

59 Louis Althusser, »Note sur la critique du culte de la personnalité«, in: *Réponse à John Lewis*, a.a.O., S. 77–98.

er es wirklich glaubte. Doch die meisten Stalinisten taten es, und Stalin wäre ohne diesen Glauben seiner Parteisoldaten machtlos gewesen. Es ist klar, dass der Humanismus dadurch nicht widerlegt wird; anderseits wird dadurch unterstrichen, dass der Humanismus selbst nicht gefahrlos ist. Unter Berufung auf das Glück der Menschheit wurden Millionen Menschen in den Tod geschickt. Utopischer Humanismus, todbringender Humanismus, krimineller Humanismus, aber doch Humanismus. Da wurde auch das sowjetische Recht missachtet. Da wurde die Ordnung Nr. 2 im Namen der Ordnung Nr. 3 verletzt: humanistische Blauäugigkeit.

Gleichzeitig unterwarf sich die Politik tendenziell den Erfordernissen einer verstaatlichten Wirtschaft. Diesen Prozess bezeichnet Althusser als stalinistischen Ökonomismus, der eine technokratische Barbarei ist (hier in seiner kollektivistischen Version). Die Lächerlichkeit ist nicht dem Satz des ausgeschlossenen Widerspruchs unterworfen. Auch die Tyrannei nicht. Daher die absurden Züge, die sie gelegentlich annimmt. Das Recht wird im Namen der Moral verletzt (humanistische Blauäugigkeit), wobei man die Menschen und ihre persönliche Freiheit den »wissenschaftlichen« Erfordernissen des Fünfjahresplans, der Industrialisierung oder, andernorts, dem Großen Sprung nach vorn opfert. Wenn wir die Ordnungen verwechseln, hindert uns nichts daran, es in beide Richtungen zugleich zu tun. Diese Lächerlichkeit tötet (mindestens zwanzig Millionen Menschen in der Sowjetunion, dreizehn Millionen in China, nur für den Großen Sprung nach vorn), aber selten diejenigen, die dafür verantwortlich sind.

4. Verantwortung und Solidarität

Wie Ihnen sicherlich klar ist, liegt die Schwierigkeit darin, dass wir uns alle stets in den vier Ordnungen zugleich befinden (die fünfte lasse ich beiseite, da ich nicht an sie glaube) und dass es keine Garantie für eine einheitliche Ausrichtung der vier gibt, sind sie in ihrem Inneren doch alle unterschiedlichen und unabhängigen Strukturprinzipien unterworfen.

Natürlich kommt es vor, dass sie gleichgerichtet sind, dann ist es gut! Das sind die Augenblicke, wo alles leicht von der Hand geht, besonders den Unternehmenschefs. Das sind die glücklichen Augenblicke. Es kommt vor, dass Sie, wenn Sie – in der Ordnung Nr. 1 – Ihre Arbeit gut machen und viel Geld verdienen, auch vollkommen gesetzestreu handeln – in der Ordnung Nr. 2 –, Ihre Pflicht tun – in der Ordnung Nr. 3 – und die Liebe Ihr Beweggrund ist – in der Ordnung Nr. 4. Ich werde Ihnen das ganz gewiss nicht vorwerfen! Vielmehr werde ich Ihnen raten: »Ergreifen Sie die Gelegenheit!« Allerdings mit dem Zusatz: »Machen Sie das Beste draus... weil es nicht von Dauer sein wird!« Es kann nicht von Dauer sein. Denn es gibt keinen Grund, warum die vier verschiedenen Ordnungen, deren jede einem anderen und unabhängigen inneren Strukturprinzip unterworfen ist, immer und überall gleichgerichtet sein sollten. Wenn es der Fall ist, ergreifen Sie die Gelegenheit und machen Sie das Beste draus. Wenn nicht, müssen Sie zwischen den vier Ordnungen wählen – entscheiden, welche der vier Ordnungen Sie in welcher Situation vorrangig berücksichtigen wollen.

Diese Wahl nenne ich unsere Verantwortung. Sie fällt in das Gebiet der Entscheidungslogik: Es geht nicht darum, ein Problem zu lösen, sondern eine Wahl zu treffen, was nicht ohne Hierarchie und Verzicht geht. Oft sind die Führungskräfte unseres Landes schlecht darauf vorbereitet. Das kommt daher, dass viele von ihnen eine technische oder wissenschaftliche Ausbildung hinter sich haben: Sie sind daran gewöhnt, dass ein Problem eine – und nur eine einzige – Lösung hat, so dass alle Fachleute, die sich mit dem Problem beschäftigen, zur selben Lösung kommen, selbst wenn sie verschiedene Methoden anwenden. Es ist wie bei einer Gleichung: Sobald man die Unbekannte x kennt, ist das Problem gelöst. Doch das klappt nur auf homogenen theoretischen Ebenen (etwa in der Physik oder in der Wirtschaftswissenschaft), nicht aber, wenn die Entscheidung mehrere heterogene Ordnungen oder Ebenen betrifft, die alle ihre eigene Logik haben, ihre Folgerichtigkeit, ihre Notwendigkeit, die sich nicht auf die der anderen zurückführen lässt. Deshalb müssen wir eher von Verantwortung sprechen als von Kompetenz. Nicht weil diese nicht notwendig wäre (inkompetent zu sein, wenn man Macht hat, zeugt immer von Verantwortungslosigkeit), sondern weil sie nicht ausreicht. Kompetent zu sein heißt, ein Problem lösen zu können. Verantwortlich zu sein heißt, eine Entscheidung treffen zu können, auch in unübersichtlichen und ungewissen Situationen, und ganz besonders, wenn diese Entscheidung, wie es fast immer der Fall ist, in mehreren Ordnungen zugleich gefällt werden muss. Verantwortung, wie ich sie verstehe, ist also das Gegenteil der Tyrannei im Sinne von Pascal: Verantwortung heißt, die Macht, die wir haben – alle Macht, die wir haben –, in jeder dieser vier Ordnungen anzunehmen, ohne die Ordnungen zu verwechseln, ohne sie alle auf eine zu reduzieren, und, falls sie in Widerspruch zueinander geraten, von Fall zu Fall zu entscheiden, an welche dieser vier Ordnungen wir uns in der gegebenen Situation vorrangig halten wollen.

Ich sage »von Fall zu Fall«, »in der gegebenen Situation«, weil es auf diesem Gebiet keine allgemeine Regel gibt. Keine geben kann. Stellen Sie sich vor, dass ein Unternehmenschef hier im Saal uns sagt oder sich sagt: »Im Falle eines Konflikts zwischen diesen vier Ordnungen halte ich mich immer vorrangig an die Ordnung Nr. 4: zuerst die Ethik, zuerst die Liebe!« Entweder ist er ein Einfaltspinsel oder ein Heiliger. Doch diese beiden Kategorien scheinen mir unter unseren Unternehmenschefs entschieden unterrepräsentiert zu sein, und das zu Recht: Die Einfaltspinsel sind nicht dazu in der Lage, ein Unternehmen zu führen, und die Heiligen, verzeihen Sie mir, haben Besseres zu tun.

Und die Führungskraft, die sich sagt: »Wenn es einen Widerspruch zwischen dieser und jener der vier Ordnungen gibt, entscheide ich mich stets für die Ordnung Nr. 1: zuerst die Kompetenz, die Effizienz, das Geschäft …«? Sie ist dabei, sich ein Image als kompetenter und effizienter Lump zu schaffen – und das ist eine Rolle, die niemand oder fast niemand über längere Zeit spielen möchte. Für alle anderen, das heißt für Sie und für mich, die wir ganz gewiss weder Einfaltspinsel noch Heilige sind, uns aber auch nicht auf die

Rolle der kompetenten und effizienten Lumpen beschränken wollen, gilt, dass wir von Fall zu Fall entscheiden werden, an welche dieser vier Ordnungen wir uns in einer gegebenen Situation vorrangig halten.

Niemand kann die Entscheidung an unserer Stelle treffen. Insofern ist Verantwortung, wie ich sie verstehe, immer persönlich. Es gibt sie nur, wie Alain sagen würde, durch »das einzige Subjekt: ich«. Niemand kann sie anders übernehmen, wie er weiter sagen würde, »als ganz allein und ungeteilt«. Das schließt nicht aus, dass Entscheidungen im Team getroffen werden können. Aber das Team kann keines seiner Mitglieder von der Verantwortung entbinden, die es dort übernommen hat.

Ich könnte mir denken, dass viele von Ihnen, vielleicht die Mehrheit, in Unternehmen arbeiten und dort leitende Funktionen innehaben ... Ich sage Ihnen Folgendes: Sie können in Ihrem Unternehmen alles delegieren (die Buchführung, die Personalangelegenheiten und, warum nicht, sogar die Zukunftsplanung oder Strategie ...), nur nicht, und das per definitionem, die Verantwortung – weil Verantwortung nicht übertragbar ist.

Da diese Verantwortung nur persönlich, individuell sein kann, verstehe ich nicht recht, dass man, wie es, vor allem in Arbeitgeberkreisen, fast immer geschieht, von Unternehmensethik oder -moral sprechen kann. Ich würde viel eher umgekehrt behaupten, dass ein Unternehmen keine Moral hat: Es hat nur Buchführung und Kunden. Ein Unternehmen hat keine Pflichten: Es hat nur Interessen und Zwänge. Ein Unternehmen hat keine Gefühle, keine Ethik, keine Liebe: Es hat nur Ziele und eine Bilanz. Kurzum, es gibt keine Unternehmensmoral und keine Unternehmens-ethik.

Allerdings ist sofort hinzuzufügen: Eben weil es keine Unternehmensmoral gibt, muss es Moral im Unternehmen geben – durch Vermittlung der einzigen Elemente des Unternehmens, die moralisch sein können: der Individuen, die dort arbeiten, insbesondere (weil mit mehr Macht, mit mehr Verantwortung ausgestattet) der Individuen, die es leiten. Gleiches gilt für die Ethik: Da das Unternehmen keine hat, müssen die Individuen, die dort arbeiten oder die es leiten, eine haben.

Ich habe oben gesagt: »Hoffen Sie nicht darauf, dass der Markt an Ihrer Stelle moralisch sein könnte!« Ich kann hinzufügen: Hoffen Sie auch nicht darauf, dass Ihr Unternehmen an Ihrer Stelle moralisch sein könnte.

Handel und »Respekt vor dem Kunden«

Was auf die Wirtschaft im Allgemeinen zutrifft, gilt auch für den Handel im Besonderen. Was nicht bedeutet, dass der Handel nicht einige besondere Probleme aufwirft ... Erlauben Sie mir, Ihnen auch hier eine Anekdote zu erzählen. Es war vor zwei oder drei Jahren: Ich war vom französischen Unternehmensverband zum »Nationalen Handelskongress« eingeladen worden, einer Konferenz von Unternehmenschefs ... Dort sollte ich am Ende der halbtägigen Sitzung sprechen. Doch ich erschien wie gewöhnlich schon zu Beginn der Veranstaltung. Diese Unternehmenschefs, alles Kaufleute, sprachen nur von Ethik und Werten. Es war erhebend! Wie Sie sich vorstellen können, tauchte ein Wert immer wieder auf: der Respekt vor dem Kunden. Über die anderen Werte waren sie bereit, mit sich reden zu lassen. Doch über diesen Wert unter keinen Umständen: Sie wirkten starrsinnig und stolz zugleich. Wie vorgesehen, sprach ich am Ende der Sitzung, und ich sagte ihnen wahrheitsgemäß, ich hätte ihnen aufmerksam zugehört und bemerkt, welche Bedeutung sie insbesondere dem Respekt vor dem Kunden zuschrieben. Selbstverständlich würde ich nicht bezweifeln, dass dies ein wichtiger Wert ihres Berufsstands sei: Er wäre beispielsweise im Verhaltenskodex eines Kaufhauses durchaus am Platz. »Was mich allerdings erstaunt«, fügte ich hinzu, »ist, dass Sie darin einen moralischen Wert zu sehen scheinen. Das, müssen Sie wissen, habe ich bislang noch nirgends gelesen. Weder bei den großen Philosophen der Griechen noch bei Montaigne, Spinoza oder Kant: Nicht ein Wort über den Respekt vor dem Kunden. Ich habe mir das Neue Testament noch einmal vorgenommen, verschiedene buddhistische Texte, das Alte Testament und den Koran und bin in diesen kanonischen Texten nicht ein einziges Mal auf das Thema Respekt vor dem Kunden gestoßen. Ich bin erstaunt, dass der französische Unternehmensverband den humanistischen Gründungstexten so weit voraus ist!« Da begannen unsere Kaufleute ein wenig ärgerlich zu werden … »Nein«, fügte ich dann hinzu, »in diesen Gründungstexten habe ich von der Achtung vor dem Kunden nichts gesehen, nur von der Achtung vor dem Nächsten.« Der Ärger verstärkte sich: »Der Kunde ist ein Nächster«, wandten sie ein … Nein, nicht ganz oder nicht jeder Nächste: Der Kunde ist ein zahlungsfähiger Nächster. Nun habe ich aber in keinem der humanistischen Gründungstexte gelesen, dass sich unser Respekt nach der Zahlungsfähigkeit des Nächsten richten soll. Ich habe in diesen Texten sogar genau das Gegenteil gelesen: dass man seinen Respekt gerade nicht von der Zahlungsfähigkeit des Nächsten abhängig machen soll! So dass Sie an dem Tag, wo Sie mehr Respekt für Ihren wichtigsten Kunden zeigen als für die Putzfrau, die morgens Ihr Büro säubert, oder den Obdachlosen, der am Eingang Ihrer Kaufhäuser bettelt, nicht nur nicht den moralischen Werten gerecht werden, zu denen Sie sich ebenso bekennen wie ich, sondern sie auch einem Prinzip unterwerfen (dem Respekt vor dem Kunden), das ihnen fremd und feindlich ist. Vorstandsbarbarei: Tyrannei des Unternehmens. Der Respekt vor dem Kunden ist ein Wert des Unternehmens, der selbstverständlich legitim ist, der aber in die Zuständigkeit der Kommunikation nach innen und außen, des Managements und des Marketings fällt und nicht der Moral. Er ist ein Wert des Unternehmens, ein Wert des Berufsstands, der Berufsethik, wenn Sie so wollen, aber kein moralischer Wert. Die Achtung vor dem Nächsten dagegen ist ein moralischer Wert, für den nur das Gewissen zuständig ist. Sie ist keine unternehmerische Wertvorstellung.

Großzügigkeit oder Solidarität?

Gehen wir dem Problem auf den Grund. Der Handel gehört weniger in die Zuständigkeit der Moral, die immer uneigennützig ist, als in die der Wirtschaft, die es nie ist. Da geht es weniger um die Achtung vor dem anderen als um gegenseitige Bedürfnisbefriedigung. Weniger um die Universalität der Pflichten als um die (immer besondere) Übereinstimmung der Interessen. Ich brauche Ihnen sicherlich nicht zu sagen, dass der Handel deswegen nicht zu verurteilen ist. »Interesse« ist, wie uns Hannah Arendt ins Gedächtnis ruft, lateinisch und heißt »dazwischen sein«, »teilnehmen« oder »sich beschäftigen mit« ... Es ist sicherlich kein Zufall, wenn das Wort »Kommerz« (Handel) mit seiner anderen Wortgeschichte heute ein benachbartes semantisches Feld besetzt. Das Interesse trennt und verbindet uns zugleich; es »versammelt« uns, wie Hannah Arendt von der gemeinsamen Welt sagt, und hindert uns, dass wir »über- und ineinander fallen« – ein wenig wie ein Tisch, der die Gäste zugleich trennt und vereint.[60] Der Mensch ist ein geselliges und egoistisches Tier: Diese ungesellige Geselligkeit[61] nimmt fast unvermeidlich entweder die Form des Konflikts oder des Austauschs an – und in einer wohlgeordneten Gesellschaft ist der Austausch allemal vorzuziehen. Montesquieu nennt es den *doux commerce,* den sanften oder besänftigenden Handel – womit er nicht nur den Handel, sondern jeden zähmenden, zivilisierenden Austausch unter Menschen meint –, der besser als der Krieg sei.

Nicht dass er ihn verhindern würde, ganz gewiss nicht, die Geschichte liefert genügend Beweise für das Gegenteil,

---

60 Hannah Arendt, *Vita activa oder Vom tätigen Leben,* Kapitel II, München, Piper, 1960, S. 52. Vgl. ferner Jean-Pierre Dupuy, »Les béances d'une philosophie du raisonnable«, in: *Revue de philosophie économique,* Nr. 7, 2003/1.

61 Die Wendung stammt von Kant (*Idee zu einer allgemeinen Geschichte in weltbürgerlicher Absicht,* Vierter Satz, Akademieausgabe, Bd. VIII, S. 20). Vgl. dazu ferner mein Buch *Présentation de la philosophie,* Albin Michel, 2000, Neuaufl. Livre de Poche, 2003.

und noch weniger ist er imstande, alle Gewalt zu unterdrücken (wie sollte er auch?). Der Markt schafft die Gewalt nicht ab. Aber er hält sie im Zaum, wie Jean-Pierre Dupuy so hübsch schreibt, indem er sich die Doppelbedeutung des französischen Wortes *contenir* zunutze macht: »Er gebietet ihr Einhalt, trägt sie aber auch in sich«, was »Marx und Montesquieu in Einklang bringt«.[62] Kein Grund zur Klage.

Das Eigeninteresse ist nicht das Übel; das treibt uns gemeinsam an (auch die einen gegen die anderen), und meist zu unserem Besten. Das gibt den Utilitaristen recht. Denken Sie an Bentham oder Mill. Das gibt auch den Materialisten recht. Darin sind sich alle einig, von Epikur über Hobbes, Diderot, d'Holbach, La Mettrie, Helvétius, Marx bis hin zu Althusser ... Spinoza hat auf seine Weise kaum etwas anderes gesagt (er nennt es »seinen eigenen Vorteil suchen«[63]). Auch Freud nicht im Zusammenhang mit dem Lust- und Realitätsprinzip.[64] Um unseren Vorteil zu suchen oder zu verteidigen, bleibt uns deshalb nichts anderes übrig, als mit anderen zusammen – das ist unsere Bestimmung – und nicht gegen sie zu arbeiten; nur so können wir den

---

62 Jean-Pierre Dupuy, *Le sacrifice et l'envie. Le libéralisme aux prises avec la justice sociale*, Calmann-Lévy, 1992, Neuaufl. 1996, Kapitel x, S. 329.

63 Vgl. beispielsweise die *Ethik*, IV, Lehrsätze 20 bis 24 und Beweise.

64 Die sich bekanntlich weniger widersprechen als ergänzen (das Zweite ist eine Anpassung an die Zwänge des Wirklichen: In beiden Fällen geht es lediglich darum, möglichst große Lust und möglichst geringes Leid zu erfahren). Vgl. etwa *Vorlesungen zur Einführung in die Psychoanalyse*, Kapitel 22 (*Gesammelte Werke*, Bd. 12, S. 1–482); *Jenseits des Lustprinzips* (*Gesammelte Werke*, Bd. 13, S. 1–69). Ich führe hier nur die Autoren an, die mir besonders ans Herz gewachsen sind. Doch der Begriff des Eigeninteresses spielt auch eine wichtige Rolle in der liberalen Tradition, vor allem der angelsächsischen. Vgl. zum Beispiel die faszinierende Studie: Albert O. Hirschman, *Leidenschaften und Interessen. Politische Begründung des Kapitalismus vor seinem Sieg*, Frankfurt, Suhrkamp, 1980.

eigenen Vorteil erlangen und bewahren. Deshalb ist es so wichtig, die Selbstliebe, die legitim und konstruktiv ist, nicht mit der Eigenliebe zu verwechseln, die destruktiv ist.[65] Wie soll ich den anderen lieben, wenn ich nicht mich selbst liebe? Wie soll ich wahrhaft lieben, wenn ich nur mich selbst liebe (im Blick des anderen) oder nur für mich liebe? Das Eigeninteresse gehört zur Selbstliebe: Es stimmt uns eher auf Frieden, Handel, Eintracht ein. Neid und Groll dagegen entspringen der Eigenliebe: Mehr als das Eigeninteresse treiben sie die Menschen in Krieg und Zwietracht. Ich kann darauf nicht so ausführlich eingehen, wie ich es gerne wollte: Lesen Sie Spinoza, Rousseau und Alain.[66]

Da kommt es vor allem darauf an, Großzügigkeit, die das Gegenteil von Egoismus ist, nicht mit Solidarität zu verwechseln, die die intelligente und gesellschaftlich effiziente Regulierung der Großzügigkeit ist.

Da gegenwärtig aus Gründen politischer Korrektheit niemand mehr das obsolet wirkende Wort »Großzügigkeit« zu verwenden wagt, führen alle das Wort »Solidarität« im Munde, was zur Folge hat, dass sie die beiden Begriffe verwechseln und aus der Solidarität (wie bei der »moralischen Generation« üblich) nur noch ein gutes Gefühl unter anderen machen. Damit wird sie ihres Inhalts, ihrer Funktion, ihrer Wirksamkeit beraubt. Betrachten wir die Sache etwas näher.

65 Zu dieser Unterscheidung vgl. Jean-Jacques Rousseau, *Diskurs über die Ungleichheit*, Paderborn u. a., Schöningh, 1997, Anm. 15, S. 368–372. Vgl. ferner den Eintrag »Amour-propre« in meinem *Dictionnaire philosophique*, a.a.O.

66 Baruch de Spinoza, *Ethik*, IV, in Gänze. Rousseau, a.a.O. Was Alain angeht, so nenne ich die wichtigsten Schriften in meinem Artikel »Le philosophe contre les pouvoirs (La philosophie politique d'Alain)«, a.a.O., S. 146–147.

Wenn wir diese beiden Begriffe so häufig verwechseln, liegt es natürlich daran, dass sie etwas gemeinsam haben: In beiden Fällen, bei der Großzügigkeit wie bei der Solidarität, geht es darum, die Interessen der anderen zu berücksichtigen. Der Unterschied zwischen beiden liegt darin, dass wir im Falle der Großzügigkeit die Interessen des anderen berücksichtigen, obwohl wir sie nicht im Mindesten teilen. Sie erweisen ihm Gutes, sich selbst aber nicht. Sie geben einem Obdachlosen einen Euro: Er hat einen Euro mehr, Sie haben einen Euro weniger. Uneigennütziges Wohlwollen (jedenfalls auf den ersten Blick) ist gleichzusetzen mit Großzügigkeit.

Im Gegensatz dazu besteht die Solidarität darin, die Interessen des anderen wahrzunehmen, weil Sie diese Interessen teilen. Sie erweisen ihm Gutes und tun sich damit zugleich selbst Gutes. Sie werden einwenden, das sei zu schön, um wahr zu sein, das passiere nie oder fast nie ... Weit gefehlt: Das passiert ständig.

Man hat mein Auto auf einem Parkplatz zu Schrott gefahren. Was, glauben Sie, ist passiert? Zehntausende braver Leute haben zusammengelegt, um mir ein neues zu kaufen! Sie sind sogar um 1000 Euro über den Listenpreis hinausgegangen! Wie großzügig!

Ganz gewiss nicht. Keine Spur von Großzügigkeit. Ich hatte meinen Beitrag nur bei derselben Versicherungsgesellschaft wie sie entrichtet. Aber soweit ich weiß, schließt niemand einen Versicherungsvertrag aus Großzügigkeit ab, wir tun es aus Eigennutz. Doch diese kollektive Risikoübernahme, die Versicherung, ermöglicht uns, eine objektive Interessenkonvergenz zwischen den Versicherten herzustellen, mit anderen Worten, eine zumindest objektive Solidarität. Auf diese Weise schützen wir uns – gemeinsam und zugleich jeder für sich – vor den Unwägbarkeiten des Daseins. Das ist das Versicherungsprinzip: kollektive Risikoübernahme, Zusammenlegung der Mittel, Konvergenz der Interessen – Solidarität. Was jeder für sich macht, das macht er auch, ob er will oder nicht, für die anderen; was er für die anderen macht, das machen die anderen auch für ihn. Dazu bedarf es keiner Großzügigkeit: Das Versicherungswesen ist ein Markt; das heißt, seine Triebfeder ist der Egoismus. Sicherlich funktioniert er deshalb so gut.

Das gilt für jeden Markt. Adam Smith hat dazu schon vor langer Zeit alles Wichtige gesagt: »Nicht von dem Wohlwollen des Fleischers, Brauers oder Bäckers erwarten wir unsere Mahlzeit, sondern von ihrer Bedachtnahme auf ihr eigenen Interessen. Wir wenden uns nicht an ihre Humanität, sondern an ihren Egoismus, und sprechen ihnen nie von unseren Bedürfnissen, sondern von ihren Vorteilen.«[67]

Betrachten wir dieses traditionelle Beispiel, so wie es mir mein Freund Jean-Louis Syren, der Wirtschaftswissenschaft an der Universität Dijon lehrt, während einer Podiumsdiskussion unterbreitete. Ich kaufe eine Baguette bei meiner Bäckerin. Warum verkauft sie sie mir? Weil sie lieber 75 Cent als eine Baguette haben möchte. Das ist normal: Die Baguette kostet sie weit weniger. Warum kaufe ich sie ihr dann ab? Weil ich lieber eine Baguette als 75 Cent haben möchte. Das ist normal: Wenn ich die Baguette selbst her-

---

[67] Adam Smith, *Der Reichtum der Nationen*, Leipzig, Kröner, 1910, S. 9.

stellen würde, käme sie mich (Geräte und Arbeitszeit einge-rechnet) viel teurer zu stehen und wäre sicherlich lange nicht so lecker. Triumph des Egoismus: Ich kaufe die Ba-guette aus Eigeninteresse; meine Bäckerin verkauft sie mir aus Eigeninteresse. Müsste ich auf ihre Großzügigkeit hoffen, um Brot zu bekommen, würde ich verhungern. Müsste meine Bäckerin auf meine Großzügigkeit hoffen, um Geld zu bekommen, würde sie bald pleite sein. Wenn wir jedoch jeder auf das Eigeninteresse des anderen zählen, machen wir hervorragende Geschäfte. Kein Wunder, dass wir uns jeden Morgen so freundlich anlächeln!

Aber es gibt noch einen überraschenderen Aspekt. Wel-ches Interesse hat meine Bäckerin? Dass ihre Baguette so gut wie möglich und – in einer Wettbewerbswirtschaft – so billig wie möglich ist, mit einem Wort, das günstigste Preis-Leistungs-Verhältnis bietet (um Marktanteile zu erobern). Welches Interesse habe ich, der Konsument? Dass die Baguette so gut wie möglich und so billig wie möglich ist. Es ist schon sehr verwunderlich: Ich handle nur aus Eigen-interesse, sie handelt nur aus Eigeninteresse, und unsere In-teressen decken sich! Die Tauschbeziehung (der Handel) hat zwischen uns eine objektive Interessenkonvergenz her-gestellt, das heißt genau genommen eine Solidarität. So gesehen müssen wir feststellen, dass der Markt eine phan-tastische Maschine zur Herstellung von Solidarität ist – nicht weil er sich über den Egoismus erhöbe, wie die Gut-menschen es wollen, sondern weil er sich ihm unterwirft! Triumph des Egoismus: Triumph der Solidarität. Das ist die paradoxe Rückkehr von Hobbes (so, wie wir von der Rück-kehr des Verdrängten sprechen) auf dem Umweg über

Hume oder Smith. Was uns nicht hindert, an eine spontane Sympathie unter den Menschen zu glauben.[68] *Ça ne mange pas de pain* – das kann nichts schaden –, würde meine Bäckerin sagen. Doch der Handel als solcher braucht weder Sympathie noch diesen Gedanken. Ihm genügt der Egoismus. Der macht seine Stärke aus. Seine Effizienz. Handel zu treiben heißt nicht, sich zu opfern. Ganz im Gegenteil: Es ist eine Form, zusammen zu sein, zusammen Geschäfte zu machen (*inter-esse*), zum beiderseitigen Vorteil. Andernfalls gäbe es weder Händler noch Kunden.

Was ist höher zu veranschlagen, die Solidarität oder die Großzügigkeit? Moralisch sicherlich die Großzügigkeit, weil sie uneigennützig (gesetzt den Fall, wir sind dazu fähig) oder wohlwollend ist. Doch gesellschaftlich, wirtschaftlich, politisch, historisch ist die Solidarität viel effizienter! Hätten wir uns bei der Gesundheitsversorgung der Armen auf die Großzügigkeit der Reichen verlassen, wären die Ärmeren ohne Behandlung gestorben. Wir haben uns weder auf die Großzügigkeit der Reichen noch auf die der Armen verlassen: Wir haben eine kleine Einrichtung erfunden, deren Prinzip viel bescheidener ist (auch wenn sie in ihrer Organisation reichlich kompliziert ist) – wir nennen

---

68 Diese Position vertrat Adam Smith, allerdings weniger als Nationalökonom denn als Moralphilosoph (*Theorie der ethischen Gefühle*, Hamburg, Meiner, 2004; Smith nähert sich hier den Ansichten seines Freundes David Hume an, zumindest soweit dieser sie in seiner Schrift *Ein Traktat über die menschliche Natur* [2 Bde., Hamburg, Meiner, 1978] vertritt). Doch seine ökonomischen Vorstellungen (*Der Reichtum der Nationen*, a.a.O.), die keineswegs im Widerspruch zu denen des Moralisten stehen, sind vielmehr deren umgekehrte Fortsetzung: Vgl. dazu den lesenswerten Artikel »Adam Smith« von Jean-Pierre Dupuy im *Dictionnaire d'éthique et de philosophie morale*, a.a.O. Vgl. ferner vom selben Autor *Le sacrifice et l'envie*, a.a.O. (Kapitel III behandelt Adam Smith).

sie die gesetzliche Krankenkasse. Sie ist schwerfällig, sie ist teuer, sie ließe sich sicherlich besser strukturieren. Aber sie ist einer der bemerkenswertesten Fortschritte der gesamten Sozialgeschichte. Doch niemand zahlt seinen Krankenversicherungsbeitrag aus Wohlwollen, alle tun es aus Eigeninteresse (auch wenn wir manchmal durch unangenehme Kontrollen daran erinnert werden müssen, dass die Beitragszahlungen in unserem Interesse sind). Es geschieht nicht aus Großzügigkeit, schon gar nicht aus Mildtätigkeit (was voraussetzte, dass wir den Krankenversicherungsbeitrag aus Nächstenliebe zahlen würden!), sondern aus Solidarität.

Genauso mit den anderen Versicherungen. Niemand schließt eine Police ab, um andere zu schützen; alle wollen sich oder ihre Angehörigen schützen. Und doch sind dadurch alle geschützt. Das ist keine Großzügigkeit und schon gar keine Mildtätigkeit, sondern Solidarität.

Genauso mit den Steuern: Niemand zahlt sie aus Großzügigkeit, alle aus Eigeninteresse (auch wenn uns die eine oder andere gründliche Prüfung der Steuerbehörde erst davon überzeugen muss, dass es in unserem Interesse ist, sie zu zahlen). Großzügigkeit? Ganz gewiss nicht. Solidarität!

Dasselbe mit den Gewerkschaften: Niemand tritt ihnen aus Großzügigkeit bei. Einige aus Überzeugung (vor allem politischer Überzeugung), alle aus Eigeninteresse. Großzügigkeit? Das hieße, die Gewerkschaften verkennen. Bei ihnen geht es ausschließlich um Solidarität.

Und doch haben Krankenkassen, Versicherungen, Fiskus und Gewerkschaften weit mehr für die Gerechtigkeit und vor allem den Schutz der Schwächeren getan als das bisschen Großzügigkeit, zu dem wir gelegentlich fähig sind! Gewerkschaftliche Solidarität, fiskalische Solidarität, Solidarität des Versicherungsprinzips oder der kollektiven Risikoübernahme ... Das ist wahre Gerechtigkeit (im Sinne sozialer Gerechtigkeit) oder vielmehr die einzige Möglichkeit, sich ihr zu nähern. Wir haben noch eine lange Wegstrecke vor uns, das darf aber den zurückgelegten Weg nicht schmälern. Es ist ein solidarischer Weg: ein Weg konvergenter Interessen. Eine Gesellschaft von Heiligen könnte ohne ihn auskommen. Nicht aber eine menschliche Gesellschaft, wenn sie menschlich bleiben will. Die Großzügigkeit ist moralisch bewundernswert. Die Solidarität ist wirtschaftlich, sozial und politisch notwendiger, effizienter, dringlicher.

Großzügigkeit: eine moralische Tugend. Sie sagt im Prinzip: Da wir alle Egoisten sind, versuchen wir doch individuell, es ein bisschen weniger zu sein.

Solidarität: eine politische Tugend. Sie sagt im Wesentlichen: Da wir nun einmal alle Egoisten sind, versuchen wir doch, gemeinsam und intelligent Egoisten zu sein, nicht töricht und gegeneinander.

Man braucht kein großes Licht zu sein, um zu sehen, für welche Seite sich der Handel entschieden hat. Sie sind Kaufleute? Es gibt keinen törichten Beruf. Aber tun Sie nicht so, als wären Sie es aus Großzügigkeit! Sie ziehen Ihren Vorteil daraus, und das ist vollkommen in Ordnung so. Sie haben keinen Grund, sich dessen zu schämen: Gleiches gilt für Ihre Geschäftsfreunde. Wenn Sie sich auf die Großzügigkeit Ihrer Kunden verlassen, sind Sie erledigt. Wenn Sie sich auf die Großzügigkeit ihrer Arbeitnehmer verlassen, sind

Sie erledigt. Wenn Sie sich auf die Großzügigkeit Ihrer Aktionäre verlassen, sofern Sie welche haben, sind Sie erledigt. Verlassen Sie sich hingegen auf deren Eigeninteresse, haben Sie gute Aussichten, erfolgreich zu sein – vorausgesetzt, Sie sind in der Lage, eine objektive Interessenkonvergenz – will sagen, Solidarität – unter ihnen zu organisieren und aufrechtzuerhalten!

Das legt die Grenzen des Handels und damit auch der Wirtschaft, wenn sie eine Marktwirtschaft ist, fest. Ein Handelsunternehmen (das sind sie alle: Es kommt immer der Augenblick, wo man verkaufen muss) dient nicht der Menschheit, noch nicht einmal vorrangig seinen Kunden oder seinen Mitarbeitern. Es dient seinen Aktionären. Das ist der Kapitalismus, der seine Leistungsfähigkeit hinreichend unter Beweis gestellt hat. Stellen wir uns vor, Sie wären ein Unternehmenschef. Sie müssen eine kaufmännische Kraft einstellen. Worum ist es Ihnen zu tun: um einen guten Verkäufer oder einen gütigen Verkäufer? Einen guten, das heißt tüchtigen und überzeugenden Verkäufer, der gute Geschäfte macht? Oder einen gütigen, das heißt großzügigen, mitleidigen, liebevollen Verkäufer? Sie brauchen beides? Das wäre ideal, ist aber in der Praxis nicht immer möglich: Kein Unternehmenschef kann einen Verkäufer gebrauchen, der die Interessen des Kunden über die seiner Firma stellt (so sehr, dass er dem Kunden ein anderes Unternehmen empfiehlt, wenn es die besseren Produkte herstellt). Mit einem Wort, Sie werden den guten Verkäufer vorziehen! Allerdings ist der Umstand, ein guter und kein gütiger Verkäufer zu sein, kein Freibrief: Gesetz und Moral müssen von außen bestimmte Grenzen setzen. Das widerspricht durchaus nicht Ihren Interessen: Ihre Kunden werden nur bei Ihnen bleiben, wenn Sie ihnen auf Dauer Vertrauen einflößen können, was ausreichen müsste, sie davon abzuhalten, Ihre Interessen auf Kosten Ihrer Kunden zu befriedigen. Ein guter Verkäufer ist nicht immer ein gütiger Verkäufer; doch in einer Wettbewerbswirtschaft, in einem Rechtsstaat und auf lange Sicht hat er jedes Interesse daran, kein unehrlicher Verkäufer zu sein!

Kurzum, die Moral ist im Gegensatz zu dem, was das Essec-IMD verkündet, keine Profitquelle. Unterscheidung der Ordnungen: Die Moral ist nicht rentabel, die Wirtschaft nicht moralisch. Was aber keineswegs das eine oder das andere ausschließt, sondern uns vielmehr zwingt, sie einerseits zusammenzufassen (weil wir sie beide brauchen) und andererseits zu trennen (weil es lächerlich wäre, sie zu verwechseln). Der Kapitalismus ist nicht moralisch. Daher ist es an uns, es zu sein – wenn wir dazu fähig sind. Und da wir es kaum können (dabei würde genügen, es zu wollen, aber wir wollen es eben nicht), müssen Markt (in der Ordnung Nr. 1) und Politik (in der Ordnung Nr. 2) uns ermöglichen zusammenzuleben – nicht obwohl wir egoistisch sind, sondern weil wir es sind. Kommerzielle Solidarität (Wirtschaft), nichtkommerzielle Solidarität (Politik): Interessenkonvergenz. Hoffen wir nicht darauf, dass der Markt oder der Staat an unserer Stelle moralisch sein kann. Hoffen wir aber auch nicht darauf, dass die Moral effizient sein könnte anstelle des Marktes (bei allem, was zu verkaufen ist) und anstelle des Staates (bei allem, was dies nicht ist).

»Ja zur Marktwirtschaft«, hat Lionel Jospin einmal gesagt, »und Nein zur Marktgesellschaft!« Die Formel gefällt mir. Ich habe nichts gegen die Marktwirtschaft, ich bin sogar für sie: Wir haben noch kein besseres Mittel zur Schaffung von Reichtum gefunden – und wie sollen wir die Armut ohne Reichtum eindämmen? Aber auch der Markt hat seine Grenze, und die ist streng: Er taugt nur für Waren, mit anderen Worten, für das, was zu verkaufen ist (Waren und Dienstleistungen also, doch in dem Augenblick, wo eine Dienstleistung zum Verkauf steht, ist sie eine Ware wie jede andere).

Die Anerkennung dieser Grenze unterscheidet nach meinem Dafürhalten die Liberalen von den Ultraliberalen.[69] Wenn Sie glauben, dass sich alles verkaufen und alles kaufen lässt, sind Sie ein Ultraliberaler: Der Markt genügt allen Bedürfnissen. Wenn Sie dagegen der Meinung sind, dass es Dinge gibt, die nicht zum Verkauf stehen (Leben, Gesundheit, Gerechtigkeit, Freiheit, Würde, Bildung, Liebe,

---

69 Als liberal lassen sich alle Anschauungen bezeichnen, die die Freiheit des Marktes (wirtschaftlicher Liberalismus) und die individuelle Freiheit (politischer Liberalismus) propagieren. Das schließt bestimmte staatliche Interventionen – gegebenenfalls auch auf wirtschaftlichem Gebiet – nicht aus, ja setzt sie sogar voraus. So bei Adam Smith oder Turgot. Als ultraliberal dagegen sind alle Anschauungen zu bezeichnen, die die Rolle des Staates auf ein striktes Minimum beschränken wollen (seine hoheitlichen Aufgaben: Justiz, Polizei, Diplomatie), was voraussetzt, dass er sich jedes Eingriffs in die Wirtschaft enthält. So bei Frédéric Bastiat oder Milton Friedman. Vgl. dazu Francisco Vergara, *Les Fondements philosophiques du libéralisme* (*libéralisme et éthique*), La Découverte, 1992, Neuaufl. 2002, S. 9–12. Insbesondere von Adam Smith ist seit langem wohlbekannt, dass er kein bedingungsloser Anhänger des »Laissez-faire-Liberalismus« war.

Welt…), dann lässt sich nicht alles dem Markt unterwerfen: Wir müssen uns der Vermarktung unseres ganzen Lebens widersetzen, individuell (das ist eine Aufgabe der Moral und der Ethik) und kollektiv (eine Aufgabe der Politik).

Beides notwendig. Aber auf gesellschaftlicher Ebene ist die Politik am wirksamsten: Wir brauchen einen Staat, um den nicht der Warenwelt angehörenden Teil der Solidarität zu organisieren – um eben über das zu wachen, was nicht zum Verkauf steht.

Vor einigen Monaten habe ich an einer Podiumsdiskussion mit dem Wirtschaftswissenschaftler Jean-Paul Fitoussi teilgenommen. Ich hatte seine Artikel in der Presse immer mit großem Interesse gelesen: In etwa kenne ich seine Positionen, die ich, bei weniger Sachverstand, oft teile. Doch an diesem Abend hörte ich eine Formulierung von ihm, die ich noch nie bei ihm gelesen hatte und die mir außerordentlich treffend erschien. »Ein seriöser amerikanischer Ökonom«, sagte er, »hat wissenschaftlich nachgewiesen, dass in einem ultraliberalen Land, in dem sich der Staat nicht im Mindesten um die Wirtschaft kümmert, die Vollbeschäftigung gesichert ist… für die Überlebenden.«

Sie haben verstanden, die Frage lautet: Was wird für die anderen getan – wenn möglich, bevor sie tot sind? Auf diese Frage hat die Wirtschaft keine Antwort, folglich muss die Politik sie geben.

Nehmen wir ein anderes, konkreteres Beispiel. Ich habe die Gesundheit genannt als ein Gut, das nicht zum Verkauf steht, das keine Ware ist… Sie könnten einwenden, dass das Medikament eine Ware ist: Ein Medikament wird verkauft und gekauft. Stimmt. Es empfiehlt sich also, die Effizienz des Marktes für diese Waren, die Medikamente, zu nutzen. Wir wissen alle, dass wir bessere Medikamente in einem kapitalistischen Land haben, wo die Pharmalabors Privatunternehmen sind, als in einem kollektivistischen Land, wo die Laboratorien dem Staat gehören. Das ist kein Grund, aus der Gesundheit selbst eine Ware zu machen. Wir müssen also zwischen dem Arzneimittelmarkt und dem Recht auf Gesundheitsversorgung etwas finden, was dieses gegen Eindringen von jenem schützt. In unseren Ländern ist dieses »Etwas« das, was man Krankenversicherung nennt. Sie ist schwerfällig, sagte ich eben, kostspielig, zweifellos verbesserungsfähig, aber auch einer der bemerkenswertesten Fortschritte der gesamten Sozialgeschichte, den es unbedingt zu bewahren gilt.

Das gilt im Übrigen auch auf globaler Ebene. Dass die Pharmaunternehmen ihre Interessen schützen, ist zugleich notwendig, in der Ordnung Nr. 1, und legal, in der Ordnung Nr. 2. Aber wir können, in der Ordnung Nr. 3, nicht akzeptieren, dass etwa in Afrika Kinder an Aids sterben, weil die Herstellung von Generika nicht gestattet wird. Infolgedessen muss sich die Politik (in diesem Fall die Weltpolitik) einmischen – nicht um den Markt abzuschaffen, dem wir diese Medikamente verdanken, sondern um von außen seine Auswirkungen zu beschneiden, wenn sie politisch und moralisch unerträglich sind.

Unterscheidung der Ordnungen. Die Menschen, einschließlich der Linken, haben endlich begriffen, dass der Staat nicht besonders dafür geeignet ist, Reichtum zu schaffen: Der Markt und die Unternehmen machen das gründlicher und besser. Es wäre an der Zeit, dass die Menschen, einschließlich der Rechten, auch begreifen, dass der Markt und die Unternehmen nicht besonders dafür geeignet sind, Gerechtigkeit zu schaffen: Nur der Staat ist dazu einigermaßen in der Lage.

Die Moral? Auch sie steht nicht zum Verkauf. Aber sie obliegt den Individuen, nicht dem Staat, und kann nicht für Gerechtigkeit sorgen (außer in einer Gesellschaft von Heiligen, und von der sind wir noch weit entfernt!).

Mit einem Wort, je hellsichtiger wir hinsichtlich der Wirtschaft und der Moral sind (der Stärke der Wirtschaft und der Schwäche der Moral), desto größer unser Anspruch an das Recht und die Politik. Daher ist sicherlich das beunruhigendste Merkmal unserer Zeit, dass diese entscheidende Ordnung (die rechtlich-politische Ordnung, die einzige, die einen gewissen Einfluss der individuellen Werte der Ordnung Nr. 3 auf die Realität der Ordnung Nr. 1 ermöglicht) derart entwertet und herabgewürdigt wird. Dass die Politiker hieran nicht gerade unschuldig sind, liegt leider auf der Hand. Doch vergessen wir nicht, dass die Bürger einer Demokratie immer die Politiker haben, die sie verdienen.

Schlussfolgerung

Diese Unterscheidung der Ordnungen, die ich Ihnen vorschlagen möchte, ist nur ein Lektüre- oder Analyseraster.
An sich löst sie kein einziges Problem. Ich glaube jedoch,
sie ermöglicht uns, die Probleme deutlicher in den Blick zu
bekommen. Sagen wir, sie ist ein Analysewerkzeug und
eine Entscheidungshilfe. Allerdings müssen wir uns ihrer
bedienen. Ein Rechner kann ein Problem lösen, aber nur
ein Mensch kann eine Entscheidung fällen. Ein Computer
kann leistungsfähig sein, aber nur ein Mensch kann Verantwortung übernehmen. Für Gruppen gilt, dass sie nur in
dem Maße Entscheidungen fällen oder Verantwortung
übernehmen können, wie es vorher die Individuen tun: Das
ist das Prinzip des allgemeinen Wahlrechts in unseren Demokratien und des Managements in unseren Unternehmen.
Wenn diese vier Ordnungen gleichgerichtet sind, gibt es,
wie gesagt, kein Problem: Ergreifen Sie die Gelegenheit und
machen Sie das Beste daraus. Aber wenn sie sich widersprechen? Oder, innerhalb einer Gruppe, uns widersprechen?
Wie sollen wir verfahren? Wie entscheiden? Wir möchten
diese vier Ordnungen in eine Hierarchie bringen, um entscheiden zu können. Können wir es? Ja, aber auf zwei verschiedene, wenn nicht gar entgegengesetzte Arten.

Sie haben natürlich bemerkt, dass ich sie in aufsteigender
Hierarchie dargestellt habe: von der niedrigsten, der wirt-

schaftlich-technowissenschaftlichen, zur höchsten, der ethischen Ordnung, der Ordnung der Liebe. Stimmt, in Hinblick auf die Werte; stimmt, subjektiv, in Hinblick auf das Individuum. Das nenne ich die aufsteigende Hierarchie der Primate und möchte sie von dem absteigenden Katalog der Prioritäten unterscheiden. Wir bedienen uns also der beiden Wörter »Primat« und »Priorität«, um den Zusammenhang zu erhellen. Ich schlage vor, den höchsten Wert in einer subjektiven Werthierarchie als Primat zu bezeichnen – anders gesagt, das, was subjektiv, für das Individuum, den höchsten Wert besitzt. Und unter Priorität das zu verstehen, was objektiv, für die Gruppe, in einem Katalog von Festlegungen das Wichtigste ist. Und nun werden Sie sehen, dass sich alles umkehrt. Sie haben es nicht mehr mit einer einzigen aufsteigenden Hierarchie zu tun, sondern mit zwei einander überschneidenden Hierarchien: einer, die nach oben zeigt (der ansteigenden Hierarchie der Primate), und einer anderen, die fällt (dem absteigenden Katalog der Prioritäten).

Ich will es rasch an zwei Extremen erläutern. Was ist subjektiv – für Individuen, wie wir es sind – der höchste Wert? Das kann natürlich vom Einzelfall abhängen … Doch ich denke, dass eine Mehrheit von uns – das gibt unsere Kultur vor und ist auch eine Gegebenheit des menschlichen Herzens – antworten würde, dass es die Liebe sei – zu lieben und geliebt zu werden. Wer Kinder hat, wird vielleicht sagen: »Für mich sind meine Kinder das Wertvollste.« Aber das ist so, weil er sie liebt. Es läuft auf dasselbe hinaus: Primat der Liebe. Konkret heißt das: Wenn uns jemand hier im Saal antwortete: »Nein, keineswegs, für mich zählt nicht die Liebe am meisten, sondern das Geld«, würde eine Art

Unbehagen von uns Besitz ergreifen. Und wenn einer ihn kennte (weil er beispielsweise mit ihm zusammenarbeitet), würde er wohl sagen: »Ich fand ihn eigentlich ganz nett, er hat einen guten Job gemacht, aber er scheint doch ein armseliger Wicht zu sein.«

Ja, weil jemand, der das Geld mehr schätzt als die Liebe, das ist, was man einen armseligen Wicht nennt. Also der Primat der Liebe für die Individuen: Subjektiv gehört die Liebe zu den höchsten Werten.

So weit, so gut. Doch was ist, objektiv betrachtet, für die Gruppe das Wichtigste? Greifen wir uns zufällig eine Gruppe heraus: Ihr Unternehmen, dasjenige, in dem Sie arbeiten oder das Sie vielleicht leiten. Stellen Sie sich vor, dass es in Ihrem Unternehmen plötzlich aus einem Grund x oder y keinen Funken Liebe mehr gäbe. Was geschähe?

An pessimistischen Tagen sage ich mir, dass man noch nicht einmal einen Unterschied erkennen würde. Der Mitarbeiter, der sich morgens an der Stechuhr einfindet, kommt nicht aus Liebe: Ohne Liebe kommt er zur gleichen Zeit. Der Buchhalter, der die Lohnzettel schreibt, macht es nicht aus Liebe: Er schreibt sie genauso, wenn die Liebe fehlt. Die Mitarbeiter würden also im gegebenen Fall genauso wie sonst arbeiten und genauso wie sonst bezahlt – es wäre kein Unterschied zu erkennen.

An optimistischen Tagen sage ich mir, dass das Betriebsklima und die Produktivität in diesem Unternehmen bestimmt ein bisschen unter dem Mangel an Liebe leiden würden. Wirtschaftlich wäre der Unterschied jedoch kaum spürbar. Wahrscheinlich würden Wirtschaftsprüfer und Aktionäre ihn gar nicht bemerken.

Stellen Sie sich nun umgekehrt vor, dass im selben Unternehmen plötzlich aus einen Grund x oder y kein Geld mehr da wäre. In diesem Falle wäre der Unterschied spektakulär: An dem Tag, an dem die Bank keine Lust mehr hätte, noch länger zu warten, gäbe es kein Unternehmen mehr. Für das Individuum Primat der Liebe, aber Priorität des Geldes für die Gruppe.

Ich möchte diese Dialektik von Priorität und Primat nur ganz kurz auf meine vier Ordnungen beziehen. Ich sage zum Beispiel: der Primat der Politik über die Wissenschaften, die Technik, die Wirtschaft. Für das Individuum ist die Politik ein höherer Wert.[70] Gewiss, subjektiv. Doch was ist objektiv, für die Gruppe, wichtiger? Was bliebe von der Politik, von unserem Staat, von unserer Demokratie, wenn die Technik plötzlich zu funktionieren aufhörte? Die Kraftwerke würden keinen Strom, die Unternehmen keinen Wohlstand, die Landwirte keine Nahrungsmittel mehr produzieren … Was bliebe von unserer Demokratie? Die Antwort ist eine grausame Wahrheit: Es bliebe nichts. Was bliebe von der Wirtschaft, wenn wir den Staat abschaffen würden? Sicherlich nicht alles: Im Versicherungs-, im Bankwesen gäbe es große Schwierigkeiten; doch im Baugewerbe, in der Nahrungsmittelindustrie und erst recht in der Waf-

70 Höher als Wissenschaft oder Technik, aber nicht höher als die Wahrheit! Im Gegenteil: Die Liebe zur Wahrheit ist für jeden Freigeist ein höherer Wert als die Interessen der Nation oder des Staats. Stellt das unsere Hierarchie der Primate in Frage? Keineswegs, weil diese Wahrheitsliebe in die Ordnungen Nr. 3 und 4 gehört (die Wissenschaften lieben sich nicht selbst). Ein Freigeist kann die Wahrheit über das nationale Interesse stellen, dabei aber das Recht und die Politik höher einschätzen als die Technowissenschaften. Das unterscheidet den Rationalismus vom Szientismus oder Technokratismus.

feindustrie ließen sich gute Geschäfte machen ... Hätte im Übrigen die Wirtschaft nicht schon vor dem Staat angefangen, hätte es den Staat nie gegeben. Der Übergang von der Alt- zur Jungsteinzeit – eine der größten Revolutionen, die die Menschheit je erlebt hat (recht betrachtet sogar vermutlich die größte von allen) – war keine politische Entscheidung ... Also Primat der Politik, aber Priorität der Wirtschaft. Übrigens hat das schon Karl Marx ziemlich klar erkannt.

Ich kann sogar sagen: Primat der Moral über die Politik. Für das Individuum ist die Moral ein höherer Wert. Besser, man verliert die Wahlen in der Ordnung Nr. 2 als seine Seele in der Ordnung Nr. 3. Ob jeder, der diese Formel propagiert, in Übereinstimmung mit ihr lebt oder nicht, ist dabei nicht von Belang, aber die Formel stimmt: Subjektiv, für das Individuum, ist die Moral ein höherer Wert. Doch was ist objektiv, für die Gruppe, wichtiger?

Was bliebe beispielsweise von der Moral ohne das Recht, die Politik, den Staat? Wie viel Moral gibt es im Naturzustand, so fragte man im 18. Jahrhundert, im Zustand ohne Staat? Auch da ist die Antwort von grausamer Schlichtheit: Im Naturzustand gibt es, zumindest glaube ich das mit Hobbes,[71] überhaupt keine Moral. Primat der Moral, Priorität der Politik.

71 *Léviathan*, Kapitel XIII. Im Naturzustand gibt es immerhin »Naturgesetze«, aber sie sind nur die Rationalisierung des Eigeninteresses, ohne eine wirklich moralische Zielsetzung (a.a.O., Kapitel XIV und XV). »Diese Weisungen der Vernunft werden von den Menschen gewöhnlich als Gesetze bezeichnet, aber ungenau. Sie sind nämlich nur Schlüsse oder Lehrsätze, die das betreffen, was zur Erhaltung und Verteidigung der Menschen dient.« (*Leviathan oder Stoff, Form und Gewalt eines kirchlichen und bürgerlichen Staates*, Frankfurt, Suhrkamp, 1989, Kapitel XV, S. 122.)

Und schließlich kann ich sagen: Primat der Liebe über die Moral. Wenn schon anständig gehandelt werden muss, wenn ich so sagen darf, dann lieber aus Liebe anständig handeln, fröhlich und spontan, als aus Pflichtgefühl, was doch eine traurige Angelegenheit wäre ... Wer wäre hier nicht lieber Spinozist als Kantianer? Natürlich ist die Liebe subjektiv ein höherer Wert! Das ist der Geist des Neuen Testaments, wie ihn Augustinus so wunderbar zusammenfasst: »Liebe und tu, was du willst.« Doch was ist objektiv, für die Gruppe, wichtiger? Und vor allem, was bliebe von der Liebe ohne die Moral? Meine Antwort ist in diesem Fall die Freuds: Es bliebe nichts von ihr. Ohne die Moral gäbe es nur den blinden Trieb, nur das »Es«, wie Freud sagt, nur die Libido, nur die Sexualität. Nur in dem Maße, wie der Trieb sich am Verbot – vor allem Inzestverbot – stößt, wird die Libido zur Liebe sublimiert. Wird das Verbot, wird die Moral aufgehoben, gibt es keine Sublimation, keine Liebe mehr: Es gibt nur noch Libido. Primat der Liebe, Priorität der Moral.

Mit einem Wort, was für Individuen den höchsten Wert hat, ist nie das, was für Gruppen am wichtigsten ist. Und umgekehrt. Nun setzt sich aber jede Gruppe definitionsgemäß aus Individuen zusammen, und jedes Individuum ist Mitglied in mehreren Gruppen ... Wundert es Sie da noch, dass das Leben so schwierig und kompliziert ist? Sagen wir, es ist tragisch in der philosophischen Bedeutung des Wortes: nicht weil es immer unglücklich oder dramatisch wäre, sondern weil es uns mit Widersprüchen konfrontiert, die wir nie ganz auflösen oder ein für alle Mal überwinden können – zumal in ihnen Positionen aufeinandertreffen, deren jede aus ihrer Sicht legitim ist (denken Sie an Antigone und Kreon). So betrachtet ist die Tragik das Gegenteil der Dialektik[72] oder eine Dialektik ohne Pardon. Nie gibt es eine wirklich befriedigende Synthese, nie die hegelsche Aufhebung ohne Verlust, nie die »Negation der Negation«, nie die endgültige und absolute Aussöhnung, nie das vollkommen sichere Leben... Das Gegenteil der Tragik ist das Paradies. Das Gegenteil des Paradieses ist das Leben, so wie es ist.

Das gilt für jedes Individuum, was allein schon eine hinreichende Tragödie ist. Erst recht aber gilt es für die Beziehung zwischen Individuum und Gruppe.

Vielleicht kennen Sie den Titel eines der bekanntesten und zugleich schönsten Bücher von Simone Weil – *Schwerkraft und Gnade*... Unter Schwerkraft versteht Simone Weil alles, was absteigt und herabzieht; unter Gnade alles, was aufsteigt und erhebt. Ich möchte in Anlehnung an diese beiden Begriffe sagen, dass die Gruppen immer, und umso stärker, je größer sie sind, der Schwerkraft unterliegen: Tendenziell steigen sie wieder ab, das heißt sie favorisieren die niederen Ordnungen, die für sie tatsächlich die wichtigsten sind. Absteigende Logik der Prioritäten. Individuen hingegen haben andere Werte, andere Ansprüche – andere Primate. Sie kennen vielleicht die Formulierung von Renaud: »Ich bin eine Jugendbande.« Das wäre, ernst genommen, eine Beschreibung der Barbarei. Gleiches würde für jemanden gelten, der sagte: »Ich bin ein Unternehmen.« Arbeiten Sie für IBM? Niemand macht Ihnen einen Vorwurf daraus, jedenfalls nicht ich. Aber Sie sind nicht IBM. Sie leiten ein

72 Wie es Gilles Deleuze sehr schön erkannt hat: *Nietzsche und die Philosophie*, Frankfurt, Syndikat, 1985, Kapitel 1, § 4 und 5.

Unternehmen? Sehr schön. Aber Sie sind nicht Ihr Unternehmen. Daher fühlen sich die Individuen – und zwar alle – dazu getrieben, die Leiter der Primate aufzusteigen, während die Gruppe unablässig die Leiter der Prioritäten absteigen möchte. Nicht weil die Gruppe böse oder abartig wäre! Sondern weil sie legitimerweise dazu neigt, das zu favorisieren, was für sie objektiv am wichtigsten ist.

Ich lege Wert auf das »legitimerweise«. Wenn ein Unternehmenschef seinen für eine Lohnerhöhung streikenden Arbeitnehmern erklärt: »Hört zu, Leute, lest Comte-Sponville: Primat der Liebe! Nun, ich kann euch keine höheren Löhne zahlen, aber ich gelobe, euch fortan mehr zu lieben…«, dann ist das natürlich lächerlich. Und doch dürfte kein Zweifel daran bestehen, dass jeder Arbeitnehmer die Liebe subjektiv höher schätzt als das Geld. Wenn eines seiner Kinder schwer erkrankt, zählt plötzlich nur noch das. Gewiss, aber sie haben nicht dieselben Kinder. Sie haben nicht dieselben Lieben. Sie haben jedoch denselben Chef. Während also jeder Arbeitnehmer individuell der Liebe einen höheren Wert beimisst als dem Geld, sind sie doch kollektiv (etwa in der Gewerkschaft oder im Streikausschuss) der Ansicht, dass das Geld wichtiger ist. Sie haben recht: Primat der Liebe, Priorität des Geldes.

Die Gruppen steigen ab: Sie sind der Schwerkraft unterworfen. Das ist nicht abwertend gemeint. Die Schwerkraft ist auch und zuerst eine Kraft (die allgemeine Gravitation), die Häuser und Brücken zusammenhält, die uns das Gehen und sogar (dank unserer Flugzeuge, die sie keineswegs aufheben) das Fliegen ermöglicht. Die Kraft der Gruppen liegt in diesem Fall darin, dass sie ein gemeinsames Recht durchsetzen, was nur mittels der Vernunft geht: Unsere individuellen Wünsche prallen aufeinander (und das umso mehr, als wir fast immer die gleichen Dinge wünschen[73]); nur die Vernunft, die allen gemeinsam ist, kann uns vereinen.[74] Aber diese Kraft ist – wie jede Kraft – zugleich eine Gefahr, wenn man sich ihr überlässt. Dazu treibt uns die Erschöpfung, die Routine, die große Zahl. In einer Gruppe, zumal wenn sie groß ist, neigt die Liebe stets dazu, zur Moral oder gar zum Moralismus abzusinken; die Moral neigt dazu, zur Politik, das heißt zu Kräfteverhältnissen abzusinken; die Politik neigt dazu, zur Technik, Wirtschaft, Verwaltung abzusinken.

Diese Schwerkraft kann variieren, sie hängt von der Art der betrachteten Gruppe ab (in einem Unternehmen ist sie anders als in einer politischen Partei) und vor allem von ihrer Größe: In einem mittelständischen Unternehmen ist sie anders als in einem multinationalen Unternehmen. Stellen wir uns einen Maurermeister vor, der zwei Arbeiter beschäftigt: Der eine ist sein Schwager, der andere sein Jugendfreund. Die persönlichen, moralischen, emotionalen Beziehungen zwischen ihnen spielen eine wichtige Rolle – so sehr, dass gelegentlich die geschäftlichen Belange (die Rentabilität) des Unternehmens beeinträchtigt sind! In einem Unternehmen mit dreißigtausend Beschäftigten sieht

---

73 Hier kommt ins Spiel, was René Girard das mimetische Verlangen nennt und was Spinoza (wie ich glaube, noch radikaler) für eine Nachahmung von Affekten hielt; vgl. dazu meine Ausführung in dem Essay *Traité du désespoir et de la béatitude*, a.a.O., Kapitel IV, Abschnitt 7, S. 102–109.
74 Das hat Spinoza bewundernswert analysiert; vgl. dazu, was ich ausgeführt habe in: *Traité du désespoir et de la béatitude*, a.a.O., Kapitel II, Abschnitt 6, S. 162–167.

das ganz anders aus. Doch selbst dort hängt die Schwerkraft von der betrachteten Größenordnung ab. Nehmen wir an, in einem Büro sitzen drei oder vier Mitarbeiter, die sich seit etlichen Jahren kennen und gut miteinander befreundet sind. Ihre persönlichen Beziehungen werden ihnen häufig wichtiger sein als die wirtschaftlichen oder hierarchischen Beziehungen. Da kommt es nicht in Frage, einem Arbeitskollegen zu schaden, selbst wenn es im Interesse des Unternehmens läge! Da sieht es auf einem ganzen Stockwerk, wo vielleicht fünfzig Arbeitnehmer sitzen, schon anders aus. Die persönlichen, moralischen, emotionalen Beziehungen verlieren an Bedeutung; dafür rücken die beruflichen, wirtschaftlichen oder hierarchischen Beziehungen in den Vordergrund. Auf das ganze Gebäude bezogen, wo vielleicht achthundert Mitarbeiter beschäftigt sind, verstärkt sich die Tendenz. Weniger Emotionen, weniger Moral, mehr Kräfteverhältnisse. Auf der Ebene des ganzen Unternehmens schließlich, mit seinen dreißigtausend Mitarbeitern, entfaltet die Schwerkraft ihre höchste Wirkung: Da spielen die emotionalen oder moralischen Beziehungen so gut wie keine Rolle mehr, während die Macht- und Interessenbeziehungen von ausschlaggebender Bedeutung sind.

Die Schwerkraft ändert sich, je nach Gruppe und deren Größe. Doch sie wirkt immer. Ich erinnere mich, dass ich diese Ansicht vor einigen Jahren vor der von Abbé Pierre gegründeten Hilfsorganisation Compagnons d'Emmaüs äußerte. Nach meinem Vortrag kam ein alter Priester zu mir und murmelte: »Wie sehr doch auf die katholische Kirche zutrifft, was Sie da über die Schwerkraft gesagt haben!« In weit höherem Maße trifft es natürlich auf unsere Unternehmen zu. Was, wie ich noch einmal betonen möchte, vollkommen normal ist. Die Gruppen konzentrieren sich vor allem auf das, was für sie in der Tat am wichtigsten ist und was sich vor allem in den Ordnungen Nr. 1 und 2 abspielt. Sie sind der Schwerkraft unterworfen. Das ist das Gesetz der Gruppen, das Gefälle der Prioritäten. Nur Individuen haben Zugang zu etwas, was der Gnade ähnelt, wie Simone Weil sagen würde, das heißt der Fähigkeit, wenigstens ein bisschen, wenigstens gelegentlich von den wissenschaftlichen, technischen, wissenschaftlichen Zwängen zur Politik aufzusteigen (um zu werden, was man einen Staatsmann nennt, dem es gelingt, ein Volk mitzureißen, oder eine Führungskraft, der man Charisma nachsagt); der Fähigkeit, wenigstens ein bisschen von der Politik zur Moral aufzusteigen (um zu werden, was man einen anständigen Menschen nennt); der Fähigkeit, wenigstens ein bisschen von der Moral zur Liebe aufzusteigen (um zu werden, was man einen herzensguten Menschen nennt).

Gruppen sind der Schwerkraft unterworfen; nur Individuen haben gelegentlich Zugang zu etwas, das der Gnade ähnelt, das heißt der Fähigkeit, wenigstens ein bisschen, wenigstens gelegentlich jenen Hang wieder emporzusteigen, den die Gruppen sonst unaufhörlich hinabsteigen. Doch da das Wort »Gnade« ein bisschen zu religiös ist, als dass ich es ganz zu dem meinen machen könnte, möchte ich mich auf die Feststellung beschränken, dass ich nur drei Dinge kenne, die dem Individuum helfen, diesen Hang wieder ein bisschen hinaufzuklettern, auf dem uns die Gruppen sonst unablässig hinabziehen: die Liebe, die Klarheit und den Mut.

Es gibt keine Garantie, dass sie genügen, was jegliche Genugtuung lächerlich macht.

Doch kann Erfolg möglich sein, wo sie fehlen?

Fragen an
André Comte-Sponville

Ich bin Unternehmenschef: Ich schaffe Arbeitsplätze. Finden Sie das etwa nicht moralisch?

Auf jeden Fall finde ich es nicht unmoralisch! Es fragt sich allerdings, warum Sie Leute einstellen ... Aus Menschenfreundlichkeit? Um den Arbeitslosen zu helfen? Das kann ich nicht so recht glauben. Nicht weil ich an Ihrer Menschlichkeit zweifle, die kann ich nicht beurteilen, sondern weil Sie Unternehmenschef sind und nicht der Präsident einer Wohltätigkeitsorganisation. Glauben Sie mir, ich werfe Ihnen das nicht vor: Wir brauchen leistungsfähige Unternehmen noch dringender als Wohltätigkeitsorganisationen, mögen diese auch noch so bewundernswert sein!

Die Wohltätigkeit ist für die Armen da; das Unternehmen ist dazu da, Reichtum zu schaffen. Und wer würde nicht den Reichtum vorziehen? Wer nicht den Wohlstand der Abhängigkeit? Die Wohltätigkeit ist, moralisch betrachtet, bewundernswerter; das Unternehmen ist, wirtschaftlich und gesellschaftlich gesehen, sehr viel wichtiger. Wer würde nicht Abbé Pierre höher einschätzen als den tüchtigsten Unternehmenschef? Doch wer würde seinen Lebensunterhalt nicht lieber in einem Unternehmen verdienen, als von Wohltätigkeitsorganisationen abhängig zu sein? Primat der Moral, Priorität der Wirtschaft. Das Geld, das die Wohlfahrtsverbände verteilen, muss erst einmal verdient werden. Und wo soll das geschehen, wenn nicht in den Unternehmen?

Aber gehen wir der Sache auf den Grund. Wenn Sie Leute aus moralischen Gründen einstellten, kämen Sie damit nie zu einem Ende, selbst dann nicht, wenn es zu Lasten Ihres Unternehmens ginge. Ich bezweifle, dass es lange überleben würde … Lassen Sie mich eine Anekdote erzählen. Bei einem meiner ersten Auftritte vor den Leitern eines Unternehmens habe ich im Prinzip eine ganz ähnliche Rede gehalten, wie Sie sie gerade gehört haben. In der anschließenden Diskussion habe ich zusammenfassend gesagt: »Mit einem Wort, die Gesellschaft erwartet von Ihnen als Führungskräften nicht, dass Sie voller Liebe und Großzügigkeit sind (wenn Sie es sind, umso besser, aber das ist eigentlich eher Ihre Privatsache). Von Ihnen wird erwartet, dass Sie Arbeitsplätze schaffen.« Einer der anwesenden Unternehmenschefs schüttelte heftig den Kopf und sagte: »Da verlangen Sie zu viel von uns. Ein Unternehmen ist nicht dazu da, Arbeitsplätze zu schaffen, es ist dazu da, Gewinn zu machen.« Er hatte natürlich recht: Er war klüger als ich. Doch verkündete er im Grunde nicht nur das, was Marx schon gesagt hatte? Ein Unternehmen hat in einem kapitalistischen Land nicht den Zweck, die Arbeitslosigkeit zu bekämpfen, sondern Gewinn zu erzielen: Man stellt nur Leute ein, wenn dadurch nicht die Rentabilität beeinträchtigt wird – und man entlässt Leute, wenn das die einzige Möglichkeit ist, die Rentabilität zu erhalten oder zu steigern. Das System mag amoralisch, gelegentlich sogar grausam sein, hat sich aber – wirtschaftlich und gesellschaftlich – (auch für die Lohnarbeiter) als leistungsfähiger erwiesen denn jedes andere System, das die Menschheit jemals ausprobiert hat. Die DDR-Bürger wussten das nur allzu gut. Der Reichtum der Bundesrepublik hat mindestens ebenso viel zum Fall der Mauer beigetragen wie die Freiheitsliebe…

Noch eine Anekdote. Es war zu der Zeit, als Alain Juppé Premierminister war. Der Arbeitgeberbeitrag war gesenkt worden, angeblich, um Arbeitsplätze zu schaffen. Ein Unternehmenschef sagte zu mir: »Mein Beitrag wird gesenkt, damit ich Leute einstelle. Was mache ich? Ich senke meine Preise und stelle niemanden ein – um mehr Marktanteile zu gewinnen. Wenn ich eines Tages, um neue Marktanteile zu erringen, Leute einstellen muss, tue ich das natürlich mit Vergnügen (jeder normale Unternehmenschef stellt lieber ein, als dass er entlässt)! Aber verlangen Sie nicht von mir, Leute einzustellen, wenn es nicht im Interesse meines Unternehmens liegt, denn dann würden Sie von mir verlangen, meine Aufgabe zu verkennen: Da mache ich nicht mit!« Solche Äußerungen mögen zynisch erscheinen. Was aber nur daran liegt, dass der Zynismus die nackte Wahrheit ist, wenn sie aufhört, sich hinter der Moral zu verstecken.

In einem kapitalistischen Land ist es nicht Sinn und Zweck eines Unternehmens, Arbeitsplätze zu schaffen, sondern Gewinn zu erwirtschaften. Es ist an uns Bürgern, uns zu fragen, wie wir dafür sorgen können, dass ein Unternehmen, um Gewinn zu machen, häufiger daran Interesse hat, Leute einzustellen, als welche zu entlassen oder die Produktion ins Ausland zu verlagern. Eine politische Frage von zweifellos entscheidender Bedeutung. Doch auf das

moralische oder patriotische Gewissen der Unternehmenschefs zu bauen, wenn man die Arbeitslosigkeit oder die
Produktionsverlagerung bekämpfen will, das hieße sicherlich, sich etwas vorzumachen! Das wäre ein klarer Beweis
für Blauäugigkeit: Das hieße, die Probleme der Ordnung
Nr. 1 mit Hilfe der Ordnung Nr. 3 lösen zu wollen.

*Der Zweck eines Unternehmens ist nicht, Gewinn zu er-
zielen, sondern Wohlstand zu schaffen! Und alle gewinnen
dabei!*

Lassen wir doch die Haarspalterei. Wohlstand schaffen? Ja,
aber für wen? Zunächst einmal für den oder die Unterneh-
menseigner! Das nennt man Gewinn: Werte, die durch Investitionen oder Arbeit erwirtschaftet werden und die denen zufließen, die investiert haben (unabhängig davon, ob
sie gearbeitet haben oder nicht). Und alle gewinnen dabei?
Mehr oder weniger, ja, meistens, aber in höchst unter-
schiedlichem Maße! Die Eigner eines Unternehmens (die
Kapitalisten) werden in der Regel rascher reich als die, die
arbeiten... Ich werfe ihnen das nicht vor. Das ist die Logik
des Systems, und dieses System ist juristisch betrachtet legitim (zumindest solange die Demokratie das bestimmt) und
wirtschaftlich betrachtet effizient. Der Gewinn ist auch
eine Prämie für Innovation (Schumpeter hat das ausführlich dargelegt[1]) und Risikobereitschaft; diesem Umstand
verdankt der Kapitalismus seine Leistungsfähigkeit. Kein

1 Joseph Schumpeter, *Theorie der wirtschaftlichen Entwicklung* (1912), Berlin, Dunker & Humblot, 2006. (Vgl. vor allem Kapitel II.)

Grund, sich Asche aufs Haupt zu streuen! Dieser Reichtum, der aus dem fließt, was man besitzt (Privateigentum an den Produktions- und Tauschmitteln), und nicht aus dem, was man tut (der Arbeit), der Teil des Mehrwerts, der weder für Investitionen (Maschinen, Rohstoffe etc.) noch für Löhne aufgewandt wird, ist doch wohl das, was wir Gewinn nennen, oder?

Schließlich und vor allem ist die Schaffung von Wohlstand kein Privileg des Kapitalismus! Jede Produktionsweise leistet es per definitionem. Sklaverei und Feudalismus machten es, der Sozialismus machte es in der UdSSR siebzig Jahre lang, und ein ganz anderes System wird es vielleicht in einigen Jahrhunderten oder Jahrzehnten machen ... doch wir leben in einem kapitalistischen Land. Die Welt lebt heute in einem kapitalistischen System. Es ist an der Zeit zu begreifen, was das heißt!

Sie sagen, der Kapitalismus sei nicht moralisch ... Ist der Sozialismus es denn in höherem Maße?

Ja, leider! Das war jedenfalls die Absicht seiner Anhänger. Ich spreche nicht vom liberalen oder sozialdemokratischen Sozialismus, dem eines Lionel Jospin oder Laurent Fabius, der (im Prinzip!) lediglich ein etwas stärker regulierter Kapitalismus ist... Ich spreche vom Sozialismus in der marxistischen Bedeutung des Wortes, dem Sozialismus, der sich auf das kollektive Eigentum an den Produktions- und Tauschmitteln gründet (weshalb wir ihn auch Kollektivismus nennen können) und auf staatlicher Planung beruht (weshalb wir ihn auch Etatismus nennen). Inwiefern ist er moralischer? Insofern, als der Wohlstand, da er kollektiv und staatlich verwaltet ist, im Prinzip der Gesamtheit zugutekommen könnte, allen voran den Ärmsten und nicht mehr, wie in einem kapitalistischen Land, den Reichsten. Aber, wie ich in meinem Vortrag gesagt habe, eben wegen seiner Amoralität ist der Kapitalismus so leistungsfähig (was weder die Auswüchse noch die Schrecken verhindert). Seine Triebkraft ist der Eigennutz. Kein Wunder, dass er auf vollen Touren läuft! Umgekehrt gilt: Eben weil der Sozialismus moralisch sein will, funktioniert er nicht oder schlecht oder kann nur (da sich die Moral auf der gesellschaftlichen Ebene als ohnmächtig erweist) mittels Bürokratie, Polizeikontrolle, Zwang und – gelegentlich – Terror funktionieren. Darüber müssen die Historiker – und nicht die Moral – urteilen. Moralisch hingegen können wir nur das Ausmaß der Schäden feststellen. Auf diese Weise gelangen wir, wie gesagt, von der schönen marxistischen Utopie des 19. Jahrhunderts zu den totalitären Schrecken des Sowjetsystems des 20. Die Macht zu übernehmen ist nicht der schwierigste Teil. Anschließend gilt es, die Menschen zu verändern, zumindest den Versuch zu unternehmen (durch Propaganda, Indoktrination, Vereinnahmung der Jugend, Umerziehungslager, Massenterror …), bis zu dem Punkt, wo das System, da seine Bemühungen im Sande verlaufen, nur noch zu überleben versucht – in erster Linie zum Nutzen einiger Bürokraten – und seine Misserfolge zu verschleiern trachtet. Man fängt mit einer revolutionären und humanistischen Avantgarde an und endet mit einer Nomenklatura korrupter Tattergreise … Ja, der Sozialismus, wie Marx ihn ersonnen hat, war moralisch. Das hat seine Nachfolger zum Scheitern und zur Unmoral verurteilt.

Sie haben nicht über Gleichheit gesprochen ...

Ich habe das Thema gestreift, wenn auch nur negativ ... Aber Sie haben recht: Ich hätte ausführlicher darauf eingehen sollen. An welche Gleichheit denken Sie? Die Gleichheit aller Menschen an Würde und Rechten? Das ist ein wichtiger moralischer Wert, den Politik und Justiz in unserem Land einigermaßen zu respektieren trachten. Wir sind noch weit vom Ziel entfernt, der Kampf geht weiter! Doch vielleicht denken Sie eher an die soziale und wirtschaftliche Gleichheit? Dazu ist festzustellen, dass sie vom Kapitalismus nahezu ausgeschlossen wird, denn der möchte vielmehr, dass der Wohlstand der Bereicherung dient und dass die individuellen Begabungen zur Ungleichheit beitragen. Ein Sohn reicher Eltern wird in unserem Land fast immer reicher sterben als ein Sohn armer Eltern. Und ein begabter und fleißiger Mann fast immer reicher als ein fauler Dummkopf (wenn dieser Dummkopf nicht, was vorkommt, ein Sohn reicher Eltern ist). Ist das gut? Ist das schlecht? Moralisch ist das kaum befriedigend. Warum muss den jemand, der bereits das Glück hat, Talent zu besitzen und einen Beruf auszuüben, der ihm Spaß macht, obendrein noch reicher sein als jemand, der, weniger begabt, nur undankbare Aufgaben übernehmen kann? Doch wäre, wirtschaftlich gesehen, ein anderes, rigoros egalitäres System besser? Das erscheint zweifelhaft. Wenn niemand reicher werden kann, wozu dann mehr und besser arbeiten als unbedingt erforderlich? Wozu andere überflügeln wollen, wenn man sie nicht überflügeln kann? Aus Liebe? Aus Großzügigkeit? Aus Bürgersinn? Machen wir uns doch nichts vor! Eine egalitäre Gesellschaft, einmal angenommen, sie könnte es bleiben (das Beispiel der UDSSR mit ihrer Nomenklatura macht in diesem Punkt wenig Hoffnung), hat beste Aussichten, eine Gesellschaft von Armen und gewiss, wie Mandeville und Voltaire erkannt haben, eine armselige Gesellschaft zu werden.

Dabei fällt mir ein Fragment von Pascal ein: »Zweifellos ist gleicher Besitz für alle gerecht, aber ...«[2] Aber was? Pascal beendet seinen Satz nicht. Ich hätte Lust, es zu tun: ... aber Politik und Justiz haben anders entschieden (das Recht schützt in unserem Land das Privateigentum und damit auch die Unterschiede an Wohlstand); ... aber diese Gleichheit wäre, wenn auch moralisch gerechtfertigt, wirtschaftlich kontraproduktiv, selbst für die ärmsten Menschen; ... aber sie ist nur möglich durch eine verstärkte Überwachung und Zwangsmaßnahmen, die in den Totalitarismus führen; ... aber sie beschneidet die Energie, die Risikobereitschaft, die Kreativität der Menschen ... Das wäre ein zu hoher Preis. Was nützt der Egalitarismus, wenn er auch den Schwächsten schadet? Wenn wir also auf die soziale und wirtschaftliche Gleichheit verzichten, bleibt nur die Möglichkeit, die Ungleichheit zu begrenzen, sie (soweit es möglich ist, ohne der Mehrheit zu schaden) durch eine Politik der Umverteilung, staatlicher Hilfen, der Chancen-

2 *Gedanken*, 81/299.

gleichheit abzufedern. Das nennt man Sozialdemokratie, oder? Das ist nicht ganz so erhebend wie eine schöne altmodische kommunistische Revolution, aber auch weniger gefährlich und wirksamer.

Um diese Gleichheitsfrage dreht sich ein Großteil der Auseinandersetzung zwischen Links und Rechts. »Links zu sein«, erklärte mir kürzlich ein Freund, »heißt in erster Linie, sich für soziale Gerechtigkeit, also für Gleichheit, einzusetzen.«

Einverstanden. Ein Rechter wird sich heute eher für die Freiheit, für Effizienz, für eine gerechte Verteilung der Verdienste und Begabungen einsetzen … Das muss nicht heißen, dass er gegen Gleichheit ist. Aber Gleichheit an Würde und Rechten genügt ihm. Das eine Gut ist so achtbar wie das andere. Manchmal denke ich, die Linke sei moralisch im Recht (Gleichheit des Besitzes sei gerecht: dann sei es auch moralisch gerechtfertigt, danach zu streben) und die Rechte sei wirtschaftlich im Recht (durch ihr Bemühen um Effizienz und Realismus: Die Ungleichheit sei leistungsfähiger). Es ist sicherlich nicht ganz so einfach, aber könnte das nicht erklären, warum die Linke sich in der Opposition so wohl fühlt (es gibt immer Ungleichheiten zu bekämpfen) und so unwohl an der Macht (wo man versuchen muss, effizient zu sein)? Wirtschafts- und Finanzminister in einer linken Regierung zu sein ist fast so schwierig, wie Bildungsminister in einer rechten Regierung zu sein. Doch damit verlassen wir die Philosophie und beteiligen uns am Meinungsstreit…

Würden Sie sich selbst als Linken oder Rechten bezeichnen?

Ich bin mir nicht sicher, ob das, philosophisch betrachtet, so wichtig ist. Nicht dass ich in irgendeiner Weise die Stichhaltigkeit des Links-Rechts-Gegensatzes bezweifeln würde. Den halte ich für notwendig und strukturierend. Aber es wäre mir nicht recht, wenn sich meine Bücher nur an die Hälfte der Menschheit richteten! Im Übrigen habe ich mich nie gefragt, ob die Philosophen, die ich liebe oder bewundere, Rechte oder Linke waren … Was wissen wir über die politischen Überzeugungen Epikurs? So gut wie nichts. Was nichts daran ändert, dass sein Denken (auch sein politisches) faszinierend ist. Montaigne war eher konservativ; aber ist er deshalb ein rechter Philosoph? Und Leibniz? Hume? Marx selbst? Wir sind nicht an ihren politischen Meinungen interessiert, sondern an der Erkenntnis, um die sie die Meinungen aller erweitern. Genau das möchte ich als Philosoph ebenfalls leisten, statt, wie so viele andere, Petitionen oder Leitartikel zu unterzeichnen.

Aber gut, ich will Ihnen gerne antworten. Ich habe immer links gewählt (mit Ausnahme des zweiten Durchgangs der letzte Präsidentschaftswahl, wo ich natürlich für Chirac und gegen Le Pen gestimmt habe), und in letzter Zeit umso bereitwilliger, als ich große Hochachtung für Lionel Jospin habe (weit mehr, als ich jemals für François Mitterrand gehegt habe). Das hindert einige Fanatiker der Linken oder extremen Linken jedoch nicht daran, mich als Sozialliberalen zu verabscheuen. Nun denn – das war schon die Einstellung von Alain: Für die Freiheit des Marktes, weil sie wirtschaftlich effizienter ist als Kollektivismus oder

Planwirtschaft, und für die Verantwortung des Staates, die ungerechtesten Auswirkungen dieses Systems auszugleichen. Der Liberalismus ist weder das Fehlen von Regeln noch die Abstinenz des Staates! Der Markt braucht nichtökonomische Regeln (wenn das Handelsrecht käuflich ist, ist das kein Liberalismus mehr, sondern eine mafiose Wirtschaft, wie wir sie in mancherlei Hinsicht aus dem Russland der neunziger Jahre kennen). Der Markt braucht einen Staat, der nicht zur Ware verkommt. Darüber können die Rechte und die Linke Einigung erzielen, wenn diese auf den Etatismus verzichtet und jene auf den Ultraliberalismus. Deshalb bleiben sie doch verschieden nach Kultur, Zielsetzung und Wählerschaft. Jedenfalls war es die Linke, die bei uns unter anderem für allgemeines Wahlrecht, Freiheit gewerkschaftlicher Zusammenschlüsse, überkonfessionelle Schulen, Besteuerung nach Einkommen und bezahlten Urlaub gekämpft hat, während die Rechte in allen fünf Fällen mehrheitlich dagegen war.

Das heißt nicht, dass die Linke stets in allem recht hätte (in der französischen Wirtschaftspolitik hat sie sich 1981 eindeutig getäuscht), noch dass die Rechte immer unrecht hätte (sie hat in Frankreich beispielsweise den Frauen das Wahlrecht verschafft, was für den Frieden in Algerien und die Straflosigkeit der Abtreibung gesorgt hat ...). Der Konflikt zwischen Rechts und Links ist weder der Konflikt zwischen Gut und Böse noch zwischen Richtig und Falsch, sondern der Konflikt zwischen zwei politischen Auffassungen, die beide geschichtsträchtig sind und eine Anzahl bestimmter Interessen zum Ausdruck bringen. Und das ist gut so. Eine Demokratie braucht zwei Pole, zwischen denen sie sich organisieren kann. Das ist das Prinzip der parlamentarischen Demokratie, das Prinzip des demokratischen Wechsels. Aber ich fühle mich der Linken zu sehr und zu lange verbunden, als dass ich Lust hätte, die Seite zu wechseln – auch wenn mir die eine oder andere Maßnahme der Linken (die Verstaatlichung, die 35-Stunden-Woche) nicht sehr zweckmäßig erscheint und mir dieser oder jener Linker (ich nenne keine Namen) wenig sympathisch oder glaubwürdig erscheint. Dafür habe ich, wie gesagt, Hochachtung vor Lionel Jospin, aber auch vor Michel Rocard, Jacques Delors, Bernard Kouchner (der ein Freund ist), Henri Weber (noch ein Freund), Nicole Notat, Daniel Cohn-Bendit … Mir scheint, dass dort Bestrebungen in Gang sind, die Linke und den Markt in Einklang zu bringen oder – wie Monique Canto-Sperber sagt – den Sozialismus (allerdings nicht im marxistischen Sinne des Wortes) mit der Freiheit (auch der wirtschaftlichen) zu versöhnen[3] … Mit einem Wort, ich würde mich gerne als Linksliberalen bezeichnen. In vielen Ländern ist links kombiniert mit liberal ein Pleonasmus. In Frankreich sieht man darin eher ein Paradox, doch zu Unrecht. Der Linksliberalismus war, wie gesagt, der politische Standpunkt Alains. Heute entspricht er weltweit der Einstellung vieler Intellektueller (das ist kein Argument, nur eine Feststellung). Ein neuer *trahison des clercs* (»Verrat der Intellektuellen«)? Ich glaube nicht. Wohl eher der Wille, die Geschichte ernst zu nehmen. Wer linksliberal ist, nimmt das Scheitern des Marxismus zur Kenntnis, ohne deshalb den Wunsch aufzugeben,

3 Monique Canto-Sperber, *Les règles de la liberté*, Plon, 2003; *Le socialisme libéral. Une anthologie: Europe, États-Unis*, Éditions Esprit, 2003.

sich für die Gerechtigkeit (auch die soziale) und die Freiheit (auch die wirtschaftliche) einzusetzen. Das ist zwar nicht mehr meine politische Herkunftsfamilie, doch diejenige, der ich mich heute am wenigstens fern fühle. Als ich jünger war (1968 war ich sechzehn, was keine Entschuldigung sein soll, im Gegenteil), habe ich wie so viele andere von einer demokratischen und friedlichen Revolution geträumt, einer Gesellschaft ohne Klassen und Staat, ohne Entfremdung, ohne Unterdrückung, ohne Ungerechtigkeit – einer Gesellschaft, die Marx Kommunismus genannt hatte ... Es war ein schöner Traum, aus dem wir leider erwachen mussten. Kennen Sie das Zitat: »Wer mit zwanzig kein Kommunist ist, hat kein Herz. Wer mit vierzig immer noch ein Kommunist ist, hat keinen Verstand.« Das heißt doch offensichtlich, dass es mir weder an dem einen noch dem anderen gebricht ... kleiner Scherz.

Der schöne Traum vom Kommunismus ... Das erinnert mich an eines meiner letzten Gespräche mit meinem Mentor und Freund Louis Althusser. Es war einige Monate vor seinem Tod. Wir sprachen über Politik. Ich erwähnte das allgegenwärtige Scheitern des Kommunismus, die Unmöglichkeit, noch weiter an ihn zu glauben ... Louis unterbrach mich: »Ja, der Kommunismus als politisches System ist natürlich am Ende! Aber ist das wichtig? Was ist denn der Kommunismus im Prinzip? Eine aus der Warenbeziehung befreite Menschheit. Nun schau dich und mich an ... Ich will dir nichts verkaufen und nichts von dir kaufen, und du willst mir nichts verkaufen und nichts von mir kaufen ... Zwischen uns beiden gibt es keine Warenbeziehungen. Zwischen dir und mir herrscht jetzt Kommunismus!« Er sagte das, wie ein Christ selbst nach Verlust seines Glaubens hätte sagen können, dass wir hier und jetzt im Reich Gottes seien ... Manch einer wird darin nur den lächerlichen Versuch sehen, ein Stück seiner Jugend, was sage ich, seines Lebens, zu retten, das so schmerzlich und herzzerreißend war, so sehr im Schatten von Scheitern und Unglück stand ... Mich haben die Worte erschüttert. Gewiss, ich mochte diesen Mann und mag ihn noch immer. Doch es ist noch etwas anderes: Er hat in der kommunistischen Bewegung etwas sichtbar gemacht, was, zumindest bei einigen ihrer Vertreter, zu ihrem Schönsten und Reinsten gehört hat. Das macht weder die Schrecken noch das Scheitern ungeschehen. Aber können die Schrecken und das Scheitern diese Reinheit ganz ungeschehen machen?

Diese Geschichte ist abgeschlossen. Ich bin wie so viele andere in die demokratischen und liberalen Reihen zurückgekehrt ... Was nicht bedeutet, dass es in meinen Augen keinen Unterschied mehr zwischen Rechts und Links gäbe! Ich fand es amüsant, als sich Luc Ferry bei einem Kolloquium, an dem wir beide teilnahmen, zu der folgenden Formulierung aufschwang: »Machen wir uns nichts vor: Zwischen einem großzügigen Rechten und einem intelligenten Linken gibt es keinen großen Unterschied!« Eine geistreiche Bemerkung. Allerdings halte ich sie nicht für ganz richtig. Ich versuche, ein intelligenter Linker zu sein. Das genügt meiner Meinung nach nicht, aus mir einen Rechten zu machen, auch keinen großzügigen. Vielleicht liegt es daran, dass ich weder in der Politik noch in der Wirtschaft allzu viel von der Großzügigkeit halte. Die Reichen geben den Armen nie etwas ab – oder nur Krümel.

Deshalb müssen die Armen sich organisieren, sich verteidigen, versuchen, die Gesellschaft zu verändern (wenn möglich, ohne zu vergessen, intelligent zu sein): Das ist heute wie gestern die Aufgabe der Linken. Wenn wir die Idee konsequent zu Ende denken, kommen einige bequeme und gefährliche Leitsätze ins Wanken. Hätte die Linke begriffen, dass die wachsende Unsicherheit zuerst den Ärmsten schadet, hätten sie dieses Thema nicht der Rechten überlassen…

Entspricht der Gegensatz zwischen Blauäugigkeit und Barbarei in den beiden von Ihnen definierten Bedeutungen nicht dem traditionelleren Gegensatz zwischen Links und Rechts?

Das könnte man meinen, vor allem wenn unsere politischen Parteien sich, was häufig vorkommt, wie Karikaturen ihrer selbst verhalten. Die Linke geriert sich großzügig (sie maßt sich gern das »Monopol des Herzens« an) und verteidigt vor allem Ideale. Die Rechte hat Effizienz auf ihre Fahnen geschrieben: Sie verteidigt vor allem Interessen. Doch wäre es nur das, könnten wir schwerlich der Lächerlichkeit entgehen: Wir hätten die Wahl zwischen einer Lächerlichkeit der Linken (der moralisierenden Blauäugigkeit) und einer Lächerlichkeit der Rechten (der technokratischen oder liberalen Barbarei). Das ist jedoch nicht der Fall. Herz und Effizienz gehören niemandem. Auch die Lächerlichkeit nicht. Es gibt eine Barbarei der Linken, ich habe sie nebenbei erwähnt: Der Stalinismus war das spektakulärste und schrecklichste Beispiel dafür. Und es gibt gelegentlich auch eine Blauäugigkeit der Rechten: In Frankreich ist der Gaullismus hin und wieder in diesen Fehler verfallen. Ich glaube also nicht, dass sich diese beiden Gegensätze decken. Wenn wir die zwei Begriffe sinnvoll auf das politische Leben anwenden wollen, sollten wir lieber sagen, dass die Blauäugigkeit eine lässliche Sünde von Oppositionsparteien, der linken wie der rechten, ist, die Barbarei hingegen die »natürliche« Neigung der Parteien an der Macht. Solange man in der Opposition ist, appelliert man mit großen Worten an den politischen Willen, an die Moral, manchmal sogar an das Herz … Ist man dann an der Macht, führt man die Geschäfte. Diese lächerliche Form des Wechsels gilt es zu überwinden, um dem demokratischen Wechsel seine wahre Bedeutung wiederzugeben.

Und dann ist da noch etwas anderes. Der moralische Ansatz ist für Individuen natürlich legitim. Auf der Ebene politischer Parteien verliert er, von Ausnahmen abgesehen, viel von seiner Gültigkeit. Das wissen wir seit Machiavelli. »Es ist nicht nötig, dass der Fürst tugendhaft ist«, sagte er scharfsinnig, »es genügt, wenn er dafür gilt.« Das gilt auch von unseren Regierenden, die gewählte Fürsten sind. Nehmen wir beispielsweise eine Präsidentschaftswahl … Selbstverständlich ist es besser, nicht für einen ausgemachten Schurken zu stimmen. Die Moral setzt, wie gesagt, die äußeren Grenzen fest. Aber müssen wir deshalb stets den tugendhaftesten, großzügigsten, liebenswürdigsten Kandidaten wählen? Natürlich nicht! Glauben Sie, Abbé Pierre wäre ein guter Staatspräsident geworden? Ich fürchte, so wenig, wie General de Gaulle einen guten Abbé abgegeben hätte … Beispielsweise habe ich 1981 im ersten Wahlgang für François Mitterrand gestimmt. Hätte ich den meiner Meinung nach moralisch integersten Kandidaten wählen müssen, hätte ich mich anders entschieden! Na und? Es geht nicht darum, einen Tugendpreis zu vergeben, einen Freund oder einen geistlichen Lehrer zu wählen … Es geht um Politik, anders gesagt, um Interessenkonflikte, um Kräfteverhältnisse, Bündnisse und Programme!

Ja, im Prinzip. Aber wir leben in einer Mediendemokratie, vor allem Fernsehdemokratie. Das verändert großenteils die Gegebenheiten des Problems! Stellen wir uns vor, wir lebten zu Beginn des 20. Jahrhunderts. Betrachten wir zwei bedeutende Politiker jener Jahre, Jaurès und Poincaré. Die überwältigende Mehrheit der Franzosen kannte sie nicht als Individuen.

Einige Tausend haben sie auf Wahlversammlungen gesehen, aber von weitem: Da haben sie mehr ihren Reden gelauscht als ihre Gesichter betrachtet. 99 Prozent der Wähler kannten sie von Plakaten, Flugblättern und Zeitungen. Sie wussten fast nichts über ihre Persönlichkeit und konnten sie daher praktisch nur nach ihren Ideen beurteilen. Heute ist das anders! Alle Franzosen haben Chirac und Jospin im Fernsehen stundenlang in Großaufnahme gesehen. Doch was wir im Fernsehen sehen, ist keine Idee, kein Programm; es ist ein Gesicht, mit anderen Worten, ein Individuum, das von seiner ganz besonderen, ganz persönlichen, ausdrucksstärksten Seite gezeigt wird. Da ist es schwierig, den Kandidaten nicht vor allem als Individuum zu beurteilen: Dieser Politiker erscheint mir ernsthafter oder sympathischer als jener, der da warmherziger als dieser hier … Mag sein.

Doch was sagt uns das über den Wert seiner Ideen, seiner Programme, seiner Versprechen? Insofern ist jede Fernsehdemokratie fast unvermeidlich zur Lächerlichkeit verdammt: Wir sollten einen Politiker wegen seiner Ideen und Programme wählen; stattdessen entscheiden wir uns für ein Individuum aufgrund seines Charmes, seiner scheinbaren Ernsthaftigkeit, seines Lächelns ... Beispielsweise haben meine Kinder, als sie jünger waren, für Jack Lang geschwärmt: Sie fanden ihn cool, und über sein Abbild in der Puppensatire *Guignols de l'Info* konnten sie sich ausschütten. So weit, so gut. Doch politisch ist das ein bisschen wenig!

Das erste Symptom dieses Wandels war in Frankreich sicherlich der Wahlkampf 1965: das Lächeln von Lecanuet mit seinen weißen Zähnen gegen die Sprache von de Gaulle ... Dieser Trend hat sich bei uns, wie in allen entwickelten Ländern, unaufhaltsam verstärkt. Erinnern Sie sich noch an das Wahlplakat, mit dem die Demokraten in den Vereinigten Staaten Stimmung gegen Nixon machten? Es zeigte Nixons Gesicht, unsympathisch und mit falschem Lächeln, in Großaufnahme. Darunter stand zu lesen: »Würden Sie von diesem Mann einen Gebrauchtwagen kaufen?« Das war komisch, vielleicht auch wirksam, aber lächerlich: Es ging nicht um den Kauf eines Gebrauchtwagens, sondern um die Wahl eines Staatschefs! Es ist denkbar, dass Carter ein besserer Mensch war als Nixon. Das beweist nicht, dass er ein besserer Präsident der Vereinigten Staaten war ... Ganz zu schweigen davon, dass ein Bild täuschen kann und häufig täuscht. Kennedy war außerordentlich charmant, doch über seinen moralischen Wert möchte ich mich lieber nicht äußern ...

Medienbedingte Lächerlichkeit: Tyrannei des Bildes. Und da das Bild in diesem Fall das eines Individuums in Großaufnahme ist, ist man geneigt – »Aug in Auge« –, die Politik nach den Kriterien zu bemessen, die für ein Individuum gelten, das heißt Kriterien, die in erster Linie moralisch und affektiv sind. Blauäugigkeit droht beziehungsweise feiert Triumphe, wenn wir an unsere Medien denken! Unsere Journalisten verbringen viel mehr Zeit damit, die Persönlichkeit unserer Politiker zu erforschen, als damit, ihr politisches Handeln zu analysieren, und unsere Politiker viel mehr Zeit damit, sich von den »Affären«, in die sie verstrickt sind, reinzuwaschen (wenn sie es denn können), als damit, ihre Programme zu präsentieren. Keine Affäre? Nun, dann wird sein Charakter, sein Naturell, sein Gefühlsleben unter die Lupe genommen… Denken Sie an Raymond Barre, der so begabt, so klug, so kompetent war, aber im Fernsehen zu professoral, zu kühl, zu gönnerhaft wirkte. Seit zwanzig Jahren ist die Rechte stattdessen in einen lächerlichen »Krieg der Bosse« zwischen Chirac und Giscard d'Estaing verstrickt, die beide so viel mediengerechter und -wirksamer sind… Oder denken Sie an Lionel Jospin. Er erscheint kalt, distanziert, steif, streng… Und alle Journalisten fragen ihn seit Wochen, wann er sich denn endlich ein wenig »menschlicher« geben will, was, wenn ich es recht verstehe, auf die Frage hinausläuft, wann er denn anfängt, kleine Mädchen und alte Damen zu küssen, um zu zeigen, dass auch er Herz und Gefühl besitzt! Wenn er dann noch erklärt, Chirac sei gealtert (dank welchem Wunder sollte der nicht altern?), ist damit sogleich, laut Medien, das Ergebnis seines Wahlkampfs gefährdet… Was für ein Trauerspiel! Währenddessen geht alles seinen gewohnten Gang. *Business as usual.* Und so regen sich Millionen Fernsehzuschauer, einer moralischer als der andere, beim Anschauen von *Guignols de l'Info* schrecklich über die Greueltaten der imaginären World Company auf .... Eine bequeme und furchterregende Schizophrenie! Wie können die einen ihre kühle Effizienz den Gefühlen und Gemütswallungen der anderen unterordnen? Sie sollten lieber Politik machen. Aber so ist das nun einmal: Das wäre weniger quotenwirksam als ein Lächeln, ein paar Redensarten und ein Appell an das Gemüt...

Ich frage mich, was für Folgen Ihre Unterscheidung der Ordnungen hat, wenn man sie auf die Beziehung zwischen Moral und Politik anwendet. Heißt das, dass die Politik nicht moralisch ist, weil sie einer anderen Ordnung angehört? Oder heißt das, dass sie moralisch ist, weil die Moral das Primat hat?

Es heißt beides, aber aus zwei verschiedenen Blickwinkeln!

Aus Sicht der Gruppe gehorcht die Politik nicht der Moral. Kein ernsthafter Politologe wird den Ausgang einer Wahl moralisch begründet sehen. Hier hat Machiavelli recht. Nicht der Tugendhafteste gewinnt die Wahlen, sondern derjenige, der die meisten Stimmen gewinnen konnte.

Aus Sicht des Individuums (etwa jedes Wählers in der Wahlkabine) stellt es sich ganz anders dar: Sein moralisches Gewissen kann und muss seine Stimmabgabe beeinflussen. Es sagt ihm nicht, wen er wählen soll (die Moral ersetzt nicht die Politik), aber es kommt vor, dass sein Gewissen ihm sagt, wen er nicht wählen soll. Dahinter steckt wieder der Begriff der äußeren Grenze. Nehmen wir ein Beispiel. Wenn sich ein rassistischer oder fremdenfeindlicher Politiker zur Wahl stellt, verbietet uns die humanistische Moral natürlich, für ihn zu stimmen. Sie sagt uns aber nicht, wie wir ihn bekämpfen sollen. Hier kommt wieder die Politik zu ihrem Recht. Wenn wir uns damit begnügen, dem Rassismus oder der Fremdenfeindlichkeit nur mit moralischen Gründen zu begegnen, geben wir zu verstehen, dass es im Interesse unseres Landes liegen könnte, Hunderttausende von Einwanderern zu vertreiben, die hier legal leben, dass uns das aber leider die Moral verbietet. In dem Fall steht jedoch zu befürchten, dass die Politik, so wie wir sie kennen, von den Interessen der kollektiven Ebene bestimmt wird. Daher müssen wir zeigen, dass eine solche fremdenfeindliche Politik nicht nur moralisch verwerflich wäre, sondern auch politisch und wirtschaftlich verhängnisvoll. Vermeiden wir den Eindruck, dass nur der extremen Rechten die Interessen Frankreichs und der Franzosen am Herzen liegen! Das ist völlig zu Recht die Aufgabe jeder politisch verantwortlichen Partei. Politik ist keine Philanthropie. Die Regierung eines Landes dient nicht der Menschheit, sondern (in den von der Moral erlaubten Grenzen) den Interessen ihres Landes. Daher müssen zwischen den verschiedenen Ländern der Welt objektive Interessenkonvergenzen, das heißt Solidaritäten, geschaffen werden. Das fällt in das Aufgabengebiet der Weltpolitik.

Mit einem Wort, verwechseln wir nicht die Moral mit der Politik. Moral ist individuell, Politik kollektiv. Moral ist im

Grunde immer uneigennützig, Politik nie. Moral ist universell und bestrebt, es zu sein, Politik immer speziell. Moral setzt Ziele, Politik kümmert sich vor allem um Mittel. Deshalb brauchen wir beide und den Unterschied zwischen beiden. Hüten wir uns vor der moralisierenden Blauäugigkeit: Wenn wir die Moral ins Feld führen, wo die anderen von Interessen sprechen, arbeiten wir den Barbaren in die Hände!

Wenn Sie fortwährend verkünden, der Kapitalismus sei amoralisch, entschuldigen Sie damit nicht allzu bereitwillig die Arbeitgeber? Wenn der Kapitalismus weder moralisch noch unmoralisch ist, sind die Arbeitgeber unschuldig, selbst wenn sie massive Entlassungen vornehmen, um den Aktionären gefällig zu sein. Das ist zu einfach! Erklären Sie das einmal den entlassenen Arbeitern, die nach zehn oder zwanzig Jahren Ausbeutung auf der Straße sitzen!

Ich bin nicht hier, um moralische Lektionen zu erteilen. Ich versuche nur zu verstehen. Allerdings möchte ich darauf hinweisen, dass der Arbeitgeber auch ein Individuum ist und als solches der aufsteigenden Logik der Primate unterliegt. Der Umstand, dass das System amoralisch ist, befreit ihn nicht von der Pflicht, moralisch zu sein oder es zu versuchen! Wenn es missbräuchliche Entlassungen gibt, ist er keineswegs unschuldig. Nicht das System nimmt Entlassungen vor, sondern der Chef, folglich ist er dafür verantwortlich. Schuldig? Das kann vorkommen: In manchen Fällen befinden die Gerichte darüber, in anderen sein eigenes Gewissen ... So gesehen ist klar, dass massive Entlassungen zum Vorteil des Unternehmens skandalös sind. Unsere Mitbürger sind zu Recht schockiert darüber, zumal sie, gelegentlich mit gutem Grund, vermuten, dass die Entlassungen weniger den Zweck haben, die Wettbewerbsfähigkeit des Unternehmens zu verbessern, als vielmehr die kurzfristigen Interessen der Aktionäre zu befriedigen. Dieser Druck der Finanzmärkte und das menschliche Elend, das er nach sich zieht, ist ein Übel des gegenwärtigen Kapitalismus. Das ist kein Grund, die Vergangenheit zu preisen (lesen Sie Zola: Der Kapitalismus des 19. Jahrhunderts war auch kein Zuckerschlecken) oder die Illusionen von gestern wieder hervorzukramen (lesen Sie Solschenizyn). Wenn der Kapitalismus triumphiert hat, so liegt das zunächst einmal daran, dass der Sozialismus gescheitert ist, mit der ganzen Fülle seiner noch schrecklicheren Begleiterscheinungen. Man mag das bedauern. Leugnen lässt es sich nicht. Es ist sinnvoller, dem Kapitalismus eine Anzahl von äußeren Grenzen – juristischer, politischer, moralischer Art – zu setzen, als endlos von der Revolution oder einer zutiefst moralischen Wirtschaft zu träumen.

Und schließlich, machen wir uns nichts vor: Wenn ein Arbeiter sich von einem Unternehmen einstellen lässt, empfindet er dem Chef gegenüber keine moralische Dankbarkeit, braucht er auch nicht: Er weiß sehr wohl, dass der Chef ihn nur aus Eigennutz einstellt, wie er selbst ja auch die Stellung nur aus Eigennutz annimmt. Ihr Machtverhältnis ist nicht ausgewogen, das ist klar, aber sie gehören derselben Menschheit an, demselben Wirtschaftssystem, demselben Markt (in diesem Falle dem Arbeitsmarkt). Sie folgen auch derselben Logik, der des Eigeninteresses. Da hat die Moral kaum etwas zu suchen, und das ist gut so. Der Arbeitsmarkt ist nicht das Jüngste Gericht! Entlassungen sind gewiss schmerzlich. Aber von missbräuchlichen oder widersinnigen Entlassungen abgesehen, weiß ich nicht recht, was die Moral damit zu tun hat. Es ist immer gefährlich, Menschen anhand ihres Berufs oder ihrer hierarchischen Stellung moralisch zu beurteilen. Die Wahrscheinlichkeit spricht dafür, dass es unter Arbeitgebern anteilig genauso viele anständige Menschen und Schurken gibt wie unter Arbeitnehmern. Der Unterschied oder der Gegensatz zwischen Arbeitnehmern und Arbeitgebern liegt nicht in der Tugend, sondern in ihrem Beruf, ihrer Funktion, ihrer Stellung, den, wie Marx sagen würde, Produktionsverhältnissen. Nicht dass die einen moralisch höher zu bewerten wären als die anderen; sie haben einfach nicht die gleichen Interessen und die gleichen Machtbefugnisse. Die Idee des Klassenkampfes erscheint mir alles in allem vernünftiger und aufgeklärter (weit aufgeklärter!) als die der Hexenprozesse. Bleibt nur die Frage, ob er dazu dienen soll, die sozialen Klassen aufzuheben, wie es Marx wollte, oder sie zu überwinden (ohne sie abzuschaffen), indem er zwischen diesen Klassen Machtbeziehungen schafft, die nicht allzu destruktiv sind, und wechselseitig vorteilhafte Kompromisse herstellt. Diese Frage ist seit mehr als hundert Jahren für die Gegnerschaft von Revolutionären und Sozialdemokraten verantwortlich. Sie werden wohl nicht verwundert sein, wenn ich Ihnen mitteile, dass ich mich heute Letzteren näher fühle…

Sie sagen, es gebe keine Unternehmensmoral, keine Unter-
nehmensethik. Ich bin vom Gegenteil überzeugt! Kein
Unternehmen gleicht dem anderen! Keines kann ohne eine
gewisse Anzahl von gemeinsamen Werten auskommen, die
zur Einigung, Mobilisierung und zum Wettbewerb der In-
dividuen beitragen. Deswegen legen wir Ethik-Richtlinien
fest. Nicht der Gewinn schweißt ein Team zusammen, son-
dern ein gemeinsames Ziel, ein gemeinsames Ideal. Wenn
Sie Unternehmenschef wären und mir erklärten, dass es in
dem Unternehmen nur darum gehe, Gewinn zu erzielen,
würde ich nicht bei Ihnen arbeiten!

Das trifft sich gut: Ich bin kein Unternehmenschef. Davon
abgesehen bin ich ganz Ihrer Meinung: Jede Gruppe
braucht gemeinsame Werte, um sich zusammenzuschlie-
ßen. Aber sind das moralische Werte? Ich darf Sie an das erinnern, was ich während meines Vortrags über den Respekt
vor dem Kunden gesagt habe. Wenn es sich um einen
Unternehmenswert handelt, habe ich nichts dagegen, es erscheint mir sogar vollkommen legitim. Doch an einen moralischen Wert in diesem Zusammenhang glaube ich nicht.
In wessen Namen sollte im Übrigen der Chef bei der Einstellung die Moral seiner künftigen Mitarbeiter beurteilen?
Gott allein kann, wenn es ihn denn gibt, darüber urteilen.
Doch der Chef ist, soweit ich weiß, nicht Gott...
   Eine andere Bemerkung oder ein anderes Argument. Von
»Unternehmensmoral« zu sprechen ist nur dann sinnvoll,
wenn nicht alle Unternehmen die gleiche haben. Diese
»Unternehmensmoral« kann also definitionsgemäß nur be-
sonders sein (eine Moral für dieses Unternehmen, eine

andere für jenes und so fort). Nun hat Kant aber in seinem Imperativ gezeigt, dass die Moral universell ist oder zumindest danach strebt. Wie sollte sie dann einem bestimmten Unternehmen eigen sein? Wenn es denn eine »Unternehmensmoral« für die Banque Nationale de Paris (BNP), eine andere für die Société Générale, eine dritte für den Crédit Lyonnais etc. gibt, so folgt daraus, dass es sich in keinem der drei Fälle um eine Moral im strengen Sinn des Wortes handelt.

Sie werden einwenden, dass sich die Moral auch mit den Individuen und den Gesellschaften verändern kann ... Gewiss. Das gibt (auch gegen Kant) den Relativisten recht, zu denen ich mich zähle. Doch Individuen und Gesellschaften erleben das als Problem, nicht als Wahlspruch! Da die Moral nicht immer allgemein ist, muss sie zumindest verallgemeinerbar sein. Das gibt den Universalisten recht, zu denen ich mich ebenfalls zähle.[4] Die Moral gehört niemandem und wendet sich an alle. Wie könnte sie sich Marken unterwerfen oder sich auf dieses oder jenes Unternehmen beschränken?

Ich habe auch nichts dagegen, dass man in einem Unternehmen »Ethik-Richtlinien« aufstellt, ganz im Gegenteil. Zunächst einmal liefert das Diskussionsstoff, was immer eine gute Sache ist; sie bietet Orientierungspunkte, die durchaus nützlich sein können; sie kann das Image eines Unternehmens verbessern, sogar seine Effizienz; und sie kann, Sie haben völlig recht, den Gruppenzusammenhalt stärken ... Sie ist ein Werkzeug, auf das zu verzichten ein

4 Zu den Problemen, die das aufwirft, vgl. meinen Artikel »L'universel, singulièrement«, in: *Valeur et vérité*, a.a.O., S. 243–261.

Fehler wäre. Aber sie ist eben nur ein Werkzeug. Sie betrifft die innere und äußere Kommunikation, das Management, die Fortbildung: Mithin ist sie außerordentlich wichtig. Aber zu glauben, dass Ethik-Richtlinien das moralische Gewissen ersetzen oder ihm genügen könnten, heißt, sich in beiden zu täuschen.

Kein Unternehmen gleicht dem anderen? Höchstwahrscheinlich, und nicht nur unter wirtschaftlichem Blickwinkel. Doch unterscheiden sie sich durch ihre Moral? Und was soll das heißen? Stellen Sie sich vor, einer Ihrer Freunde, der beispielsweise für die BNP arbeitet, sagt: »Ich bin zufrieden, weil die BNP mich liebt.« Sie würden doch denken, dass er nicht verstanden hat, was die Liebe oder was ein Unternehmen ist … Gleiches gilt meiner Meinung nach, wenn Sie sagten: »Ich bin zufrieden und stolz, weil die BNP moralisch ist.« Dass es die Chefs der BNP sind, ist möglich, das weiß ich nicht, und das geht mich auch nichts an. Aber dass die BNP es als Unternehmen sein soll, erscheint mir ausgeschlossen: Denn Moral gibt es nur für und durch Individuen.

Richtig ist hingegen, dass individuelle Verhaltensweisen (die Persönlichkeit des Unternehmenschefs, der Führungsstil und so fort) auf das Unternehmen einwirken und es verwandeln können. Es stimmt also, zumindest in diesem Punkt: Menschlich betrachtet gleicht kein Unternehmen dem anderen. Es gibt Unternehmen, in denen es sich angenehmer arbeitet als in anderen. Das verschafft ihnen übrigens einen Wettbewerbsvorteil, besonders in der Einstellungspolitik. Die besten Unternehmen (diejenigen, deren Management menschlicher, ehrlicher, umgänglicher ist) haben oft die besten Mitarbeiter, und das ist gut so. Aber selbst in diesem Fall ist nicht das Unternehmen moralisch, sondern die Direktion, das Führungspersonal, die Mitarbeiter ... Also nicht das Unternehmen, sondern die Individuen.

Man hat doch Unternehmen früher als »moralische Personen« bezeichnet ...

Ja, so wie man sie heute »juristische Personen« nennt! »Moralisch« bildete da nur den Gegensatz zu »physisch«. Das hatte nichts mit Sittlichkeit zu tun! Die physische Person ist das Individuum mit seinem Körper und seinem Verstand: Es bleibt ihm überlassen (auch wenn es die BNP oder irgendein anderes Unternehmen leitet), moralisch zu sein oder nicht. Die moralische Person war eine Gruppe, eine Personenvereinigung, die zwar juristisch verantwortlich war, aber nicht die Gefühle und Pflichten eines Individuums hatte. Mit einem Wort, eine moralische Person in der juristischen Bedeutung des Wortes war keine Person im normalen Sinne und besaß keine Moral.

Was ist ein Unternehmen? Ein Wirtschaftsbetrieb, der nur juristisch mit einer Persönlichkeit ausgestattet ist und Waren oder Dienstleistungen erzeugt und verkauft. Er ist kein Individuum. Er ist kein Subjekt. Er ist keine Person in der philosophischen Bedeutung des Wortes. Nun gibt es aber Moral, ich möchte es noch einmal betonen, nur für und durch Individuen. Streng genommen gibt es also keine Unternehmensmoral.

Und was halten Sie von Corporate Citizenship?

Viele Leute glauben, es handle sich dabei um ein gemeinnütziges oder patriotisches Unternehmen. Ich bezweifle, dass sich unsere Unternehmen darin wiedererkennen würden...

Schauen wir etwas genauer hin. Was könnte der Ausdruck *Corporate Citizenship* bedeuten?

Es gibt eine starke Lesart: Er bezeichnet ein Unternehmen, das das Interesse der Nation über das des eigenen stellen würde. Stark, aber unsinnig: Das gibt es nicht. Kein Unternehmen in einem kapitalistischen Land stellt das Interesse der Nation über das eigene. Das kann übrigens jeder feststellen, und das hat man unseren Unternehmenschefs auch hinlänglich vorgeworfen. Zu Unrecht, wie mir scheint, aber nicht ohne Grund: Das Schlagwort wird üblicherweise in seiner starken Lesart verstanden, man wirft den Unternehmenschefs vor, dass sie nicht halten, was sie versprechen (dass sie Entlassungen vornehmen oder auslagern), und man hat recht.

Für denselben Ausdruck gibt es aber auch eine schwache Lesart: Er bezeichnet demnach ein Unternehmen, das sich an die Gesetze des Landes hält, in dem es operiert. Die Lesart ist legitim (es gibt sie), aber trivial: Die Gesetze zu achten ist das Mindeste, was wir von einem Unternehmen erwarten können! Man wird doch eine derartige Minimalforderung nicht zum Schlagwort machen!

Gibt es zwischen diesen beiden Lesarten (einer starken, aber unsinnigen und einer schwachen, aber trivialen) eine Möglichkeit, diesen Ausdruck zu retten? Vielleicht. Wir können den Ausdruck *Corporate Citizenship* auf ein Unternehmen anwenden, das – ohne das Interesse der Nation über das eigene zu stellen, ohne aber auch sich damit zu begnügen, das Gesetz zu achten – versucht, Interessenkonvergenzen (Solidaritäten, nach meinem Sprachverständnis) zwischen dem Unternehmen und der Allgemeinheit in seinem Umfeld zu schaffen. Kein Unternehmen hat ein Interesse daran, in einer verwüsteten Umwelt oder einem in Auflösung begriffenen Sozialkörper zu operieren: Sich um die Umwelt und den gesellschaftlichen Zusammenhalt zu kümmern liegt also, zumindest auf lange Sicht, auch im Interesse eines Unternehmens, und die Unternehmensleitung ist es sich schuldig, dafür zu sorgen – als Unternehmenschefs (es liegt langfristig im Interesse ihrer Aktionäre) ebenso sehr wie als Bürger (es liegt im Interesse ihres Lands) und als Individuen (es liegt im Interesse der Menschheit und ist damit ihre Pflicht). Damit ein solcher Leitspruch auch richtig verstanden werden kann, dürfen wir uns nicht mit hohlen Phrasen begnügen und nicht vergessen, dass ein Unternehmen, wie jede Institution der Ordnung Nr. 1, dem Eigennutz gehorcht. Andernfalls dient der Ausdruck *Corporate Citizenship* nur als Deckmäntelchen, auf den ersten Blick so gefällig wie in Wahrheit gefährlich. Jeder Sozialkörper neigt dazu, eine Ideologie – einen Diskurs der Selbstrechtfertigung – hervorzubringen. Diese Funktion hat der Ausdruck *Corporate Citizenship* meist in den Sonntagsreden unserer Unternehmenschefs. Doch diese Ideologie erweist sich als kontraproduktiv, weil sie von der Wirklichkeit widerlegt wird. Klarheit wäre hier dienlicher.

Vor drei Jahren wurde ich zum nationalen Kongress der Jungunternehmer nach Straßburg eingeladen. Die Veranstalter hatten Jean-Pierre Raffarin (der damals nicht mehr Premierminister, sondern in der Opposition war) und mich gebeten, den Text zu kommentieren, der von dem Kongress verabschiedet worden war. Ich fand den Text sehr schlecht; ich sagte ihnen: »Das ist noch nicht einmal Funktionärsjargon, das ist Wischiwaschi. Tut niemandem weh, ist aber ziemlich unverdaulich! Vor allem bringt es nichts. Damit löst man keine Probleme, ja, spricht sie noch nicht einmal an! Sie sagen, man muss ›den Menschen in den Mittelpunkt des Unternehmens stellen‹… Sehr gut. Aber warum entlassen Sie dann die Menschen, sobald dies erforderlich ist, um Gewinne zu erzielen? Warum zahlen Sie ihnen so wenig? Finden Sie, dass der Mindestlohn ein humanes Arbeitsentgelt ist? Möchten Sie meine Meinung hören? In einem kapitalistischen Land steht nicht der Mensch im Mittelpunkt des Unternehmens, sondern der Gewinn. So ist das nun mal! Und darum funktioniert das System!« Und dann wurde mir das Vergnügen zuteil, in der überhitzten Atmosphäre des zu Ende gehenden Kongresses von mehreren Hundert Unternehmern ausgepfiffen zu werden, weil ich sie daran erinnerte, dass das Ziel eines Unternehmens darin besteht, Gewinne zu erzielen…

Dann ergriff Jean-Pierre Raffarin das Wort. »Der Standpunkt von Comte-Sponville überrascht mich nicht«, sagte er, »er ist Materialist. Bei mir ist das anders: Ich bin Humanist.« Und dann fasste er aus dem Stegreif – übrigens nicht schlecht – mit knappen Worten das Buch *La Sagesse des Modernes* zusammen, das ich im Jahr zuvor mit (und gegen)

Luc Ferry veröffentlicht hatte, um den Jungunternehmern zu erklären, dass Raffarin (wen wundert's) auf der Seite Luc Ferrys stehe...

Ich bin nicht gegen den Humanismus. Er ist der unverrückbare moralische Horizont unserer Zeit. Besser ein humanistischer Unternehmer (was die Jungunternehmer eher sympathisch macht) als ein Unternehmer ohne Glauben und Gesetz. Doch der Humanismus erspart uns nicht, Klarheit walten zu lassen! Ich antwortete also folgendermaßen auf den Einwurf von Raffarin: »Sie wollen humanistisch sein? Sehr schön. Aber hoffen Sie nicht, dass Ihr Unternehmen es an Ihrer Stelle sein kann. Es geht nicht darum, den Menschen ›in den Mittelpunkt des Unternehmens zu stellen‹ (sonst sollten Sie mit einer Revolution beginnen). Es geht darum, den Menschen in den Mittelpunkt des Menschen zu stellen. Der Humanismus ist eine Moral, keine Religion (egal, wie Luc Ferry darüber denkt) und kein Wirtschaftssystem. Er gilt nur in der ersten Person. Hoffen Sie nicht, dass er Ihnen Marktanteile verschaffen oder die Gewerkschaften ruhigstellen kann!«

Die Pfiffe wurden lauter. Ich sah darin eine Art Bestätigung. Ein Gedanke, der die Gemüter derart erregt (obwohl er weder vollkommen dumm noch offenkundig unmoralisch ist), kann nicht ganz falsch sein.

Sie sprechen immer nur über Interessen, Gewinne, Kräfte-
verhältnisse ... Das ist doch nicht alles! In unseren Unter-
nehmen gibt es viel mehr Liebe, als Sie glauben!

Das freut mich sehr: Liebe kann es definitionsgemäß nie zu
viel geben. Doch von welcher Art Liebe sprechen Sie? Der
Eigenliebe oder der Nächstenliebe? Der wohlwollenden
Liebe, wie Thomas von Aquin sagt, oder der begehrenden
Liebe?

   Die Begierde ist bei Thomas und den Scholastikern nicht
nur die Sexualität, wie man heute meint. Die Sexualität ist
nur ein Fall der Begierde, einer unter anderen. Bei der begehrenden Liebe, sagt Thomas von Aquin, lieben wir den
anderen um unseretwillen. Wenn wir sagen »Ich liebe
Hühnchen«, dann tun wir es nicht um des Hühnchens willen ... Begehrliche Liebe. Im Gegensatz dazu die wohlwollende Liebe, die darin besteht, den anderen um seinetwillen
zu lieben. Wenn ich sage: »Ich liebe meine Kinder«, dann
tue ich es nicht nur um meinetwillen. Sicherlich auch um
meinetwillen (weil es immer Begehrlichkeit gibt), doch zu
dieser begehrlichen Liebe tritt ein (bei der Liebe zu unseren
Kindern beträchtlicher) Teil an Wohlwollen. Welche Form
der Liebe herrscht nun in unseren Unternehmen? Die begehrliche Liebe oder die wohlwollende Liebe? Der Egoismus oder der Altruismus? Die Eigenliebe oder die Liebe
zum anderen? Die Liebe, die nimmt, oder die Liebe, die
gibt? Mit einem Wort, verwechseln wir nicht die unei-
gennützige Liebe, die reine Liebe, wie Fénelon sagt (nennen wir sie doch bei ihrem christlichen Namen: die Nächstenliebe), mit der gründlichen Pflege der Narzissmen aller

Beteiligten! Sie können mir glauben, dass ich diese eingehende Beschäftigung mit den Narzissmen aller in jedem Unternehmen für absolut notwendig halte. Ich nehme mich da nicht aus: An den Universitäten ist es nicht anders. Nun haben uns aber zweitausend Jahre christlicher Zivilisation ganz gewiss nicht daran gewöhnt, diese Liebe für den höchsten Wert zu halten.

Ansonsten haben Sie recht: Es gibt viel Liebe in unseren Unternehmen, viel Freundschaft, das versteht sich von selbst, auch einige leidenschaftliche Liebesaffären. Die Zahlen sprechen eine klare Sprache. Statistisch ist das Unternehmen der zweithäufigste Ort der Eheanbahnung, gleich hinter Gymnasium und Universität. Ebenso bahnen sich dort, noch immer statistisch gesehen, die meisten Seitensprünge an: Man heiratet gewöhnlich jemanden, den man während des Studiums kennengelernt hat, einige Jahre später betrügt man ihn mit einem Kollegen oder einer Kollegin, die man am Arbeitsplatz kennengelernt hat und den oder die man häufig, nach der Scheidung, heiratet … Das Unternehmen ist nicht vom Leben abgeschnitten, also auch nicht vom Begehren, der Liebe, der Leidenschaft … Und das ist gut so. Aber Sie werden doch sicherlich zugeben, dass das nicht die wichtigste Funktion des Unternehmens ist, dass das weniger mit Moral als mit Psychologie, weniger mit Wirtschaft als mit Soziologie zu tun hat. Das ist ein sehr interessantes Thema, aber nicht das, worüber ich spreche …

Wenn sich Konsumenten aus moralischen Gründen weigern,
echte Pelze zu tragen, bricht der Markt ein, während der für
Kunstpelze aufblüht. Wenn bekannt wird, dass Nike in
Drittweltländern mit Kinderarbeit produziert, fällt seine
Aktie an der Börse... Beweist das nicht, dass sich die Moral
sehr wohl auf die Wirtschaft auswirkt?

Auf der individuellen Ebene, ja, gewiss. Wie gesagt, sind die
Individuen in allen vier Ordnungen zugleich. Wie sollte da
ihr moralisches Gewissen nicht ihr Kaufverhalten beeinflussen?

Auf der Ebene der großen Zahl und aus wirtschaftlicher
Sicht verhält es sich dagegen ganz anders. Für den Pelz-
händler und den Chef von Nike gibt es zwei verschiedene
Probleme. Das erste, dem sich beide als Individuen gegenübersehen, stellt sich folgendermaßen dar: Ist es moralisch
vertretbar, Tiere abzuschlachten oder Kinder arbeiten zu
lassen? Das sind moralische Probleme. Und dann gibt es
noch ein ganz anderes Problem: Akzeptiert der Verbrau-
cher – mithin der Markt –, dass Tiere getötet werden oder
dass man Kinder arbeiten lässt? Das ist kein moralisches
Problem mehr, sondern ein soziologisches. Es geht nicht
mehr um Pflichten oder Verbote, sondern um moralische
Vorstellungen. Das zeigt beispielsweise, dass der Unternehmenschef, der es für absurd hält, Nerzen mehr Schutz zu
gewähren als Kälbern, trotzdem in Kunstpelze zu investieren beginnt, wenn er den Eindruck hat, dass sich die Nachfrage verändert. Der Unternehmer, der Sportschuhe herstellt, kann – zu Recht oder zu Unrecht – denken, dass die
Kinder, da sie nicht zur Schule gehen, in der Fabrik immer

noch besser aufgehoben sind als auf der Straße, dass wir nicht das Recht haben, den Drittweltländern zu verbieten, was alle europäischen Länder ausnahmslos noch bis in jüngste Zeit getan haben (»In der Tat«, sagt Marx, »sind die Methoden der ursprünglichen Akkumulation alles andre, nur nicht idyllisch«[5]), und schließlich dass er etliche dieser Kinder vor der Prostitution, dem Hunger, vielleicht auch dem Tod bewahrt... und trotzdem darauf verzichten, sie für sich arbeiten zu lassen, um seine Kunden oder Aktionäre nicht zu verlieren. Beide Probleme sind legitim. Aber Sie werden zugeben, dass es zwei verschiedene Probleme sind! Das erste ist ein moralisches Problem, das in dieser Eigenschaft in die Ordnung Nr. 3 gehört. Es lässt sich durch keine Marktstudie lösen. Das zweite ist ein wirtschaftliches Problem, das in der Ordnung Nr. 1 aufgeworfen wird. Marktstudien sind aufschlussreich, berühren aber das moralische Problem nicht.

Ich habe es schon in meinem Vortrag gesagt: Wir alle sind stets in den vier Ordnungen zugleich. Deshalb bleiben diese doch getrennt. Betrachten wir ein Beispiel: Sie kaufen in einem Supermarkt ein (Ordnung Nr. 1). Stehlen ist dort gesetzlich verboten (Ordnung Nr. 2), und vermutlich verbieten Sie es sich auch selbst (Ordnung Nr. 3). Es ist auch nicht ausgeschlossen, dass einige Ihrer Käufe (in der Ordnung Nr. 1) von Ihrem moralischen oder ethischen Gewissen (Ordnungen Nr. 3 und 4), wenn nicht sogar Ihrem religiösen Empfinden (Ordnung Nr. 5) beeinflusst werden. Zunächst einmal, weil Sie nicht nur für sich einkaufen, son-

---

5 Karl Marx, *Das Kapital*, Buch I, MEW, Bd. 23, S. 742 (»Das Geheimnis der ursprünglichen Akkumulation«).

dern auch, und oft vor allem, für die, die Sie lieben (Ihre Kinder, Ihren Ehepartner etc.). Sodann weil Sie lieber Produkte kaufen, die die Umwelt nicht zu sehr belasten, oder sogar Produkte aus dem »Fairen Handel« (Waren, die die Interessen der Dritten Welt berücksichtigen). Ihr moralisches Gewissen setzt nicht die Gesetze des Handels außer Kraft (das Gesetz von Angebot und Nachfrage bestimmt auch weiterhin den Markt), es greift aber zweifellos in wirtschaftliche Abläufe ein.

Wird dadurch die Unterscheidung der Ordnungen verwischt? Nein. Denn aus dem Blickwinkel der ersten Ordnung ist Ihr moralisches Gewissen nur eine Gegebenheit unter anderen, die insofern Gegenstand einer wissenschaftlichen (soziologischen, psychologischen, historischen etc.) und keiner moralischen Fragestellung ist. Das Problem des Supermarkts besteht aus wirtschaftlicher Sicht nicht darin, ob Sie moralisch recht haben, wenn Sie den Kaffee mit dem Aufdruck »Fair Trade« auswählen, sondern darin, ob diese Kennzeichnung so werbewirksam ist, dass sie (in der Ordnung Nr. 1) die Mehrkosten aufwiegen kann, die (in der Ordnung Nr. 3) gerechtfertigt sind.

Gleiches gilt für die hypothetische Ordnung Nr. 5, ohne dass ich mich länger mit ihr aufhalten will. Wenn Sie koscher essen, werden Ihre Käufe natürlich von Ihrer religiösen Überzeugung beeinflusst. Doch der Wirtschaftswissenschaftler muss sich, um den Lebensmittelmarkt zu verstehen, nicht auf die religiöse Berechtigung Ihrer Kaufentscheidungen einlassen (ebenso wenig wie auf die ernährungswissenschaftliche Vernünftigkeit – Ordnung Nr. 1 – Ihrer religiösen Entscheidungen).

Letztes Beispiel, immer noch die Ordnung Nr. 5 betreffend. Das religiöse Verbot, mit dem der Geldverleih gegen Zinsen jahrhundertelang in katholischen Ländern belegt war, hatte zweifellos wirtschaftliche Auswirkungen. Wie umgekehrt auch seine Aufhebung durch die Reformation: So gesehen hatte Max Weber sicherlich nicht unrecht, die Rolle der protestantischen Ethik für die Entwicklung des Kapitalismus zu unterstreichen.[6] Aber das sagt nichts über die theologische oder auch moralische Richtigkeit des Protestantismus aus.

Mit einem Wort, die moralischen und religiösen Vorstellungen können durchaus in die Ordnung Nr. 1 eingreifen (und tun es auch). Sie sind dann aber nur Fakten unter anderen Fakten und als solche Teil eines wissenschaftlichen (hier humanwissenschaftlichen) Ansatzes, der nichts über den im eigentlichen Sinne moralischen oder religiösen Wert dieser Vorstellungen aussagt. Es geht noch immer um die Unterscheidung der Ordnungen. Wissen heißt nicht urteilen; urteilen heißt nicht wissen.

Ist das Aubry-Gesetz zur 35-Stunden-Woche nicht ein typisches Beispiel für Blauäugigkeit?

Nicht unbedingt! Gesetzliche Regelungen der Arbeitszeit gehören zu den legitimen Aufgaben des Parlaments. Das Gesetz zur 35-Stunden-Woche ist nicht blauäugiger – in dem Sinne, in dem ich dieses Wort gebrauche – als das zur

6 Max Weber, »Die protestantische Ethik und der Geist des Kapitalismus«, a.a.O.

40-Stunden-Woche aus dem Jahr 1936 oder das aus dem Jahr 1892, das die tägliche Arbeitszeit für Frauen und Kinder auf elf Stunden (damals arbeitete man sechs Tage die Woche) und für Männer auf zwölf Stunden festsetzte... Es gibt die Sozialgesetzgebung, und das ist ein Glück! Sie entwickelt sich weiter, was auch zu begrüßen ist! Es gibt sie, wie ich in meinem Vortrag gesagt habe, um den Austausch der Produktionsfaktoren, der die verschiedenen Partner im Rahmen des Unternehmens oder des Arbeitsmarktes vereinigt und konfrontiert, von außen, also nicht den wirtschaftlichen Bedingungen unterworfen, einzugrenzen. Das ist gut so. Das Aubry-Gesetz erscheint mir, so betrachtet, weder lächerlich noch blauäugig. Es hätte es werden können. Dazu hätte genügt, noch einen letzten Artikel an das Gesetz anzuhängen, der im Prinzip besagt hätte: »Das Parlament beschließt, dass dieses Gesetz Arbeitsplätze schafft.« Warum wäre das lächerlich gewesen? Weil das eine Verwechslung der Ordnungen gewesen wäre. Die Erkenntnis, ob dieses Gesetz Arbeitsplätze schafft, gehört nicht in die rechtlich-politische Ordnung, sondern in die wirtschaftliche Ordnung: Dazu ist keine Gesetzgebung notwendig, sondern Beobachtung und Nachdenken!

Sie werden mir entgegenhalten, dass dieser lächerliche Artikel, wenn er denn nicht im Gesetz steht, so doch in den Köpfen bestimmter Sozialistenführer vorhanden ist... Vielleicht. Ihr Pech. Kein Grund für Sie, so lächerlich zu sein. Das Aubry-Gesetz ist vollkommen legitim – in der Ordnung Nr. 2. Die Frage, ob dieses Gesetz tatsächlich Arbeitsplätze schafft oder nicht, kann nicht durch eine Abstimmung im Parlament entschieden werden; dazu ist logische Analyse, Beobachtung, vielleicht auch eine bestimmte wissenschaftliche Disziplin (Wirtschaftswissenschaft) erforderlich, kurzum, unsere Frage gehört in die Ordnung Nr. 1. Ein Gesetz ist legitim oder nicht. Eine Analyse ist wahr oder falsch: Das hat jeder im gegebenen Fall zu beurteilen. Sie sollten lieber die Wirtschaftswissenschaftler dazu befragen. Die können zu dieser Frage mehr sagen als die Philosophen. Möchten Sie wissen, was ich darüber denke? Ich glaube – halte mich aber, wie gesagt, nicht für zuständig –, dass eine Arbeitszeitverkürzung auf Dauer Arbeitsplätze schaffen könnte, wenn sie weltweit vorgenommen würde (wovon wir noch weit entfernt sind) oder wenn sie mit einer Lohnkürzung einherginge (aber wer wäre damit einverstanden?). Doch in einem einzigen Land bei gleichem Lohn eingeführt, kann ich mir das kaum vorstellen. Von beidem nur eines, scheint mir: Entweder wird die Arbeitszeitverkürzung durch Produktivitätszuwachs kompensiert, und dann schränkt diese Kompensation die Schaffung neuer Arbeitsplätze entsprechend ein; oder sie wird nicht durch Produktivitätszuwachs kompensiert, dann führt die Verlängerung der Produktionszeit zu einer Erhöhung der Produktkosten, was in einem globalisierten Markt leicht zu einem Wettbewerbsnachteil werden und daher über kurz oder lang Arbeitsplätze vernichten kann (durch Betriebsauslagerungen oder -schließungen). Hoffentlich irre ich mich. Aber ich finde, dass es die Linke in diesem Punkt an der nötigen Klarheit fehlen lässt.

Vor allem wird Reichtum durch Arbeit geschaffen. Unsere Sozialisten sollten hin und wieder Marx lesen. Nur lebendige Arbeit sei wertschöpfend, sagt er. Das nennt er

»variables Kapital« im Gegensatz zum »konstanten Kapital« (Maschinen etc.), das »tote Arbeit« ist: Die Maschinen übertragen lediglich ihren eigenen Wert auf das, was mit ihnen produziert wird. Das ist das Prinzip der Amortisierung. Die Maschinen erhöhen die Produktivität der Arbeit erheblich. Aber es ist die Arbeit, und nur sie allein, die den Wert schafft.[7] Selbst wenn das Marx'sche Denken in diesem Punkt übertrieben vereinfacht erscheint, so ist doch ein Stück Wahrheit darin. Es gibt keine Produktion ohne Arbeit, und die Schaffung von Wohlstand ist, wenn alle anderen Bedingungen gleich bleiben, proportional zu der Menge der dafür aufgewandten Arbeit. Doch so legitim es individuell auch wäre, weniger zu arbeiten (vor allem, wenn die Arbeit anstrengend und ermüdend ist), kollektiv wäre es wohl, so fürchte ich, kaum das geeignetste Mittel, die Armut zurückzudrängen...

Lassen Sie mich allerdings hinzufügen, dass man vielleicht mehr auf die Kritik der Arbeitgeber an diesem Gesetz hören würde, wenn sie nicht jede Arbeitszeitverkürzung seit mehr als einem Jahrhundert systematisch ausschließen würden... Hat nun die Linke zu früh recht oder die Rechte zu lange unrecht?

Doch im Grunde ist das Problem viel allgemeiner.

Jedes Gesetz ist definitionsgemäß legitim, solange es verfassungsgemäß verabschiedet wird. Es ist nicht rechtmäßig, weil es Gesetz ist, könnte man in Anlehnung an Pascal

---

7 Karl Marx, *Das Kapital*, Buch I, MEW, Bd. 23, S. 214 (»Konstantes Kapital und variables Kapital«). Das ist laut Marx der Ursprung für das Gesetz des tendenziellen Falls der Profitrate; vgl. Buch III, MEW, Bd. 25, S. 221 (»Gesetz des tendenziellen Falls der Profitrate«).

sagen,[8] sondern es ist Gesetz, weil es rechtmäßig ist (zumindest in der juristischen Bedeutung des Wortes): Es ist das Gesetz des Volkes, und in einer Demokratie ist das Volk die Legitimationsinstanz. Das beweist nicht, dass das Volk immer recht hat! Und es beweist nicht, dass jedes Gesetz gut ist, moralisch betrachtet, noch dass es wirksam ist, wirtschaftlich betrachtet! Beispielsweise wäre es juristisch sehr einfach, jedem mit Gewinn arbeitenden Unternehmen Entlassungen zu verbieten, wie gelegentlich gefordert wird, und den Mindestlohn um 50 Prozent zu erhöhen: zwei Gesetzesartikel, für die eine Parlamentsabstimmung genügt. Ein solches Gesetz wäre, rechtlich betrachtet, nicht weniger legitim als die anderen. Fragt sich allerdings, ob es wirtschaftlich wirksam wäre oder sich nicht vielmehr, wie zu befürchten steht, ökonomisch katastrophal auswirken würde … Das lässt sich nicht mehr durch Abstimmung entscheiden, das muss verstanden und erklärt werden. Es gehört in die Ordnung Nr. 1: Fragen Sie die Wirtschaftswissenschaftler. Aber Sie haben mich nach meiner Meinung gefragt; ich will sie Ihnen nicht vorenthalten. Wenn die Sozialistische Partei, als sie an der Regierung war, keine solche Maßnahmen beschlossen hat, dann lag das nicht daran, dass ihr das Los der Arbeiter gleichgültig gewesen wäre, wie ihr einige Kritiker seit Jahren vorwerfen (mit welch seltsamer Blindheit müsste eine Partei geschlagen sein, um gegen das Los ihrer Wähler blind zu sein?); sondern daran, dass sie glaubte, diese Maßnahmen würden kurz- oder mittelfristig

8 Ich denke an die Fragmente 60/294 und 645/312 der *Gedanken*, die ihrerseits stark von Montaignes *Essais* beeinflusst sind (II, 12, a.a.O. und III, 13, a.a.O.).

den Interessen dieser Arbeiter zuwiderlaufen: weil es ein unüberwindliches Handikap für unsere Unternehmen und damit auch für unser Land bedeutet hätte, weil es Tausende von Betriebsschließungen, Kapitalflucht, einen industriellen Rückgang ohne Beispiel und folglich Arbeitslosigkeit und weitere Verelendung nach sich gezogen hätte! Und doch wäre ein solches Gesetz, juristisch gesehen, legitim gewesen. Aber ein legitimes Gesetz kann sich als katastrophal erweisen. Leider genügt es nicht, die Mehrheit im Parlament zu besitzen, um recht zu haben!

Es gibt nicht nur den juristischen Aspekt. Das Schlimmste am Aubry-Gesetz ist, dass es den Wert der Arbeit beeinträchtigt, dass es sie entwertet! Es gibt zu verstehen, dass die Arbeit eine Bürde ist, dass sie unbedingt leichter gemacht werden muss: Je weniger man davon hat, desto besser geht es einem! Wie sollen wir mit einer solchen Ideologie die Kräfte unseres Landes, und speziell der Jugend, mobilisieren?

Übertreiben wir doch nicht. Einige beschreiben die Arbeit als eine Bürde, deren Gewicht es zu verringern gilt, andere als einen Kuchen, der aufgeteilt werden muss ... Kuchen oder Bürde? Weder das eine noch das andere, scheint mir, oder manchmal beides. Die Arbeit ist eine Notwendigkeit, die mehr oder weniger beschwerlich sein kann, mehr oder weniger lästig, mehr oder weniger interessant, mehr oder weniger gewinnbringend, in jeder Bedeutung des Wortes ... Gewisse Schwierigkeiten, Ihnen zu folgen, habe ich bei dem

Begriff des »Wertes der Arbeit«. Von welcher Bedeutung des Wortes »Wert« gehen Sie aus? Dem Handelswert? Dann gibt es überhaupt keine Wertminderung, weil, wie eben erwähnt, die Verkürzung der Arbeitszeit bei gleichbleibendem Lohn ganz im Gegenteil auf eine Steigerung ihrer Kosten hinausläuft. Aber vielleicht verstehen Sie »Wert« im Sinne von moralischen oder spirituellen »Werten«? Auch dann kann ich Ihnen nicht folgen. Ein Wert in diesem Sinne hat keinen Preis. Nun hat aber jede Arbeit einen. Kein solcher Wert ist dem Markt unterworfen; und doch gibt es einen Arbeitsmarkt…

Wie viel verlangen Sie für die Liebe? Das wäre keine Liebe mehr, sondern Prostitution. Sie müssen bezahlt werden, damit Sie sich gerecht verhalten? Das wäre keine Gerechtigkeit mehr, sondern Bestechung. Sie verlangen etwas dafür (ein Gehalt, ein Honorar, einen Profit …), dass Sie arbeiten? Recht haben Sie! Liebe und Gerechtigkeit sind moralische Werte: Sie sind nicht käuflich. Die Arbeit schon; weil sie kein Wert ist.

Eine andere Art, dasselbe darzulegen: Ein Wert ist ein Zweck an sich. Was nützt es, gerecht zu sein? Was nützt es, zu lieben? Darauf gibt es keine Antwort, kann es keine geben: Gerechtigkeit und Liebe haben ihren Wert durch sich selbst. Was nützt es zu arbeiten? Darauf muss es eine Antwort geben! Die Arbeit ist kein Wert (im Sinne der moralischen Werte); daher muss sie einen Sinn haben. Welchen Sinn? Den Zweck oder die Zwecke, die sie verfolgt: den Lebensunterhalt verdienen, gewiss, aber auch Selbstentfaltung, gesellschaftlichen Nutzen, kollektives Abenteuer, Geselligkeit, Verantwortung… All das suchen die Menschen in der Arbeit: nicht nur die Arbeit selbst, sondern auch das, was sie ermöglicht oder verschafft. Sogar die ehrenamtlichen Arbeiter entgehen dem nicht. Wenn sie arbeiten, tun sie es um anderer Dinge willen als der Arbeit (um einer Sache, die sie für gerecht halten, einer Beschäftigung, einer Gemeinschaft, eines Vergnügens oder dergleichen willen). Die Arbeit ist kein Zweck, sondern ein Mittel. Das macht sie notwendig. Das macht sie wichtig. Aber opfern Sie nicht das Wesentliche dem, was lediglich außerordentlich wichtig ist! Kürzlich erzählte mir eine Krankenschwester, sie habe noch nie jemanden auf seinem Totenbett erlebt, der bedauert hätte, dass er nicht eine Stunde länger gearbeitet habe. »Aber ich habe viele gesehen«, fügte sie hinzu, »die bedauerten, dass sie sich nicht eine Stunde länger mit den Menschen befasst haben, die sie liebten ...«

Deshalb müssen wir nicht das Lob der Faulheit singen. Die Arbeit ist kein Wert (im Sinne der moralischen Werte), wohl aber die Liebe zu gut gemachter Arbeit. Dass die Arbeit nur ein Mittel ist, entwertet sie nicht, ganz im Gegenteil: Dadurch erhält sie den ihr gebührenden Platz, es gibt ihr ihren Handelswert (ihren Preis) und zugleich ihren Sinn (ihren Zweck).

Die Arbeit ist kein Wert (wie ein moralischer Wert), aber sie hat einen Wert (einen Preis). Sie ist kein Wert, aber sie hat einen Sinn, oder sie sollte einen haben.

Arbeit ist Würde! Deshalb ist Dauerarbeitslosigkeit eine Katastrophe!

Da kann ich Ihnen noch weniger folgen! Wenn alle Menschen gleich an Rechten und Würde sind, wovon wir ausgehen müssen, ist auszuschließen, dass die (höchst ungleich verteilte) Arbeit unsere Würde ausmacht. Außerdem habe ich noch nie gehört, dass jemand die Lottogewinner bedauert, die nicht mehr arbeiten, oder sich um die verlorene Würde der Ruheständler Sorgen macht... Und was ist mit den Neugeborenen? Den Kranken? Den Alten? Haben die etwa keine Würde?

Nicht der Mangel an Würde bedrückt die Langzeitarbeitslosen, sondern der Mangel an Geld, mit anderen Worten die Not, und sicherlich auch der Mangel an Sinn: Sie haben manchmal das Gefühl, zu nichts mehr nutze zu sein... Doch die Würde eines Menschen liegt eben nicht in dem, wozu er dient (seinem Nutzen), sondern in dem, was er ist (ein Mensch). Nicht die Arbeit macht seine Würde aus, sondern die Menschlichkeit. Der Wert der Arbeit liegt nur in dem, wozu sie dient; daher ist sie viel wert, aber lediglich als Mittel.

Um noch einmal auf die 35-Stunden-Woche zurückzukommen, machen wir doch keine metaphysische oder moralische Debatte aus ihr. Hier steht die Würde des Menschen nicht auf dem Spiel. Wenn die Arbeit nur ein Mittel ist, wie ich glaube, dann fahren wir umso besser, je weniger wir arbeiten müssen, um das gleiche Resultat zu erzielen. Soweit ich weiß, trauert niemand der 72-Stunden-Woche nach... Die Frage lautet doch, ob wir die Mittel haben,

uns gleichzeitig die 35-Stunden-Woche und die Rente mit
60 leisten zu können. Etliche Wirtschaftswissenschaftler
haben mir gesagt, dass sie es bezweifeln, und ich teile ihre
Skepsis.

*Sie haben fast nichts über die Globalisierung gesagt... Weil
Sie sie nicht für wichtig halten? Oder weil sie nichts verändert?*

Weder das eine noch das andere. Die Globalisierung ist ein
außerordentlich wichtiger Prozess, der einen Großteil
unseres wirtschaftlichen, sozialen, politischen, kulturellen
Lebens durcheinanderbringt ... aber das war nicht mein
Thema. Ich stelle häufig mit Befremden fest, dass das
Wort »Globalisierung« bei seinen Gegnern oft den Begriff
»Kapitalismus« ersetzt. Dabei sind das zwei verschiedene
Dinge! Es gab den Kapitalismus lange vor der Globalisierung, und theoretisch ist ein (übrigens von Marx erträum-
ter) globalisierter Kommunismus denkbar... Aber es ist so:
Da fast niemand ein Gegenmodell zum Kapitalismus hat,
wird gegen die Globalisierung gekämpft, das ist bequemer,
als hätte man zu ihr eine Alternative. Welche denn? Die
Rückkehr in die Zeit Pompidous, zum »monopolistischen
Staatskapitalismus« – wie wir ihn damals nannten, um ihn
zu disqualifizieren –, zum Protektionismus, Merkantilis-
mus, Nationalismus? Ohne mich! Soll sich José Bové doch
über McDonald's echauffieren. Ich stelle fest, dass es in
Frankreich viel mehr chinesische, arabische und italienische
Restaurants gibt als McDonald's und dass das den guten

französischen Restaurants keinen Abbruch tut. Ich freue mich darüber: Diese gastronomische Globalisierung ist für jemanden, der so gerne isst wie ich ein echter Glücksfall! Was wussten unsere Großeltern von der japanischen Küche, der indischen, der mexikanischen? Und warum sollten wir uns über diese friedliche und wohlschmeckende Konfrontation beklagen? Was nun McDonald's angeht, so ist das Produkt, das die Kette anbietet (der Hamburger), vom Nährwert her sicherlich minderwertig; aber auch nicht schlechter als ein Schinkenbaguette, vor allem, wenn Brot und Schinken, wie so häufig in unseren Bistros, nur von mittelmäßiger Qualität sind… Und dasselbe gilt für Kunst und Spiritualität. Die Verbreitung des tibetischen und des Zen-Buddhismus im Westen ist eine Bereicherung des geistigen Lebens – wie die Verbreitung der europäischen Musik und Literatur in Japan… Wenn Sie nie etwas von Dôgen oder Hokusai gehört haben, weist Ihre europäische Kultur eine Lücke auf. Der Geist hat keine Grenzen, oder vielmehr immer weniger, und das ist gut so.

Ich bekenne, dass ich der Globalisierung eher positiv gegenüberstehe. Nicht nur aus gastronomischen oder kulturellen Gründen! Ich sehe darin auch eine ökonomische Chance für die ärmsten Länder – weil ihnen ihre niedrigen Löhne einen Wettbewerbsvorteil gegenüber den reichen Ländern bringen. Die Wirtschaftswissenschaftler wissen, dass der Kapitalismus keine Erklärung für die Unterentwicklung ist, denn diese gab es schon vor jenem.[9] Gleiches

9 »Die Unterentwicklung ging dem Imperialismus und dem Kapitalismus voran, sie kann also nicht durch diese verursacht worden sein. Vielmehr hat die Unterentwicklung der übrigen Welt es Europa, das die Unterentwick-

möchte ich von der Globalisierung behaupten: Sie ist nicht die Ursache der Unterentwicklung, die es schon vor ihr gab, sondern eines der (wenn auch sicherlich nicht automatisch funktionierenden) Mittel, sie zu überwinden.[10]

Den Drittweltländern, die es geschafft haben, sich aus dem Griff der wirtschaftlichen Unterentwicklung zu befreien, gelang das weit eher dank der Globalisierung als trotz ihrer.[11] Den Ländern, die es nicht schaffen, können wir zunächst einmal dadurch helfen, dass wir ihnen unsere Märkte öffnen, vor allem die Agrarmärkte, was voraussetzt, dass wir die europäischen Landwirte nicht mehr durch maßlose Subventionen schützen, wodurch wir die Preise in den Keller und die Bauern der Dritten Welt in den Ruin treiben. Aber wenn wir ihnen unsere Märkte öffnen, wie es diese Länder fordern, ist das nicht weniger, sondern mehr Globalisierung!

lung gerade überwunden hatte, ermöglicht, die anderen Regionen der Erde zu beherrschen. Die industrielle Revolution verschaffte den Europäern einen Vorteil, den sie eiligst gegen die anderen Völker nutzten, wie es schon immer in der Geschichte geschah.« (Jacques Brasseul, *Histoire des faits économiques*, Armand Colin, 2003, S. 280.)

10 Dieser Prozess hat im Übrigen schon begonnen: »Die industrielle Revolution hat sich allmählich verbreitet und fährt damit fort, wobei sie eine wirtschaftliche Entwicklung nach sich zieht, die diskontinuierlich, stolpernd, von Krisen unterbrochen verläuft, aber durchaus real ist und dazu beiträgt, den Abstand zum europäischen Lebensstandard zu verringern, wie langfristig in Ostasien und Lateinamerika zu erkennen. Den ›sich verbreitenden Graben‹ zwischen Nord und Süd gibt es nur in Schwarzafrika, infolge von Kriegen, unzulänglichen Institutionen und falschen wirtschaftlichen Entscheidungen. In der übrigen Welt liegen die Wachstumsraten des Pro-Kopf-BIP langfristig und trotz Wirtschaftskrisen im Durchschnitt über denen des Nordens, wodurch es zu einer allmählichen Angleichung kommt.« (J. Brasseul, ebd.)

11 Vgl. zu diesem Thema das faszinierende Buch von Daniel Cohen, *Richesse du monde et pauvreté des nations*, 1997, Neuaufl. Champs-Flammarion, 2002, besonders S. 40–43 (»Richesse et commerce international«).

Doch die entscheidende Frage lautet nicht, ob wir für oder gegen die Globalisierung sind. Sie ist zu sehr ein Teil unserer Zeit, zu sehr mit der technologischen Revolution (insbesondere der Kommunikations- und Verkehrsmittel) verflochten, als dass sie vermieden werden könnte. Wenn wir uns für sie oder gegen sie entscheiden müssen, sollten wir uns lieber für sie entscheiden. Sogar die ehemaligen »Globalisierungsgegner« haben das zur Kenntnis genommen und nennen sich nun »Globalisierungskritiker«, das heißt, sie befürworten eine andere Globalisierung. Und sie haben recht, zumindest was die Sprachregelung angeht. Die eigentliche Frage lautet nicht, ob wir für oder gegen die Globalisierung sind, sondern welche Art der Globalisierung wir wollen. Eine ultraliberale Globalisierung, die den Staat aller Macht beraubt? Eine kollektivistische Globalisierung, von der manch einer noch immer träumt? Oder eine regulierte, kontrollierte, gesteuerte Globalisierung, wie sie die internationalen Entscheidungs- und Kontrollinstanzen vorschlagen? Sie ahnen sicherlich, dass ich diese dritte Lösung vorziehen würde. Ich möchte mich nicht zu den technischen Modalitäten äußern, vor allem nicht zu den endlosen Verhandlungen der WTO: Davon verstehe ich nicht genug. Ich denke jedoch, ich kann sagen, um auf meine Unterscheidung der Ordnungen zurückzukommen, dass ein Gutteil der Probleme, denen wir uns heute gegenübersehen, auf die Kluft zurückzuführen ist, die sich in den letzten Jahrzehnten zwischen der technowissenschaftlichen Ordnung (Nr. 1) und der rechtlich-politischen (Nr. 2) aufgetan hat. Fast alle wirtschaftlichen Probleme, mit denen wir in Ordnung Nr. 1 zu tun bekommen, stellen sich heute im Weltmaßstab: Deshalb sprechen wir von Globalisierung. Die meisten unserer Entscheidungs-, Handlungs- und Kontrollinstrumente dagegen, die der Ordnung Nr. 2 angehören, gibt es nur auf nationaler oder im günstigsten Fall (wenn wir an das im Aufbau befindliche Europa denken) auf kontinentaler Ebene. Auf diese Weise ist es zu einer beunruhigenden Phasenverschiebung gekommen zwischen den – vor allem wirtschaftlichen – Problemen, die sich uns im Weltmaßstab stellen, und den nur auf nationaler oder kontinentaler Ebene wirksamen Instrumenten zur Kontrolle dieser Probleme. Wie soll denn unter diesen Bedingungen die rechtlich-politische Ordnung die technowissenschaftliche Ordnung wirksam begrenzen? So werden die Staaten zur Ohnmacht verurteilt und den Märkten, wenn wir nicht aufpassen, Allmacht verliehen.

Um dieses Ungleichgewicht zu überwinden, gibt es nur zwei Wege, wobei der erste allerdings verrückt oder unbegehbar ist; so dass nur einer bleibt: Entweder verzichten wir auf die Globalisierung der Probleme (was darauf hinausliefe, uns von der Moderne zu verabschieden), oder wir legen uns die Instrumente zu einer Globalisierung der Politik zu. Ich spreche nicht von einem Weltstaat – der erscheint mir weder möglich noch wünschenswert –, sondern von einer Politik im Weltmaßstab, was zwischenstaatliche Verhandlungen, ein Gleichgewicht der Kräfte, Kompromisse und schließlich Abkommen oder Verträge voraussetzt. Das vollzieht sich – womit die Globalisierungskritiker recht bekommen – auch über die Beteiligung von Individuen, die sich jedoch kollektiv zu »Massen«, wie Marx sagen würde, organisiert haben, die von NGOs inspiriert werden oder solche bilden. Die rechtlich-politische Ordnung beschränkt sich nicht auf einzelne Staaten; sie wird auch durch das konstituiert, was ich eben in Anlehnung an Spinoza die »Macht der Menge« nannte; sie kann durch Staaten, aber auch durch ein System von NGOs, Kontrollen (vor allem durch die öffentliche Meinung) und Gegenmächten ausgeübt werden, ohne das der Staat (aus Sicht der Regierenden) nur noch ein Instrument der Herrschaft und (aus Sicht der Bürger) der Unterjochung wäre. Die Politik gehört niemandem. Das ist heute notwendiger denn je. Der Markt schafft Solidarität, wie ich in meinem Vortrag dargelegt habe. Doch wenn er alleine herrscht, kann er sich auch als zerstörerisch erweisen. Jede Gesellschaft braucht, wie gesagt, Bindung, Gemeinschaftsgefühl, Sinn. Dem Anspruch kann natürlich weder der Markt, auch wenn er global ist, noch der Staat, auch wenn er demokratisch ist, genügen. Wir brauchen eine Solidarität, die weder den Bedingungen des Handels noch des Staates unterworfen ist: Wir brauchen Politik, NGOs, Mobilisierung!

Doch Achtung, nicht immer sind die nichtstaatlichen Organisationen die Guten und die Staaten die Schlechten. Demonstrieren, Protestieren, Auflehnen ist notwendig. Genauso aber auch Verwalten, Regieren und Entscheiden. Das sind die entgegengesetzten Pole, die beide zum demokratischen Spiel gehören. Dass die Staaten manchmal zur Barbarei neigen, ist unstrittig. Aber ebenso unstrittig und verständlich ist, dass NGOs gelegentlich einen Hang zur Blauäugigkeit erkennen lassen. Da müssen die Bürger genau hinschauen und sich gewisse Gruppierungen abwählen. Die Wahlen sind nicht alles, aber auch keine Bauernfängerei, egal, was die Demonstranten vom Mai 68 behauptet haben. Sie sind das entscheidende Element unserer Demokratien. Die nichtstaatlichen Organisationen sind nützlich, was sage ich, unentbehrlich. Doch die Parteien sind es auch. Und die Staaten. Wir brauchen Politik, egal ob institutionell oder zivilgesellschaftlich. Das ist das Gebot der Stunde und sicherlich die einzige Möglichkeit, den Planeten in den nächsten Jahren zu retten.

Denn wir müssen uns endlich vor Augen führen, dass das prinzipiell grenzenlose Wachstum der Wirtschaft (theoretisch lässt sich stets Wohlstand auf Wohlstand häufen) immer stärker an die – ganz gewiss endlichen – Grenzen der Ökologie stößt. Bekanntlich haben die beiden Wörter (»Ökonomie« und »Ökologie«) die gleiche etymologische Wurzel: *oikos*, griechisch für »Haus«. Und unser Haus heute ist die Erde. So gesehen ist die Ökonomie die effiziente Haushaltsführung und die Ökologie die nachhaltige. Nun ist es aber gerade die seit zweihundert Jahren so eindrucksvolle Effizienz der ökonomischen Entwicklung, die heute die Nachhaltigkeit bedroht. Wenn die bald sieben Milliarden Menschen alle leben würden wie die Menschen in den westlichen Ländern (mit deren Konsum an Süßwasser, tierischen Proteinen und nichterneuerbaren Energien), würde der Planet es keine zehn Jahre mehr machen. Die Situation unseres Planeten ist also dramatisch: Das gilt bereits (und schon lange) für die ärmsten Länder, weil sie Hunger leiden; kurz- oder mittelfristig auch für die anderen (die reichen eingeschlossen), weil die Steigerung oder Beibehaltung ihres Lebensstandards immer stärker an die Grenzen unseres Planeten stößt. In dreißig Jahren, so höre ich von einigen Fachleuten, wird es kein Erdöl mehr geben, und Trinkwasser wird Seltenheitswert haben. Frage: Was sollen wir tun? Diese Frage ist politisch. Aber auch moralisch und philosophisch. Hier geht es ebenso wenig um Kapitalismus oder Globalisierung (die protektionistischen Länder belasten die Umwelt genauso wie die anderen, und die kommunistischen Länder tun es am schlimmsten) wie um Anthropologie oder Politik. Es geht um die Frage, ob die Menschheit, die seit zehntausend Jahren so eindrucksvolle Fortschritte erzielt, deren Konsequenzen wird meistern können. Wie gesagt, die Wirtschaft weiß da keinen Rat. Wir brauchen das, was man bei Individuen Moral und bei Völkern Politik nennt. Beide sind notwendig. Da es sich um die Probleme unseres Planeten handelt, traue ich der Politik in diesem Fall mehr zu.

Aber welcher Politik? Ist die Weltpolitik, die Sie sich herbeiwünschen, heute nicht in erster Linie amerikanische Politik? Wir können für oder gegen die Globalisierung sein – sei's drum. Aber wie steht es mit dem amerikanischen Imperialismus?

Ihn müssen wir bekämpfen wie jeden Imperialismus! Seit dem Mauerfall sind wir in eine neue Ära der Weltpolitik eingetreten, die praktisch nur noch von einer einzigen Supermacht beherrscht wird, den Vereinigten Staaten. Aber es bringt gar nichts, die USA und die Einseitigkeit ihrer Außenpolitik anzuprangern. Es ist die Aufgabe der anderen Länder, vor allem Europas, sich dagegen zu wehren und sich zu rüsten mit den Mitteln, die mein Freund Tzvetan Todorov eine »ruhige Macht« nennt.[12] Ich will nicht näher darauf eingehen. Nur ein paar Bemerkungen seien mir gestattet.

Die erste: Die Vereinigten Staaten sind eine Demokratie. Wenn schon eine Hegemonie, dann lieber die der Vereinigten Staaten als die Nazideutschlands oder der UdSSR, die uns erspart geblieben sind.

Die zweite Bemerkung: Diese ausschließliche Hegemonie ist noch nicht sonderlich alt (sie begann mit dem Zusammenbruch des Ostblocks Ende der achtziger Jahre) und wird nicht sehr lange dauern. Mitte des 21. Jahrhunderts wird es vermutlich zwei Supermächte geben – die Vereinigten Staaten und China (vielleicht auch drei, wenn Europa die nötigen Voraussetzungen schafft).

Übrigens, dritte Bemerkung, ist das schon teilweise der Fall. China ist mit seinen anderthalb Milliarden Einwohnern und seinem spektakulären Wirtschaftswachstum (seit es sich der Marktwirtschaft geöffnet hat) schon jetzt, zumindest in Asien, eine Macht, an der niemand vorbeikommt. Stellen Sie sich vor, die Volksrepublik China würde morgen in Taiwan einfallen … Wie würden sich die Amerikaner verhalten? Nicht ausgeschlossen, dass sie sich mit einer empörten Protestnote zufriedengeben würden. Jedenfalls steht keineswegs fest, dass sie China den Krieg erklären würden.

Eine Supermacht muss nicht zwangsläufig auch allmächtig und mutig sein.

12 Tzvetan Todorov, *Die verhinderte Weltmacht: Reflexionen eines Europäers*, München, Goldmann, 2003.

Insofern ist die amerikanische Hegemonie weder so hassenswert noch so dauerhaft noch so total, wie es häufig heißt. Und die letzte Bemerkung, die die globalen Kräfteverhältnisse betrifft: Vielfach wird den Vereinigten Staaten vorgeworfen, sie würden zuerst ihre eigenen Interessen schützen. Ich frage Sie: Welcher Staat tut das nicht? Der Schutz des nationalen Interesses ist legitimerweise die Priorität jedes Staates. Aber auch das darf nicht ohne Grenzen geschehen! Hier ist das Völkerrecht (vorausgesetzt, es ist nicht nur eine »Rechtsfiktion«[13]) für die Völker, die Moral für die Individuen und die Kräfteverhältnisse (die Macht der anderen Staaten) für die Welt zuständig. Es gibt kein »auserwähltes Volk«. An der amerikanischen Politik beunruhigt mich, dass sie nicht die Interessen des amerikanischen Volks berücksichtigt; und dass sie für sich in Anspruch nimmt, in der ganzen Welt für die Sache des Guten und der Freiheit einzustehen. Hier stimme ich voll und ganz mit den Analysen von Tzvetan Todorov überein: Das Schlimmste am amerikanischen Krieg gegen den Irak ist nicht, dass er beschlossen wurde, um die Interessen der Vereinigten Staaten zu vertreten, sondern dass er sie schlecht vertritt (die Gesamtbilanz dürfte selbst aus amerikanischer Sicht niederschmetternd ausfallen), unter Missachtung des

13 A.a.O. Es gibt, streng genommen, kein Recht ohne Souveränität. Eine Weltsouveränität aber ist ohne einen Weltstaat nicht möglich – und den gibt es nicht. Daher gehören die Beziehungen zwischen Staaten (ein Punkt, in dem sich Hobbes, Spinoza und Rousseau einig sind) dem Naturzustand an, mit anderen Worten, den globalen Kräfteverhältnissen. Das ist kein Grund, auf das Völkerrecht zu verzichten oder darin eine bloße »Fiktion« zu sehen. Ich würde in Anlehnung an Kant eher sagen, dass es ein regulatives Ideal ist: etwas, wonach wir streben müssen, obwohl wir wissen, dass wir es nie ganz erreichen.

Völkerrechts und der Tausenden von Toten, für die er verantwortlich ist. Warum dieser Krieg? Aus Furcht vor Massenvernichtungswaffen? Um die Sicherheit des amerikanischen Volks zu gewährleisten? Um dem Terrorismus Einhalt zu gebieten? Wegen des Öls? Todorov weist nach, dass keine dieser Erklärungen wirklich überzeugen kann. Dieser Krieg wurde auch – und vielleicht vor allem – im Namen des Guten und der Freiheit geführt, sagen wir, im Namen der Werte der liberalen Demokratie. Doch statt ihn zu rechtfertigen, lässt ihn das nur umso beunruhigender erscheinen. Wo soll das hinführen? Wer entscheidet über Gut und Böse? Im Namen des absolut Guten Krieg zu führen war das Prinzip der Kreuzzüge – ich kenne kaum ein gefährlicheres. Das ist eine moralisierende Blauäugigkeit (oder sogar theologische, wenn man sich auf Gott beruft), die inhaltlich eine fatale Ähnlichkeit mit derjenigen Bin Ladens hat. Wir sollten uns lieber an die Politik halten, das heißt, unter Respektierung einer Anzahl äußerer Grenzen rechtlicher wie moralischer Art die Interessen unseres Landes verteidigen. Unter diesen Voraussetzungen hätten die Vereinigten Staaten eine wichtige Rolle zu spielen. Schließlich sind sie die älteste und mächtigste Demokratie der Welt, was sie aber noch lange nicht dazu berechtigt, allein über das Schicksal des Planeten zu entscheiden.

Ich mag Ihre Unterscheidung der Ordnungen sehr: ein Leseraster, das mir erhellend erscheint. Aber ich finde es zu starr, zu »kartesianisch«: In Wirklichkeit sind die vier Ordnungen doch immer gemischt, immer unauflöslich verflochten, immer in Wechselbeziehung! Die Moral greift in die Wirtschaft ein, die Wirtschaft in die Politik und so fort. Wären die vier Ordnungen getrennt, wie Sie sagen, wären wir zur Schizophrenie und zur geistigen Erstarrung verurteilt!

Ich habe nicht gesagt, dass sie in dem Sinne getrennt sind, dass sie einander nicht beeinflussen. Wie sollte das möglich sein? Sie entfalten sich in ein und derselben Gesellschaft, werden von dieser strukturiert und von denselben Individuen mit Leben erfüllt. Natürlich müssen sie gemeinsam operieren! Die Unterscheidung der Ordnungen ist nicht gleichbedeutend mit ihrer Trennung. Jede hat ihre eigene Logik, ihre zumindest relative Selbständigkeit, wirkt aber dennoch auf die anderen ein, genauso wie sie deren Einfluss unterworfen ist. Sie haben recht, das wirft die Frage nach ihrer Verbindung auf. Diese Verbindung vollzieht sich zunächst einmal in jedem von uns. Ich habe am Rande darauf verwiesen: Wir befinden uns alle stets in diesen vier Ordnungen zugleich. Folglich müssen wir sie als gemeinsam erfassen und nicht als getrennt! Doch zunächst gilt es, sie zumindest theoretisch zu unterscheiden, um die Frage ihrer Verbindung einigermaßen klarstellen und – nach Möglichkeit – beantworten zu können. Diese Lösung kann nur individuell sein. Falls sie (durch die Politik) kollektiv ist, was sie eigentlich auch sein muss, geschieht dies nur durch eine Entscheidung der Individuen. Folglich muss jeder seine

Verantwortung übernehmen. Ich bin nicht hier, um Ihre Probleme für Sie zu lösen. Das könnte ich auch gar nicht. Ich versuche nur, Ihnen, wenn möglich, zu helfen, indem ich die Verhältnisse ein bisschen klarer zu formulieren versuche.

Der schlimmste Fehler wäre, wenn Sie sich diese Unterscheidung der Ordnungen bei meinen Ausführungen wie die einander ausschließenden Kästchen eines Stundenplans vorstellen würden. Wenn Sie beispielsweise glaubten, dass Sie sich um acht Uhr morgens beim Betreten Ihrer Firma in der Ordnung Nr. 1 einrichteten: Es gibt nur das Geschäft und nichts anderes. Um 18 Uhr verlassen Sie das Büro und steigen in Ihr Auto: Nun müssen Sie die Straßenverkehrsordnung befolgen, und damit befinden Sie sich etwa eine Viertelstunde lang in der Ordnung Nr. 2. Sie kommen nach Hause: Die Kinder sind da, Sie kommen Ihren Pflichten als Familienvater in der Ordnung Nr. 3 nach. Beim Zubettgehen dann haben Sie einige köstliche und sehr zärtliche Augenblicke in der Ordnung Nr. 4 ... Natürlich nicht! In Ihrer Firma, bei der Arbeit, befinden Sie sich tatsächlich in der Ordnung Nr. 1. Aber Ihre Kinder sind es, selbst wenn sie zur Schule gehen, ebenfalls: Sie sind Konsumenten (niemand lebt außerhalb des Marktes), mögliche Patienten des Gesundheitssystems, Nutznießer oder Opfer (manchmal beides zugleich) von Wissenschaft und Technik ... Besonders in Ihrer Firma sind Sie nicht nur in der Ordnung Nr. 1. Sie sind auch ein Bürger und als solcher dem Gesetz unterworfen. Folglich befinden Sie sich ebenso in der Ordnung Nr. 2! In Ihrer Firma sind Sie auch ein moralisches Subjekt und unterliegen in dieser Eigenschaft der Pflicht: Damit sind Sie auch in der Ordnung Nr. 3. Schließlich sind Sie in Ihrer Firma auch ein ethisches Subjekt, der Liebe zugetan und manchmal auch ausgeliefert.

Das trifft unter allen Umständen zu. Oben habe ich das Beispiel eines Konsumenten zwischen den Regalen eines Supermarktes bemüht... Auch er befindet sich in allen vier Ordnungen auf einmal: In der Ordnung Nr. 1, weil er entweder kauft oder nicht, in der Ordnung Nr. 2, weil er dem Gesetz unterworfen ist, in den Ordnungen Nr. 3 und 4, weil seine Einkäufe – ich gehe nicht noch einmal darauf ein – von seiner Moral und seiner Ethik beeinflusst werden können. Hinzu kommt, dass er, ob ihm das nun bewusst ist oder nicht, in jedem Fall den Ordnungen Nr. 3 und 4 angehört: Wir sind, ob wir es wollen oder nicht, für unsere Einkäufe moralisch verantwortlich.

Kurzum, ein und dasselbe Individuum muss sich zur gleichen Zeit (und zu allen Zeiten) mit diesen vier Ordnungen auf einmal herumschlagen. Insofern haben Sie recht: Wir müssen sie als gemeinsam erfassen. Was aber noch lange kein Grund ist, sie zu verwechseln! Zwei gleichzeitige Tätigkeiten sind nicht unbedingt identisch: Der Umstand, dass wir beim Autofahren Radio hören können, beweist nicht, dass Auto und Radio dasselbe sind oder dass es genügt, den Ton lauter zu stellen, um schneller zu fahren! Selbst zwei unauflöslich zusammenhängende Tätigkeiten sind nicht identisch: Dass wir atmen müssen, um zu laufen, beweist nicht, dass Atmung und Laufen miteinander verschmelzen. Gleiches gilt für Wirtschaft, Politik, Moral und Liebe: Dass wir uns mit allen vieren gleichzeitig konfrontiert sehen, bedeutet nicht, dass sie identisch oder isomorph sind. Mit einem Wort, es geht nicht darum, diese Ordnungen zu trennen, als stünden sie nicht zueinander in Beziehung, wohl aber, sie zu unterscheiden – um genau zu verstehen, wie und warum sie aufeinander einwirken können.

Doch das ist noch nicht alles. Diese vier Ordnungen begegnen sich nicht nur im Herzen und im Kopf jedes Individuums. Sie verbinden sich auch in der Gesellschaft selbst. Bei den Ordnungen Nr. 1 und 2 ist es ganz offensichtlich. Nehmen wir zum Beispiel die kapitalistische Wirtschaft. Wie eben gesagt, definiert sie sich über das Privateigentum an Produktions- und Tauschmitteln sowie die Freiheit des Marktes. Das setzt ein Eigentumsrecht, ein Handelsrecht und so fort voraus, also die Ordnung Nr. 2! Doch diese rechtlich-politische Ordnung könnte nicht existieren, würden die Menschen nicht die Mittel zu ihrem Lebensunterhalt produzieren: Sie braucht die Ordnung Nr. 1. Gleiches ließe sich natürlich von den Ordnungen Nr. 3 und 4 sagen: Um existieren zu können, brauchen Sie die Ordnungen Nr. 1 und 2, auf die Sie ihrerseits einwirken. Wenn Sie dem Menschen, den Sie lieben, ein Geschenk machen, ist das ein wirtschaftlicher Akt; wenn Sie ihn heiraten, ist das ein rechtlicher Akt; Ihre Liebe wirkt also in die Ordnungen Nr. 1 und 2 hinein, so wie sie ganz gewiss auch von diesen beeinflusst wird (man liebt in einer Feudalgesellschaft nicht auf die gleiche Weise wie in einer kapitalistischen Demokratie). Was aber nicht bedeutet, dass die Liebe eine Handelsware oder ein Vertrag ist, noch dass Markt oder Recht Gefühlsangelegenheiten sind…

Gehen wir noch einen Schritt weiter. Diese vier Ordnungen stehen nicht nur in Wechselbeziehung zueinander; jede ist auch präsent oder vielmehr repräsentiert in den anderen, besonders in den Ordnungen, an die sie anstößt. Wie dargelegt, begrenzt die rechtlich-politische die technowissenschaftliche Ordnung von außen. Aber sie organisiert diese auch, zumindest teilweise, von innen: Arbeitsrecht, Handelsrecht, auch die neuen bioethischen Gesetze in Frankreich etc. vertreten die Ordnung Nr. 2 in der Ordnung Nr. 1. Und umgekehrt: Das Gutachten (beispielsweise des Gerichtssachverständigen) repräsentiert die Ordnung Nr. 1 in der Ordnung Nr. 2. Was nicht beweist, dass die beiden Ordnungen identisch wären oder dass eine die andere bevormunden könnte. Der Gerichtssachverständige ist weder Gesetzgeber noch Richter.[14] Richter und Parlamentarier besitzen (außerhalb ihres engeren Bereichs) keine besonderen technischen oder wissenschaftlichen Kenntnisse. Daher brauchen sie kompetente und unabhängige Experten, wie Forscher ein Wissenschaftsrecht brauchen. Man könnte es die Schnittstelle zwischen den beiden Ordnungen nennen: Das Gutachten (das die Ordnung Nr. 1 in der Ordnung Nr. 2 repräsentiert) und das Wissenschaftsrecht (das die Ordnung Nr. 2 in der Ordnung Nr. 1 vertritt) sorgen für diese Schnittstelle, ohne die die beiden Ordnungen nicht gemeinsam funktionieren könnten.

Gleiches gilt für die Ordnungen Nr. 2 und 3. Die moralische Ordnung begrenzt die rechtlich-politische Ordnung von außen. Aber sie wirkt auch im Inneren dieser Ordnung,

14 Das habe ich im Oktober 2000 auf dem 16. nationalen Kongress der französischen Gerichtssachverständigen ausgeführt (die Sitzungsprotokolle sind von der Fédération nationale des compagnies d'experts judiciaires veröffentlicht worden: *Au cœur des conflits: l'expertise*, Zeitschrift *Experts*, Paris, 2001).

nicht nur auf individueller Ebene (jedes Mal, wenn ein Bürger aus moralischen Gründen eine politische Entscheidung trifft), sondern auch auf einer eher institutionellen Ebene. Man könnte es Gerechtigkeit nennen: Sie verbietet beispielsweise dem Richter, das Gesetz anzuwenden, ohne die moralischen Umstände des ihm zur Entscheidung vorliegenden Problems zu berücksichtigen. Das ist häufig in unseren Gerichten zu beobachten: Wenn Sie Ihrem Vater oder Ihrer Mutter auf deren Bitte Sterbehilfe leisten (weil sie an einer unheilbaren Krankheit leiden und schreckliche Schmerzen haben), gilt dieser Akt juristisch als vorsätzlicher Mord. Er wird aber nicht wie ein solcher bestraft. »Der Richter muss sich an das Gesetz halten«, ist in unseren juristischen Handbüchern zu lesen, »er darf sich ihm aber nicht sklavisch unterwerfen.« Die Grenze zwischen Befolgen und Unterwerfen ist eben – an der Schnittstelle zwischen der Ordnung Nr. 2 und 3 – die Gerechtigkeit, die die Ordnung Nr. 3 innerhalb der Ordnung Nr. 2 repräsentiert. Umgekehrt kann auch die Ordnung Nr. 2 innerhalb der Ordnung Nr. 3 wirken: Denken Sie beispielsweise an staatsbürgerliche Gesinnung und Berufsethos (Letzterer kann beispielsweise als moralischer Codex schriftlich fixiert werden), die die Ordnung Nr. 2 in der Ordnung Nr. 3 repräsentieren. Und schließlich meldet sich auch die Moral in der Liebe zu Wort (etwa beim Verbot des Inzests oder der Vetternwirtschaft), wie auch die Liebe in die Moral hineinwirkt (in Form der Liebe selbst, aber auch der Barmherzigkeit und des Mitleids). Diese Schnittstellen können, so notwendig und wirksam sie auch sind, die Unterscheidung der Ordnungen nicht aufheben – da sie sie voraussetzen (definitionsgemäß kann es eine Schnittstelle nur zwischen zwei verschiedenen Systemen geben).

Mit einem Wort, mir liegt nicht daran, diese vier Ordnungen starr oder absolut zu trennen, sondern ihre zumindest relative Autonomie und gleichzeitig ihren besonderen Zusammenhang darzulegen, um auch ihre Verschränkung in den Blick zu bekommen. Das Recht ist keine Ware (sie steht nicht zum Verkauf) und produziert auch keine: Es ersetzt die Wirtschaft nicht. Der Markt ist kein Parlament: Er ersetzt nicht die Demokratie. Ebendeshalb brauchen wir ein Handelsrecht, das vom Parlament kommt und auf den Markt angewendet wird: Weil die beiden Ordnungen verschieden sind, brauchen wir sie und die Verschränkung zwischen ihnen.

Das gilt für alle Ordnungen. Wir entscheiden nicht per Wahl, was wahr und was falsch ist oder was gut und was böse ist: Die Ordnungen Nr. 1 und 3 sind nicht der Ordnung Nr. 2 unterworfen. Aber sie begrenzen sie (von außen) und erhellen sie (von innen), so wie sie ihrer bedürfen, um existieren und wirken zu können. Weder die Wissenschaft noch die Moral sind der Demokratie unterworfen. Doch die Demokratie kommt weder ohne die eine noch ohne die andere aus. Und umgekehrt: Die Demokratie ist weder der Wissenschaft noch der Moral unterworfen (die Wahrheit befiehlt nicht, die Moral nur den Individuen, nicht den Völkern), aber sie braucht sie und ist ihnen förderlich (der Totalitarismus führt, wie die Geschichte zeigt, fast unvermeidlich in Obskurantismus und Unmoral). Kurzum, diese vier Ordnungen sind verschieden, und ebendeshalb müssen wir sie als gemeinsam erfassen!

Ist diese Unterscheidung der Ordnungen allgemein oder besonders? Ist sie heute nur den westlichen Ländern eigen, oder gilt sie für alle Länder?

Ich bleibe konsequent bei meiner Unbescheidenheit: Ich halte die Unterscheidung für universell, jedenfalls für alle Gesellschaften, die zumindest eine minimale politische Organisation aufweisen. Was nicht heißt, dass alle Länder und alle Epochen gleichermaßen fähig wären, sie zu verstehen. Betrachten wir beispielsweise das Klosterleben im Mittelalter. Manchmal werden Gebet und Ackerbau von denselben Mönchen besorgt, ein andermal obliegen die beiden Tätigkeiten verschiedenen Individuen... Doch jeder Mönch wusste sehr wohl, dass das Gemüse nicht von Gebeten allein gedeiht und dass der Ackerbau allein nicht die Erhebung der Seelen zu Gott garantiert... Unterscheidung der Ordnungen. Daher muss dem Gebet und der Arbeit die notwendige Zeit eingeräumt werden, man sollte sie weder verwechseln noch meinen, das eine könnte das andere ersetzen. Das hindert einen jedoch weder daran, beim Arbeiten zu beten, wenn man es kann, noch beim Beten zu arbeiten, wenn man es will. Es verbietet aber, Gebet und Arbeit zu verwechseln: darauf zu vertrauen, dass das Gebet das Gemüse gedeihen lässt, wäre Blauäugigkeit; darauf zu vertrauen, dass die Arbeit für unser Seelenheil sorgen kann, wäre Barbarei.

Gleiches gilt heute für die islamistischen Länder. Stellen Sie sich vor, man würde mich zu einem Vortrag über die Beziehung zwischen Moral und Wirtschaft in den Iran einladen und ich würde dort in etwa den gleichen Vortrag halten wie eben Ihnen. Meine Zuhörer dort hätten sicherlich größere Schwierigkeiten, ihn zu akzeptieren oder auch nur zu verstehen. Und mit gutem Grund! Was ich die Unterscheidung der Ordnungen nenne, ist im Grunde nur ein Versuch, die Trennung von Staat und Kirche zu Ende zu denken. Die fundamentalistischen Muslime hätten wohl einige Mühe, dem zu folgen ... Was jedoch nicht beweist, dass diese Unterscheidung nicht auch bei ihnen objektiv gilt. »Allah entscheidet alles«, würden sie mir vielleicht entgegenhalten, »Wirtschaft, Politik und Moral sind ihm untergeordnet.« Fundamentalismus: Blauäugigkeit der Ordnung Nr. 5. »Sehr schön«, würde ich ihnen antworten, »aber warum habt ihr dann die OPEC gegründet? Wenn Allah auch über den Erdölpreis entscheidet, wären Gebete doch wirksamer ...« In Wahrheit wissen unsere Fundamentalisten sehr wohl, dass der Erdölpreis sich aus den Marktgesetzen ergibt: Auf diesen Markt will die OPEC einwirken – und das gelingt ihr auch sehr gut. Gleiches gilt für politisches Handeln. Scharia und Dschihad resultieren aus einer Verwechslung der Ordnungen (denn sie wollen die Ordnung Nr. 2 der Ordnung Nr. 5 unterwerfen). Doch in ihrem politischen Kampf bestätigen sie die Unterscheidung der Ordnungen, die sie aufheben wollen: Das Gebet reicht weder aus, um die Macht zu übernehmen, noch, um irgendeinen Krieg zu gewinnen. Daher je nach Bedarf Massendemonstrationen oder Terrorismus; das heißt, dem Kaiser oder der Gewalt zu geben, was des Kaisers oder der Gewalt ist. Mit einem Wort, diese Unterscheidung der Ordnungen bringt den Geist der Moderne (die Trennung von Kirche und Staat) zum Ausdruck. Doch sie wirkte schon, wenn auch verkannt, und wirkt immer noch, wenn auch verdrängt, in Zeiten oder Ländern, wo sie auf Ablehnung oder Unwissenheit stößt. Sie kennen das Bibelwort: »Gebet dem Kaiser, was des Kaisers ist, und Gott, was Gottes ist.« Und das wurde – man höre und staune – schon vor zwei Jahrtausenden so formuliert.

Ich bin wie die Frau, von der Sie in Ihrem Vortrag berichtet haben: Ich kann nicht akzeptieren, dass Sie die Wirtschaft für eine Naturerscheinung halten (wie etwa das Wetter). Die Wirtschaft, das sind Menschen! Das Unternehmen, das sind Individuen! Sie sagen aber selbst, dass die Individuen sich dem unterwerfen müssen, was Sie die »aufsteigende Hierarchie der Primate« nennen, mit anderen Worten, der Moral und der Liebe. Also gilt das auch für die Wirtschaft und das Unternehmen. Sie sagen, dass die Moral im Unternehmen nichts zu suchen hat, dass es nur darum geht, Gewinne zu machen… Auf diese Weise bestätigen Sie alles, was geschieht, und entmutigen alle, die möchten, dass sich etwas ändert!

Ich habe nie gesagt, dass die Wirtschaft eine Naturerscheinung ist, in dem Sinne, dass sich die Natur im Gegensatz zur Kultur befindet. Aber sie ist, soweit ich weiß, auch keine übernatürliche Erscheinung… Sagen wir, sie ist ein Teil der Natur, im spinozistischen Sinne (also der Natur als Gesamtheit des Wirklichen), gehorcht aber spezifischen Gesetzen, die keine Naturgesetze im herkömmlichen Sinne sind (wie in der Physik oder Biologie). Insofern bin ich in

diesem Punkt mit Ihnen einig: Es gibt eine Eigentümlich-
keit der Wirtschaft, die sich nicht den physikalischen oder
klimatischen Erscheinungen zurechnen lässt. Ich habe den
Vergleich mit dem Wetterbericht nur bemüht, um etwas anderes zu verdeutlichen: dass die Wirtschaft ein objektives
Phänomen ist, das sich nicht einfach auf den Willen von Individuen noch auf den ihrer Summe zurückführen lässt.
Durkheim sagt von sozialen Tatbeständen, sie seien eine
Wirklichkeit ganz eigener Art, die sich den Individuen eher
aufdrängten als ihrem Willen gehorchten.[15] Ich möchte
Gleiches von den wirtschaftlichen Tatbeständen sagen. Dank
diesem Umstand ist die Wirtschaft übrigens eine eigenstän-
dige Wissenschaft (gäbe es nur die Individuen, würde die
Psychologie genügen). Ein Markt ist eine Gesamtheit von
Individuen, aber einer (wirtschaftlichen) Logik unterworfen, die sie umfasst und übersteigt. Der Markt ist eine
objektive und globale Wirklichkeit, auf die kein einzelnes
Individuum Einfluss hat. Das verblüffte Alain: Ein Gesetz
oder Erlass genüge, um Millionen junger Leute in den Tod
zu schicken (Alain schrieb das unmittelbar nach dem Ersten
Weltkrieg), während »kein Erlass oder Gesetz den Butterpreis senken kann!« Es liegt daran, dass die jungen Leute
gehorchen, der Markt aber nicht. Natürlich ließe sich der
Butterpreis durch Erlass festsetzen. Doch dann würde es
einen Schwarzen Markt geben, auf dem die Preise explo-
dierten, Schlangen und Verknappung auf dem offiziellen
Markt mit den festgesetzten Preisen... Was nicht heißen
soll, dass wir nicht auf den Markt einwirken können. Doch

15 Émile Durkheim, *Die Regeln der soziologischen Methode*, Frankfurt, Suhr-
    kamp, 1991.

das wird uns nur gelingen, wenn wir zunächst sein Funktionsprinzip begreifen, das sich nicht auf den freien Willen der Individuen zurückführen lässt. Auf die Gefahr hin, meinen Vergleich mit der Natur zu strapazieren (auch wenn es, das sei noch einmal betont, nur ein Vergleich ist), möchte ich Bacons Formulierung aufgreifen: »Wir gebieten nur über die Natur«, sagte er, »indem wir ihr gehorchen.« Mir scheint, in der Wirtschaft ist es ganz ähnlich: Wir gebieten nur über den Markt, indem wir ihm gehorchen. Wenn Sie den Butterpreis senken wollen, tun Sie besser daran, die Produktion steigern zu lassen (ist der Preis günstig, werden die Bauern mit Vergnügen mehr produzieren), als den Preis per Erlass festzusetzen!

Ich habe auch nicht gesagt, dass die Moral im Unternehmen nichts zu suchen hätte. Vielmehr habe ich ziemlich deutlich das Gegenteil erklärt: dass die Moral durchaus ihren Platz im Unternehmen hat, und zwar auf der Ebene der Individuen! Wenn Führungskräfte sich selbst horrende Gehälter (mehr als zweihundertmal so hoch wie der Mindestlohn), abenteuerliche Aktienoptionen, »goldene Fallschirme« (umgerechnet 30 Millionen Euro für Klaus Esser!) genehmigen, während sie den anderen Mitarbeitern strengen Lohnverzicht auferlegen, so ist das moralisch schockierend. Doch das hat der Vorstand zu verantworten (und die Aktionäre, die ihn gewähren lassen), nicht das Unternehmen oder das System! Die Moral hat also durchaus ihren Platz im Unternehmen, aber nicht auf der Unternehmensebene, sondern, ich wiederhole es noch einmal, auf der Ebene der Individuen, die in ihm arbeiten.

Aber auch hier dürfen wir uns nicht zu viele Illusionen

machen. Gestatten Sie mir auch hier einen Vergleich. Seit einigen Jahren leite ich ein Seminar für Krankenhausärzte zum Thema »Philosophie und Medizin«. Bei einem dieser Seminare stellte ein Arzt folgende Fragte: »Was ist besser? Ein guter Arzt oder ein gütiger Arzt zu sein?« Guter Arzt, das heißt kompetent, fähig im Sinne der Ordnung Nr. 1, auf der Höhe des wissenschaftlichen und technischen Kenntnisstands, oder gütiger Arzt im Sinne der Ordnungen Nr. 3 und Nr. 4, das heißt voller Großzügigkeit, Menschlichkeit, Liebe? Ich habe ihm geantwortet, am besten sei natürlich, beides zu sein. Aber, so fügte ich hinzu, wenn ich mich denn unbedingt für einen entscheiden müsste, dann wäre es mir als potentiellem Patienten viel lieber, von einem guten Arzt behandelt zu werden, auch wenn er fragwürdige moralische Gründe dafür hätte (etwa nur das Geldscheffeln), als von einem gütigen, aber unfähigen Arzt, der mich unter Aufbietung all seiner Menschlichkeit und Uneigennützigkeit ganz allmählich sterben ließe…

Entsprechendes gilt für unsere Führungskräfte. Was ist besser? Ein guter Chef oder ein gütiger Chef? Im Idealfall wäre er natürlich beides, gewiss, doch ist das für eine Führungskraft in der Wirtschaft sehr viel schwieriger als für einen Arzt! Zwischen der ärztlichen Tätigkeit und der Moral gibt es kaum einen Gegensatz, fast immer sogar Überschneidungen. Was sagt die Moral dem Arzt? »Du sollst die Kranken behandeln.« Und was sagt ihm die Medizin? Sie sagt ihm, wie er die Kranken behandeln kann. Kein Gegensatz, sondern fast immer Übereinstimmung zwischen den Grundsätzen der Moral und den Mitteln der Medizin. Ganz anders sieht es für den Unternehmenschef aus!

Zwischen dem, was ihm die Moral vorschreibt (etwa: »Du musst jeden Menschen als Zweck und nicht nur als Mittel behandeln«[16]), und dem, was ihm die Wirtschaft sagt (beispielsweise: »Du musst den Gewinn deines Unternehmens maximieren«), besteht zwar nicht immer ein Gegensatz, keineswegs, aber doch wenig natürliche Übereinstimmung! Also, was steht dem Unternehmenschef besser zu Gesicht: eine gute Führungskraft (also tüchtig und effizient) zu sein oder eine gütige Führungskraft zu sein (voller Liebe und Großzügigkeit)? Im Idealfall beides zugleich, aber das ist nicht immer möglich. Und wenn ich mich zwischen dem einen und dem anderen entscheiden muss, dann bleibe ich bei dem, was ich anlässlich des Arztes gesagt habe: besser (auch für die Arbeitnehmer, auch für die Kunden, auch für den Sozialkörper insgesamt) eine gute als eine gütige Führungskraft! Was nicht heißen soll, dass die Moral im Unternehmen nichts zu suchen hat. Aber sie bleibt doch immer marginal, zumindest aus Sicht des Unternehmens (aus Sicht des Jahresabschlusses, wenn Sie so wollen). Doch was für die Gruppe nur am Rande zählt, kann für die Individuen zentrale Bedeutung haben. Eine gute Führungskraft zu sein heißt nicht, dass man nicht auch versuchen müsste, eine gütige oder menschliche Führungskraft zu sein, die sich um ihre Arbeitnehmer kümmert.

Im Übrigen ist der »Rand« eines Blattes auch die Grenze: Dort beginnt der Bereich, den man normalerweise nicht be-

16 Um die meiner Meinung nach klarste Formulierung des kategorischen Imperativs bei Kant aufzugreifen: »Handle so, daß du die Menschheit sowohl in deiner Person, als in der Person eines jeden andern jederzeit zugleich als Zweck, niemals bloß als Mittel brauchst.« (*Grundlegung zur Metaphysik der Sitten*, Akademieausgabe, Bd. IV, S. 429.)

schreiben darf. Das ist nur eine Metapher, aber sie verdeutlicht einen wichtigen Punkt. Dieser »Rand« der Moral (von dem ich spreche, wenn ich sage, dass die Moral innerhalb des Unternehmens nur am Rande zur Wirkung kommt) ist auch die Grenze, die sie den Individuen auferlegt beziehungsweise die sich jedes Individuum selbst auferlegt – etwa weil eine Führungskraft bestimmte Dinge unter keinen Umständen tut, egal, ob ihr Unternehmen darunter leidet oder daran sogar zugrunde geht. Welcher Chef wäre bereit, zu morden oder zu foltern, um sein Unternehmen zu retten? Na gut. Aber Politiker zu bestechen? Qualifizierte Kräfte der Konkurrenz abzuwerben? Industriespionage zu betreiben? Steuern zu hinterziehen? Die Gewerkschaften auszuspähen? Ohne Not Entlassungen vorzunehmen? Die Grenzen sind variabel und verändern sich je nach Individuum, Branche oder Umständen. Häufig müssen sie in aller Eile gezogen werden. Ein Grund mehr, vorher über sie nachzudenken.

Der Fall des Unternehmenschefs ist besonders interessant und schwierig. In seiner Führungsfunktion vertritt er die Interessen einer Gruppe: Zunächst einmal ist er dem absteigenden Katalog der Prioritäten verpflichtet. Trotzdem bleibt er ein Individuum und als solches, so ist zumindest zu hoffen, empfänglich für die aufsteigende Hierarchie der Primate. Das macht seine Aufgabe schwierig. Es gibt keine glückliche Verantwortung (in dem Sinne, dass einem alles gelingt), aber auch kein menschliches Glück ohne Verantwortung. Da stoßen wir auf die Tragik. Schließlich hat ein Unternehmenschef, dem der Spagat zwischen den Forderungen des Marktes und denen des Gewissens zu mühsam wird, immer noch einen Trost: Wenn ihm seine Aufgabe zu schwierig erscheint, gibt es genügend andere, denen es ein Vergnügen wäre, ihn zu ersetzen ... Für uns – die Bürger, Konsumenten, Arbeitnehmer etc. – ergibt sich daraus die Verpflichtung, das Individuum nicht auf seine Funktion zu reduzieren. Ein guter Unternehmenschef kann (unter der Bedingung, dass es nicht zu sehr auffällt) ein Halunke sein; ein schlechter Unternehmenschef kann ein herzensguter Mann sein. Moralisch habe ich größere Achtung für diesen. Doch ich fürchte, dass er gesellschaftlich, politisch, wirtschaftlich gefährlicher ist als jener.

Und dann sind da noch all die anderen, die weder Halunken noch inkompetent sind ... Sie machen ihre Arbeit. Gut? Schlecht? Das kann vom Standpunkt abhängen. Aktionäre und Gewerkschafter haben nicht unbedingt denselben. Und das ist gut so. Das Volk wählt den Unternehmenschef zwar nicht, aber es macht das Gesetz, dem auch die Führungskräfte und Unternehmenschefs unterworfen sind. Das genügt zwar nicht (Lionel Jospin hatte recht, als er daran erinnerte, dass »der Staat nicht alles kann«; nur in Frankreich kann eine solche triviale Feststellung Empörung hervorrufen), ist aber auch nicht nichts.

Schließlich habe ich auch nicht gesagt, dass jedem Unternehmen nur am Profit gelegen ist – oder falls ich es angedeutet habe, war es nur eine Verkürzung, um direkt auf den wesentlichen Punkt zu kommen. Der Gewinn gehört zu den Zielen des Unternehmens; häufig ist er sein hauptsächliches Ziel; aber nicht unbedingt sein einziges. Lassen Sie mich noch eine letzte Anekdote erzählen. Vor einigen Monaten sprach ich mit einem Unternehmenschef. »Seit Jahren frage ich mich nach dem Ziel des Unternehmens«, sagte er zu mir. Und fügte hinzu: »Jetzt habe ich es endlich gefunden.« – »Das interessiert mich«, erwiderte ich. »Lassen Sie hören!« – »Sie werden sehen. Es ist ganz einfach: Das Ziel eines Unternehmens ist das Ziel des Aktionärs.«

Das ist in der Tat außerordentlich einfach, aber auch überaus erhellend. Aus zwei Gründen. Erstens rechtfertigt es die Vielfalt der Zielsetzungen verschiedener Unternehmen. Warum sollen alle Unternehmen das gleiche Ziel haben? Wer sagt, dass ein Unternehmen nur eine einzige Zielsetzung hat? Verschiedene Aktionäre können für ein Unternehmen verschiedene Ziele haben. Doch nehmen wir den einfachsten Fall: Stellen wir uns aus Gründen der Übersichtlichkeit vor, es gäbe nur einen einzigen Aktionär. Wenn das Ziel dieses Aktionärs der Gewinn ist, dann ist der Gewinn tatsächlich auch das Ziel des Unternehmens. Ist das Ziel des Aktionärs jedoch der Fortbestand des Unternehmens (wie häufig in kapitalistischen Familienunternehmen), dann ist auch das Ziel des Unternehmens der eigene Fortbestand. Gelegentlich liegt dann die Bereitschaft vor, ein wenig Geld zu verlieren oder etwas weniger zu verdienen, um diese Fortdauer nicht zu gefährden. Das Unternehmen ist seit vier Generationen im Familienbesitz: Zwei Kriege hat man überstanden, man hat mehr als genug, um gut zu leben, vor allem ist einem daran gelegen, an die Kinder weiterzugeben, was man von den Eltern oder Großeltern bekommen hat ... Ich weiß sehr wohl, dass es auch das gibt!

Ist für den Aktionär hingegen Macht oder Einfluss das Ziel (wie beispielsweise in bestimmten Mediengruppen), dann ist das Ziel des Unternehmens eben Macht und Einfluss. Wenn schließlich – ich könnte noch lange fortfahren – für den Aktionär die Philanthropie oder das Wohl der Menschheit das Ziel ist (das ist zwar selten, aber denken Sie z.B. an jenes Unternehmen, das von einem hochbegabten New-Age-Jünger gegründet wurde), dann ist das Ziel des Unternehmens die Philanthropie oder das Wohl der Menschheit... Das entbindet keines dieser Unternehmen von der Notwendigkeit, auch Gewinne zu machen. Sonst könnte es nicht fortbestehen. Das ist aber nicht notgedrungen sein wichtigstes Ziel.

Die Ziele von Unternehmen sind also vielfältig und unterschiedlich. Es stellt sich daher die Frage: Was ist, insgesamt gesehen, das vorrangige Ziel unserer Unternehmen? Und diese können wir dann in eine andere Frage umwandeln: Welches vorrangige Ziel verfolgen die Aktionäre, insgesamt gesehen? Und da brauchen wir uns nur die Börse anzusehen (auch wenn nicht jedes Unternehmen an der Börse notiert ist, so erhalten wir doch einen brauchbaren Längsschnitt), um zu erkennen, dass der Hauptzweck, den unsere Aktionäre verfolgen und unsere Unternehmen infolgedessen haben, der Gewinn ist... Es sei noch einmal gesagt, ich werfe es niemandem vor: Auf diese Weise kommt unsere Wirtschaft voran, und das brauchen wir alle. Allerdings ist darauf zu achten, dass ihr nicht jedes Mittel recht ist, um voranzukommen. Da kommen die Rechte und Forderungen der Politik ins Spiel!

Sie messen dem Aktionär zu viel Bedeutung bei! Der Aktionär, das sind in immer stärkerem Maße Sie und ich, das sind Millionen amerikanische Ruheständler (durch die Pensionsfonds), Millionen europäische Kleinsparer (etwa durch Investmentgesellschaften) ... Der Aktionär, das sind alle, also niemand!

Nicht ich schreibe dem Aktionär solche Bedeutung zu, sondern der Kapitalismus! Wenn Madame Liliane Bettencourt das, soweit ich weiß, größte französische Vermögen besitzt, dann vermutlich nicht deshalb, weil sie mehr als alle anderen gearbeitet hat, sondern weil sie die Tochter des Gründers von L'Oréal ist, weil sie das Unternehmen geerbt hat und heute noch dessen Hauptaktionärin ist. Das sagt nichts über den menschlichen Wert dieser mir unbekannten Dame aus, aber eine Menge über unsere Gesellschaft. Privateigentum an den Produktions- und Tauschmitteln ... Ich komme immer wieder darauf zurück, weil das der springende Punkt ist. Es gibt keinen Kapitalismus ohne Eigentümer.[17] Es gibt nur mehr oder weniger zahlreiche Eigentümer, mehr oder weniger dauerhafte Eigentümer, wobei

17 Hier bin ich anderer Meinung als Michel Albert, der einen »rheinischen Kapitalismus« mit dauerhaften und bekannten Eigentümern einem »angelsächsischen oder neoamerikanischen Kapitalismus« gegenüberstellt, der ein Kapitalismus »ohne Eigentümer« sei, weil es nur anonyme und wechselnde Aktionäre gebe (*Kapitalismus gegen Kapitalismus*, Frankfurt, Campus, 1992, Kapitel III, »Ein Kapitalismus ohne Eigentümer«). Diesen Unterschied mag es geben. Das ändert aber nichts daran, dass in beiden Fällen die Aktionäre die Eigentümer des Unternehmens sind, dass sie die Dividenden bekommen und sie den Vorstand direkt oder indirekt ernennen. Im Übrigen nähern sich diese beiden Modelle einander seit zwanzig Jahren unaufhaltsam an — in Richtung des angelsächsischen Modells. Unter diesem Gesichtspunkt ist die chronologische Unterscheidung, die Alain Minc vor-

jedoch weder die Zahl noch die Dauer etwas am Wesen des Systems ändern. Glauben Sie, dass die Auchan-Gruppe, die nicht an der Börse notiert ist und fast zur Gänze einer einzigen Familie gehört (der Familie Mulliez), deshalb weniger kapitalistisch ist als die Carrefour-Gruppe, deren Aktien seit langem das (in letzter Zeit allerdings ein wenig getrübte) Glück von Millionen Sparern ausmachen und die sich, oft ohne ihr Wissen, in den Portefeuilles ihrer Investmentfonds oder ihrer Lebensversicherung befinden? Von Zeit zu Zeit suche ich die Kaufhäuser beider Gruppen als Kunde auf. Ich habe noch keinen Unterschied entdecken können ...

Doch in einem wichtigen Punkt haben Sie recht: Der Aktienbesitz hat sich in den letzten Jahren erheblich verbreitet oder sogar sozialisiert. Aber ändert das etwas Wesentliches?

Ein bisschen schon, das gebe ich zu, aber nicht unbedingt das, was man meint. Erinnern Sie sich noch an den Diskurs, den man vor etwa dreißig Jahren in der rechten Presse lesen konnte: »Der Gegensatz zwischen Kapitalismus und Sozialismus ist überholt«, hieß es da. »Es zählt nicht mehr derjenige, dem das Unternehmen gehört, sondern derjenige, der es führt – nicht der Aktionär oder der Staat, sondern der Unternehmer! Nicht der Besitz zählt, sondern die Tatkraft!

schlägt (zwischen einem Managementkapitalismus und einem Patrimonial-kapitalismus), erhellender und zeitgemäßer als die geographische Unterscheidung, auf die sich Michel Albert stützt (Alain Minc, *www.capitalisme.fr*, Grasset, 2000). Der Managementkapitalismus, das ist der Kapitalismus der Unternehmenschefs, der die dreißig »glorreichen« Nachkriegsjahre bestimmte. Der Patrimonialkapitalismus ist der Kapitalismus der Aktionäre, der sich heute allmählich durchsetzt. Doch in beiden Fällen haben wir es mit Kapitalismus zu tun.

Nicht der Aktionär, sondern der Manager!« Nun gab es aber Manager im Westen wie im Osten, folglich mussten sich die beiden Systeme nach dieser Auffassung annähern... *Wandel durch Annäherung* nannte man das damals. Das erschien umso plausibler, als sich im Westen der Aktienbesitz tatsächlich ausbreitete, während der Sozialismus des Ostblocks in dem Versuch, sich zu modernisieren, seinen Managern etwas mehr Freiheit gab. Wie sollten sich die beiden Systeme nicht annähern, wenn doch der Aktienbesitz immer sozialer und sich der Sozialismus immer stärker an einem effizienten Management orientierte? Alle würden es sehen: die große Annäherung zwischen Ost und West im Zeichen des Managements!

Wir haben es gesehen. Es gab überhaupt keine Annäherung. Im Osten gab es ein System, das zunächst einen Rückgang erlebte und dann implodierte, und im Westen ein System, das sich zwar weiterentwickelte, in dem aber die Aktionäre den Managern schon bald klarmachten, wer die Macht hatte: In einem kapitalistischen Land ist die wirtschaftliche Macht dem Besitz unterworfen, nicht umgekehrt. Die Sozialisierung des Kapitals hat tatsächlich stattgefunden – durch die Pensionsfonds, die Pensionskassen, die Investmentfonds, die Lebensversicherungen und so fort. Manch einer möchte darin noch heute eine kollektive Inbesitznahme, eine »kollektive Besitzergreifung der Produktionsmittel« sehen – so etwas wie einen posthumen und paradoxen Sieg von Marx an der Börse.[18] An dieser Sozialisierung gibt es keinen Zweifel. Doch sie führt keineswegs

18 Vgl. Philippe Manière, *Marx à la corbeille. Quand les actionnaires font la révolution*, Stock, 1999.

zum Verschwinden des Kapitalismus! Ganz im Gegenteil: Das Kapital wird immer sozialer, aber keineswegs sozialistischer! Warum? Weil die – häufig sehr kompetenten und sehr ehrlichen – jungen Leute, die die Pensions- oder Investmentfonds führen, unter einem ganz anderen Rentabilitätsdruck stehen als Papas gemütlicher alter Kapitalismus! Wie eben dargelegt, kann in einem Familienunternehmen dessen Fortbestehen mehr zählen als der Gewinn. Wenn dieser ein wenig zurückgeht, ist das keine Katastrophe. Doch der Geschäftsführer eines Investmentfonds interessiert sich nicht für den Fortbestand des Unternehmens. Jeden Tag verkauft er Tausende von Aktien auf allen Märkten der Welt. Wenn er 12 Prozent Kapitalrendite in Ihrem Unternehmen, aber 15 Prozent in einem anderen zugestanden bekommt, dürften Sie ihn wohl kaum zurückhalten können! Nicht dass er böse oder unbedingt unsensibel wäre. Er macht die Arbeit, für die er bezahlt wird, und seine Arbeit ist in diesem Fall, das Kapital oder die Einkünfte von Millionen Ruheständlern (nicht nur amerikanischen) und Sparern zu maximieren. Dass das gegenteilige Folgen haben kann, weiß jeder. Die Globalisierung ist auch eine Finanzialisierung (was Marx, wie mir scheint, vorausgesehen hat: wachsende Vormachtstellung des Finanzkapitals gegenüber dem Industriekapital), und das birgt viele Gefahren. Von allen unseren Unternehmen eine Kapitalverzinsung (ROI) von mindestens 15 Prozent zu verlangen ist unvernünftig, es sei denn, man fälscht die Bilanzen: Denken Sie an die Affäre Enron, die Affäre Andersen, die Affäre Vivendi ... Müssen wir uns also auf die Gutwilligkeit unserer Manager verlassen? Ich werde mich hüten! Besser ist es, eine gewisse Anzahl von Sicherungen einzubauen, die in den Händen unabhängiger Instanzen liegen können (etwa der Börsenaufsicht), die aber auch, und in immer stärkerem Maße, von neuen gesetzlichen Grenzen, wenn möglich im Weltmaßstab, garantiert werden.

Mit einem Wort, der Aktienbesitz in der einen oder anderen Form (börsennotiert oder nicht, in Familienbesitz oder nicht, beständig oder nicht) beruht im Wesentlichen auf der kapitalistischen Wirtschaftsordnung. Das erklärt einen Teil ihrer Effizienz – durch die Mobilisierung und die Mobilität des Kapitals –, aber auch ihre Gefahren, vor allem für die Ärmsten, die nichts besitzen, auf jeden Fall kein Kapital (die Proletarier, wie Marx sagte). Nicht alle Menschen sind Aktionäre. Doch selbst wenn das der Fall wäre, hätten wir den Kapitalismus noch lange nicht überwunden und wären nach wie vor auf die Politik angewiesen!

Ich war Führungskraft in einem multinationalen Konzern. Vor drei Jahren wollte ich mich auf eigene Füße stellen: Ich gründete eine eigene Firma. Nun arbeite ich seit drei Jahren viel mehr, verdiene aber lange nicht so viel wie als Gehaltsempfänger...

Das ist ganz allein Ihre Entscheidung! Sie hätten genauso gut in ein Kloster gehen, Schafe auf Korsika züchten oder sich eine Kugel in den Kopf schießen können: Das hätte am Wesen des Kapitalismus genauso wenig geändert! Wenn ich sage, dass, insgesamt gesehen, die Gewinnerwirtschaftung das vorrangige Ziel unserer Unternehmen ist, so will ich damit nicht behaupten, dass das auch notwendigerweise für die Individuen gilt, die sie gründen oder leiten. Sie sind nicht Ihr Unternehmen. Es ist durchaus möglich, dass das Ziel, das Sie als Individuum haben, nicht die Mehrung Ihres Wohlstands ist: Sie haben Ihr Unternehmen vielleicht aus dem Wunsch nach Unabhängigkeit, aus Liebe zum Abenteuer oder zur Macht gegründet, was weiß ich ... Wenn Sie Chef und Eigentümer sind (und angenommen, Sie sind der einzige Aktionär), dann ist das zugleich auch das Ziel Ihres Unternehmens. Doch zum einen muss dieses Unternehmen deswegen doch Gewinn erzielen, um sich zu entwickeln; und zum anderen ändert das weder etwas an der dem System innewohnenden Logik noch an dem vorrangigen Ziel – insgesamt gesehen, auf unser Land oder den Planeten bezogen.

Noch deutlicher ist es bei den angestellten Führungskräften. Nehmen wir an, das Ziel ihres Unternehmens wäre, wie meistens der Fall, die Gewinnerwirtschaftung. Das beweist nicht, dass der Chef des Unternehmens auch als Individuum keinen anderen Zweck verfolgt als den Profit. Das wäre traurig. Ich habe es eben schon am Rande angemerkt: Ein Mensch, der keinen höheren Wert als das Geld kennt, ist ein armer Wicht. Die Logik der Priorität – also die Logik des Unternehmens – hebt nicht die Logik der Primate auf, die für Individuen gilt.

Und schließlich möchte ich Ihnen noch sagen, dass drei Jahre eine kurze Zeit sind. Hätten Sie Ihr Unternehmen auch gegründet, wenn Sie überzeugt gewesen wären, dass Sie lange nicht so viel verdienen würden wie als Angestellter?

Vielleicht nicht. Aber ich bin ein Risiko eingegangen...

Das ist der Geist des Kapitalismus, aus dem sich ein Teil seiner Effizienz erklärt. Aber machen wir daraus doch keine moralische Rechtfertigung. Zu investieren ist weder eine Schande noch eine Tugend, sondern ein kalkuliertes Risiko. Der Markt ist weder ein Spielkasino noch ein langer ruhiger Fluss. Doch am Ende ist er es, der entscheidet.

Und dann noch etwas anderes. Sie sind ein Risiko eingegangen, das bezweifle ich nicht. Aber glauben Sie wirklich, dass das Risiko heute für die Angestellten geringer ist? Das Leben, auch das Wirtschaftsleben, ist gefährlich, grausam, ungerecht. Nicht die Tugendhaftesten gewinnen, sondern die Effizientesten... oder die Glücklichsten. Das ist kein Grund, auf die Tugend oder die Effizienz zu verzichten.

Ist die Börsenspekulation nicht unmoralisch?

»Börsenspekulation« – ich frage mich, ob das nicht ein Pleonasmus ist... Einige Anleger halten langfristige Beteiligungen, andere folgen dem Rein-raus-Prinzip fast auf täglicher Basis... Doch immer spekuliert man mit dieser oder jener Aktie auf Hausse (oder, gelegentlich, auch auf Baisse)! Kein Zweifel, dass das amoralisch ist. Aber warum sollte es unmoralisch sein? Das ist eine Geldanlage wie jede andere, nur riskanter und rentabler (im Prinzip und auf Dauer) als die meisten... Die eigentliche Frage lautet, ob die Börse der Wirtschaft von Nutzen ist. Fragen Sie die Fachleute. Ich kenne jedoch keinen, der ihre Abschaffung verlangt...

Wenn die Börsenkurse zu hoch klettern, gibt es immer welche, die Zeter und Mordio schreien: Sie prangern die Leute an, die »im Schlaf reich werden«. Wenn die Kurse spektakulär in den Keller fallen, beklagen andere – und manchmal dieselben – Leute lautstark die »Milliarden, die sich in Rauch auflösen«. »Das beweist doch deutlich«, sagen sie, »dass der Kapitalismus nicht funktioniert, dass er irrational, destruktiv ist…« Was wollen sie? Dass der Dax jedes Jahr um 2 bis 4 Prozent steigt? Diese Art von Geldanlage gibt es: Man nennt sie Sparbuch.

Seien wir ehrlich. Die Funktion der Börse ist die Akkumulation von Kapital. Jede kapitalistische Wirtschaft ist darauf angewiesen. Das ändert nichts an den Schwankungen, dem »irrationalen Überschwang der Märkte«, den Crashs, den unberechenbaren Kursentwicklungen noch, gelegentlich, an den Insidergeschäften oder den Skandalen. Das ändert auch nichts, was schwerer wiegt, an dem oft unerträglichen Druck, der auf den Unternehmen lastet – einem Druck, der sich als sozial desaströs erweisen kann, ohne wirtschaftlich gerechtfertigt zu sein. Ja, all das gibt es und bedarf unserer Aufmerksamkeit. Doch wenn wir die Börse abschaffen, wo finden wir dann das Kapital, das wir für Investitionen, also Wachstum, brauchen?

Häufig hält man die Börse für irrational. Das ist ein Irrtum. Wie anderswo ist auch an der Börse alles rational – was beileibe nicht heißt, dass dort auch alles vernünftig wäre! Die Psychologie, die Phantasmen, die Gerüchte, die Panikattacken – all das ist nicht weniger rational als der Rest. Es ist nur schwerer vorherzusehen und zu kontrollieren. Die Börse, wenn ich diesen Vergleich noch einmal bemühen darf, ist wie das Wetter: Alles ist rational, aber nichts ist vorhersehbar (von sehr kurzfristigen Prognosen abgesehen). Alles lässt sich erklären, aber erst hinterher. Das macht die Sache in jeder Hinsicht interessant und riskant... Es ist ein – in der physikalischen Bedeutung des Wortes – chaotisches System; was seine Wirksamkeit allerdings nicht beeinträchtigt.

Und die Pensionsfonds?

Das ist nicht wirklich mein Problem... Ich wundere mich nur, dass einige daraus eine Art Tabu machen. Das ist eine Frage der Effizienz, nicht der Theologie! Wenn die Pensionsfonds uns helfen können, unseren Ruhestand zu finanzieren, warum nicht? Wenn sie verhindern können, dass unsere Großunternehmen von angelsächsischem Kapital gekauft werden, wie das immer häufiger geschieht, warum nicht? Ob sie das können? Darauf kann ich Ihnen keine Antwort geben. Fragen Sie die Fachleute!

Wenn es keine Alternative zum Kapitalismus gibt – oder keine mehr –, bedeutet das, dass wir, wie Fukuyama sagt, ans Ende der Geschichte gekommen sind?

Mit Sicherheit nicht! Die Idee vom Ende der Geschichte ist zwar an sich nicht absurd. Der Tag, an dem die Menschheit verschwindet, was geschehen kann (was sogar notwendigerweise geschehen wird: In unendlicher Zeit tritt alles ein, was möglich ist; und das Verschwinden der Menschheit ist ganz gewiss möglich …), dieser Tag wird im eigentlichen Sinne das Ende der Geschichte sein. Doch das ist das einzige Ende der Geschichte, das ich mir vorstellen kann: Noch ist es nicht so weit, und das ist gut so! Vor dem Ende der Menschheit von einem »Ende der Geschichte« zu sprechen erscheint mir unzulässig.

Lange vor Fukuyama hat Hegel den Begriff verwendet. Bei diesem außergewöhnlichen Denker hängt er jedoch mit dessen teleologischem Geschichtsbegriff zusammen: weil die Geschichte von Anfang an auf ein bestimmtes Ende hinauswill (im Sinne von Finalität: ein Ziel, einen Sinn hat). Das Ende der Geschichte ist nicht, wenn nichts mehr geschieht, was natürlich unmöglich ist, sondern das, was geschieht, wenn das Ziel erreicht ist (beispielsweise der preußische Staat bei Hegel oder die liberale Demokratie bei Fukuyama). Doch ich glaube eben ganz und gar nicht, dass die Geschichte zielgerichtet ist! Wie Spinoza kenne ich nur wirksame Ursachen. Wenn die Geschichte also kein vorherbestimmtes Ende (kein Ziel) hat, dann kann sie es auch nicht erreichen: Dann hat der Begriff vom Ende der Geschichte keinen Sinn mehr.

Selbst bei einem gewöhnlicheren Wortverständnis wäre der Begriff »Ende der Geschichte« sinnlos. Niemand weiß, in was für einer Welt unsere Urenkel leben werden. In einer Demokratie oder einer Diktatur? In Überfluss oder Not? In einem unabhängigen oder unterworfenen Staat? In Frieden oder Krieg? In einer kapitalistischen Wirtschaft? Einer kollektivistischen? In einem anderen System? Wir können es nicht wissen. Die Geschichte geht weiter und bleibt, was sie immer war: unvorhersehbar, gefährlich, spannend. Zu glauben, wir hätten das Ende der Geschichte erreicht, das heißt, sich auf allzu einfache Art zu trösten oder schlafen zu legen!

Ich habe Mühe, den Unterschied zu verstehen, den Sie zwischen Moral und Ethik machen. Ist die Liebe nicht moralisch?

Nein, weil sie sich nicht erzwingen lässt! Kant hat es gesagt: »Liebe ist eine Sache der *Empfindung*, nicht des *Wollens*, und ich kann nicht lieben, weil ich *will*, noch weniger aber weil ich *soll* (zur Liebe genöthigt werden); mithin ist eine *Pflicht zu lieben* ein Unding.«[19] Wenn Ihre Frau Sie nicht mehr liebt, welchen Sinn hätte es dann, ihr zu sagen: »Du sollst mich lieben«? Die Liebe lässt sich nicht erzwingen. Doch die Moral ist die Gesamtheit der bedingungslosen Befehle, die wir uns auferlegen oder von denen wir meinen, wir müssten sie uns auferlegen oder sie müssten universell auferlegt werden (was Kant den »kategorischen Imperativ« nennt). Die Liebe ist also jenseits der Moral angesiedelt. Das sei der Geist der Evangelien, habe ich in meiner Rede gesagt, wie Augustinus es so wunderbar zusammenfasst: »Liebe und tu, was du willst.« Insofern gibt es keine Moral der Evangelien, sondern nur eine Ethik.

Das bedeutet natürlich nicht, dass es unmoralisch wäre zu lieben. Die Liebe geht über die Moral hinaus, aber sie

---

19 *Die Metaphysik der Sitten*, Akademieausgabe, Bd. VI, S. 401 (Hervorhebungen von Kant).

hebt sie nicht auf, verstößt nicht gegen sie: Sie verlängert sie. Sie schafft sie nicht ab: Sie vollendet sie.

Schauen wir uns ein Beispiel an. Sie sehen eine junge Mutter, die ihr Letztgeborenes stillt. Sie fragen sie: »Warum stillen Sie dieses Kind, Madame?« Stellen Sie sich vor, sie antwortet Ihnen: »Ich stille es aus moralischen Gründen; ich halte es für meine Pflicht.« Sie sagen sich: »Arme Mutter und armes Kind!« Dabei ist es doch ihre Pflicht, das Kind zu nähren. Doch tatsächlich nährt sie es aus Liebe, und das ist für sie wie für das Kind weitaus besser.

Oder denken Sie an den scheußlichen Ausdruck »eheliche Pflichten«. Wenn Liebe herrscht, brauchen wir die Moral nicht mehr. Die Liebe genügt und ist besser.

Wir brauchen die Moral nur, wenn die Liebe fehlt. Deshalb haben wir einen so schrecklichen Bedarf an Moral – weil die Liebe meist fehlt.

Was befiehlt uns die Moral? Nicht zu lieben (die Liebe lässt sich nicht erzwingen), sondern so zu handeln, als liebten wir (eine Handlung lässt sich erzwingen). Hier spricht Kant von der praktischen Liebe[20] (*Praxis* ist das griechische Wort für »Tun«, »Handlung«). Die Moral sieht aus wie Liebe. Das Ideal wäre natürlich, dass wir unseren Nächsten wirklich liebten. Doch das ist ein bisschen viel verlangt. Zur Liebe sind wir so wenig und so schlecht fähig! Da bleibt uns nur übrig, so zu handeln, als würden wir lieben ... Genau das ist die Moral.

Beispielsweise gibt man, wenn man liebt. Die Liebe ist großzügig, heißt es ... Gewiss, doch wenn wir aus Liebe

---

20 *Kritik der praktischen Vernunft* (»Von den Triebfedern der reinen praktischen Vernunft«), Akademieausgabe, Bd. v, S. 83.

geben, ist das nicht Großzügigkeit, sondern Liebe. Wenn wir unsere Kinder zu Weihnachten mit Geschenken überschütten, sagen wir uns nicht: »Wie großzügig ich bin!« Wir sagen: »Wie ich sie liebe!« Vielleicht auch: »Wie töricht ich bin!«, aber nicht: »Wie großzügig ich bin!« Die Liebe gibt, doch wenn wir aus Liebe geben, ist es keine Großzügigkeit. Das führt zu einer Definition der Großzügigkeit (als einer im engeren Sinne moralischen Tugend), die ich erschreckend aufschlussreich finde: Großzügig zu sein heißt, denen zu geben, die wir nicht lieben. Beispielsweise dem zu essen zu geben, der Hunger hat; dem Geld zu geben, der Not leidet …

Sehr schön. Aber wo sollen wir haltmachen? Was bleibt mir, wenn ich alle Armen beschenke? Liebe zu fordern, das heißt, zu viel von uns zu verlangen. Das gilt für die Moral aber auch! Denen zu geben, die ich nicht liebe? Auf keinen Fall oder so wenig wie möglich! Also was tun? Wir erfinden das Recht für die objektiven Beziehungen und die Höflichkeit für die subjektiven Beziehungen. Wenn du nicht großzügig bist, dann respektiere wenigstens das Eigentum anderer. Wenn du den anderen nicht achten kannst, dann tu wenigstens so: Sage »Entschuldigung«, wenn du ihn anrempelst, »bitte«, wenn du etwas von ihm verlangst, »danke«, wenn er es dir gibt. Wir ahmen den Respekt und die Dankbarkeit nach, die wir nicht empfinden. Wir ahmen die Moral nach, die nicht da ist.

Das Recht und die Höflichkeit ahmen die Moral nach (wer höflich ist und die Gesetze achtet, handelt, als wäre er tugendhaft); die Moral ahmt die Liebe nach (moralisch zu sein, das heißt, zu handeln, als liebte man). Sie fragen mich vermutlich: »Aber wann hören wir denn auf, so zu tun als ob?« In zwei Situationen, und vielleicht nur diesen zweien: Wenn wir aus Liebe handeln – ich spreche dann von Ethik – und wenn wir darauf verzichten, so zu tun als ob – das nenne ich Barbarei.

In einer Gesellschaft, in der Recht und Höflichkeit von allen Mitgliedern strikt beachtet würden, ließe es sich sehr gut leben. Doch ihr fehlte das Wesentliche, die Liebe, und deren engste Verwandte, die Moral. Der Mensch sei groß »selbst in seiner Begierde«, schreibt Pascal, »weil er daraus eine bewundernswerte Ordnung gewinnen konnte und ein Bild der christlichen Liebe daraus gemacht hat.«[21] Das ist jedoch nur ein Bild – nur eine Nachahmung. Würden sich alle an Recht und Höflichkeit halten, würde die Gesellschaft reibungslos funktionieren. Aber wir wären trotzdem verdammt, würde Pascal sagen. Und genauso wären wir verloren. Weder Recht noch Höflichkeit können retten, noch nicht einmal die Moral, allein die Liebe. Da möchte ich auf Spinoza verweisen. Ihm, der nicht christlicher ist als ich, fällt zu Jesus Christus die folgende Formulierung ein: »Auf diese Weise befreite er sie [seine Jünger] von der Knechtschaft des Gesetzes, und nichtsdestoweniger bestätigte und befestigte er dadurch das Gesetz noch mehr und schrieb es tief in ihre Herzen ein.«[22] Christus kam nicht, um abzuschaffen, sondern um zu erfüllen. Er sagt uns nicht, das Recht habe jede Bedeutung verloren, sondern: »Was du vorher aus Pflichtgefühl (aus Achtung vor dem moralischen Gesetz) getan hast, tu fortan aus Liebe.«

21 *Gedanken*, Pascal im Kontext, 118/402.
22 »Theologisch-politischer Traktat«, *Werke in drei Bänden*, a.a.O., S. 74.

Wohl denen, denen das gelingt. Mir scheint, viele sind es nicht. Für die anderen bleibt das moralische Gesetz. Und für alle die, denen es nicht gelingt, moralisch zu sein (also meistens uns allen), bleibt das Gesetz des Staates (das Recht). Die Ethik hat einen höheren Wert als die Moral. Die Moral hat einen höheren Wert als das Recht, aber die Moral ist notwendiger als die Liebe und das Recht realistischer als die Moral. Wenn wir nicht fähig sind, auf der Höhe des Neuen Testaments zu leben, sollten wir uns zumindest an das Alte halten.

Doch was gibt es für einen Unterschied zwischen den Ordnungen Nr. 4 und Nr. 5, zwischen der Ethik und der Religion? Der Gott, an den ich glaube, ist ein Gott der Liebe. Hier bilden Ethik und Religion doch eine Einheit!

Vielleicht für diejenigen, die den Glauben haben und denen es gelingt, ihn zu leben. Mir als Atheisten stellt sich das natürlich anders dar. Ist die Liebe Gott? Dazu müsste die Liebe unendlich, unsterblich, allmächtig sein … Meiner Erfahrung entspricht das nicht: Mir hat sich die Liebe nie anders als begrenzt, schwach, sterblich dargestellt … Ich bin davon überzeugt, dass wir uns lieben können, bis der Tod uns scheidet. Aber darüber hinaus lieben? Sagen wir, der Glaube ist mir versagt.

Sie haben am Anfang Ihrer Rede davon gesprochen, dass die Frage nach dem Sinn von wesentlicher Bedeutung für das spirituelle Leben ist... Dann sind Sie nicht mehr darauf zurückgekommen. Wenn es keinen Gott gibt, nichts Übernatürliches (keine Ordnung Nr. 5), wie lässt sich dann der Begriff des Sinns und der Spiritualität fassen?

Zu allein dieser Frage könnte man einen weiteren Vortrag halten... Aber gut, ich will versuchen, ein paar Gedanken anzudeuten.

Bekanntlich lässt sich das Wort »Sinn« auf zweierlei Art verstehen: erstens als »Bedeutung« (der Sinn eines Satzes) und dann als »Richtung« oder »Ziel« (Uhrzeigersinn, der Sinn einer Maßnahme). In beiden Lesarten weist der »Sinn« über sich hinaus: Der Sinn eines Wortes ist nicht das Wort selbst; der Sinn einer Handlung ist nicht diese selbst. Nehmen wir an, Sie fahren auf der Autobahn in Richtung Marseille: Marseille ist das Ziel Ihrer Fahrt. Sie könnten nach Marseille auch von Tanger, Peking oder New York gelangen. Marseille könnte Ihr Ziel von allen Punkten der Erde sein. Wirklich von allen? Nicht ganz. Es gibt einen Ort, einen einzigen, an dem Marseille nicht als Ziel dienen kann. Das ist Marseille: Wenn wir in Marseille sind, können wir nicht dorthin fahren. Genauso verhält es sich mit dem Sinn. Der Sinn ist niemals dort, wo wir sind, sondern dort, wo wir hingehen. Das nenne ich die diastatische Struktur des Sinns: Er verweist immer auf etwas anderes als sich selbst.[23]

23 Vgl. meinen *Traité du désespoir et de la béatitude*, a.a.O., Kapitel v (»Les labyrinthes du sens«), insbesondere Abschnitt 2. Vgl. ferner *La Sagesse des Modernes*, Robert Laffont, 1998, Kapitel v.

Deshalb ist er ungreifbar. Der Sinn ist immer woanders, und wir sind immer hier. Sinn liefert immer nur das andere und Realität immer nur dasselbe (alles Wirkliche ist dem Identitätsprinzip unterworfen, das kein Prinzip ist, sondern das Wirkliche selbst). Das ist kein Grund, auf den Sinn zu verzichten, aber ein Grund, darauf zu verzichten, ihn zu besitzen, wie man ein Kapital besitzt, oder es sich darin bequem machen zu wollen wie in einem Sessel.

Der Sinn kommt immer von anderem. Daher muss der Sinn der Arbeit etwas anderes sein als die Arbeit selbst (Geld, Ruhe, Gerechtigkeit, Freiheit …). Doch was heißt das, auf unsere vier Ordnungen bezogen? Das führt uns zurück zu den beiden, wie ich in meinem Schlusswort sagte, gegenläufigen Hierarchien, die eine aufsteigend, die andere absteigend. Mancher könnte nun behaupten, dass der Sinn der Liebe die Moral sei (dass die Liebe, etwa eines Paares, im Dienst der Pflicht stehe), der Sinn der Moral die Politik sei (dass die Moral im Dienst des Staates stehe) und schließlich der Sinn der Politik die Wirtschaft sei (dass der Staat im Dienst des Marktes oder der Unternehmen stehe). Dieser absteigende Sinn, dieser Sinn der Schwere, kann uns nur nach unten ziehen: zur Barbarei, der familiären, demokratischen oder liberalen. Dagegen müssen wir uns wehren. Sinn wird in einer säkularen Gesellschaft nur durch und für die Individuen gestiftet: Er muss der aufsteigenden Hierarchie der Primate unterliegen, nicht der absteigenden der Prioritäten. Was natürlich nicht bedeutet, dass die Prioritäten deshalb nicht mehr wirkten! Das ist das Reich der Ursachen, ohne das nichts existieren kann. Doch der Sinn gehört ins Reich der Zwecke, ohne das uns nichts befriedigen kann.

Konkret heißt das, dass jede Ordnung die Möglichkeitsbedingungen der unmittelbar über ihr liegenden Ordnung produziert und der unmittelbar unter ihr liegenden Ordnung einen Sinn gibt. Beispielsweise ist Politik ohne Wirtschaft unmöglich: Wenn kein Wohlstand geschaffen wird, gibt es weder Staat noch Recht noch Umverteilung. Umgekehrt ist Wirtschaft ohne Politik vielleicht möglich, hat aber keinen Sinn. Kohle um der Kohle willen zu machen, was für einen Sinn hätte das?

Gleiches gilt für die Ordnungen Nr. 2 und 3. Moral ohne Politik ist unmöglich: keine Moral im Naturzustand. Politik ohne Moral? Möglich vielleicht, aber ohne Sinn. Die Macht um der Macht willen zu ergreifen, was für einen Sinn hätte das?

Und noch einmal das Gleiche für die Ordnungen Nr. 3 und 4. Liebe ohne Moral ist unmöglich. Das zeigt uns Freud: Wenn es keine Verbote gibt (vor allem nicht das Inzesttabu), gibt es auch keine Liebe, nur noch Triebe. Aber Moral ohne Liebe? Das ist vielleicht möglich, hat aber keinen Sinn. Stellen Sie sich vor, eines Ihrer halbwüchsigen Kinder fragt Sie: »Sag mal, Papa, was ist eigentlich der Sinn des Lebens?« Können Sie sich vorstellen, dass Sie antworten: »Der Sinn des Lebens ist, dass du deine Pflicht tust!« Toller Sinn des Lebens! Die Pflicht an sich hat keinen Sinn (sie mache keinen Zweck aus, sagt Kant). Nicht die Moral gibt dem Leben einen Sinn, sondern die Liebe! Das müssen wir unseren Kindern beibringen. Das Leben ist nur in dem Maße wert, gelebt zu werden, wie wir darin Liebe empfangen oder geben. Das ist die große Lehre Spinozas: Nicht weil etwas gut ist, erstreben wir es, sondern umgekehrt, weil wir es erstreben, halten wir es für gut.[24] Nicht weil das Leben einen Sinn hat, lieben wir es, sondern in dem Maße, wie es einen Sinn bekommt, lieben wir es.

Ein gläubiger Mensch könnte diese aufsteigende Hierarchie natürlich bis zu Gott fortsetzen. Doch ein Atheist ist deshalb nicht gezwungen, auf Sinn oder Spiritualität zu verzichten: Die Liebe genügt ihm. Sie werden mir entgegenhalten, dass die Liebe an sich keinen Sinn hat. Damit bin ich einverstanden: Man liebt nicht zu einem Zweck. Doch zum einen gibt es die Liebe nie nur an sich (denn sie ist die Liebe zu ihrem Objekt); und zum anderen erschafft sie Sinn. Wir lieben nicht zu einem Zweck. Doch wenn wir lieben, leben wir für das, was wir lieben. Insofern ist die Liebe weniger zielgerichtet als zielstiftend (oder sie ist nur zielgerichtet, nach ihrem Objekt strebend, weil sie zunächst zielstiftend war). Sie hat kein Ziel, sie liefert es. Sie hat keinen Sinn, sondern schafft ihn. Poesie der Liebe (das griechische Wort *poíesis* heißt Schöpfung). Den Sinn gibt es nicht, er muss geschaffen werden. Nehmen Sie unsere Kinder... Haben sie nur deshalb einen Sinn, weil wir sie lieben? Keineswegs. Nur weil wir sie lieben, gewinnt unser Leben einen Sinn. Jede Liebe ist, für sich genommen, sinnlos; trotzdem gibt es keinen Sinn ohne Liebe. Dafür braucht es den lieben Gott nicht! Auch keine Ordnung Nr. 5! Nicht weil die Liebe

24 *Ethik*, III, Beweis des Lehrsatzes 9. Vgl. auch Beweis des Lehrsatzes 39. Das ist die Grundlage des spinozistischen Relativismus, der aber jeden Nihilismus zurückweist. Dazu habe ich mich ausführlich in *Valeur et vérité*, a.a.O., geäußert.

einen Sinn hat, lieben wir; sondern weil wir lieben, gewinnt unser Leben einen Sinn. Nicht der Sinn ist liebenswert, sondern erst die Liebe stiftet Sinn.

Aber Vorsicht – und damit schließe ich –, verfallen Sie deshalb nicht in die Blauäugigkeit. Die Liebe schafft Sinn, aber sie kann weder Reichtum noch Gerechtigkeit noch Moral (es sei denn vielleicht beim Weisen) ersetzen! Und versinken wir nicht noch weiter in der Barbarei. Die Wirtschaft ist von entscheidender Bedeutung; aber sie kann weder den Staat noch den Respekt noch die Spiritualität ersetzen. Diese vier Ordnungen sind alle notwendig, das sei mit Nachdruck gesagt, und wir müssen sie in beiden Richtungen sehen: der absteigenden Folge der Prioritäten und der aufsteigenden der Primate – sonst ergeben sie keinen Sinn. Etwas, was die Blauäugigen und die Barbaren nie verstehen werden. Und die Laizisten nie vergessen dürfen. Die Wirtschaft ist nicht moralisch; die Moral ist nicht rentabel. Was aber kein Grund ist, auf das eine oder das andere zu verzichten! Das ist ganz im Gegenteil vielmehr ein Grund dafür, sich mit beiden Ordnungen zu befassen und dem Verhältnis zwischen Recht und Politik alle Sorgfalt angedeihen zu lassen, die es verdient. Nur die Ordnung Nr. 2 kann den moralischen Werten des Individuums zumindest einen gewissen Einfluss auf die wirtschaftliche Realität eröffnen. Denn letztlich müssen wir handeln, und bewirken können wir etwas nur gemeinsam (ja, »alle gemeinsam« und zugleich die einen gegen die anderen, das nennt man Politik) und gesetzeskonform.

Und der Wohlfahrtsstaat? Ist der nicht für den Niedergang
Frankreichs verantwortlich?

Der Wohlfahrtsstaat wäre wunderschön. Zu schön, um
wahr zu sein? Ich würde mir eher einen tatkräftigen Staat
wünschen, gerecht und verantwortungsvoll. Ich habe es in
meinem Vortrag gesagt: Je klarer wir Wirtschaft und Moral
erkennen (die Kraft der Wirtschaft und die Schwäche der
Moral), desto mehr werden wir von Recht und Politik fordern. Allerdings dürfen wir diese *Forderung*, die sich auch
und vor allem an jeden von uns (in seiner Eigenschaft als
Bürger) richtet, nicht mit der ständigen Klage über den
Staat oder dessen Führung verwechseln. Das wäre zu einfach! Der Wohlfahrtsstaat ist eine wunderbare Sache, wenn
man ihn sich leisten kann. Aber der Staat als Fußabtreter
und Alibi, das geht zu weit! Verantwortungslosigkeit auf
Seiten der Individuen, das geht zu weit! Jean-Louis Syren
hat in einem seiner Vorträge folgende Anekdote erzählt
und mir geschworen, dass sie wahr sei. Ort des Geschehens:
die Universität von Burgund, Fachbereich Wirtschaftswissenschaft. Hören wir ihn selbst:

»Eine Studentin wurde in einer Seminarübung nach der
Vorlesung am Morgen gefragt und konnte sich nicht an das
Modell des vollkommenen Wettbewerbs erinnern. Wir beschlossen, mit einem einfachen Beispiel von vorne zu beginnen. ›Sie sind ein kleiner Viehzüchter im Morvan und
fristen mühsam Ihr Leben – es ist vor der Zeit der Still-
legungs- und Abschaffungsprämien etc. Ihre Nachbarn
sind in derselben Situation. Allerdings beginnt einer von
ihnen, Kartoffeln anzupflanzen, und ein halbes Jahr später

fährt er in einem Luxusauto herum, renoviert sein Haus, baut sich ein Schwimmbad etc.‹ Frage an die Studentin: ›Was machen Sie?‹

Statt, wie erwartet, ›Ich pflanze auch Kartoffeln‹, sagte sie zu unserer Verblüffung: ›ICH SCHREIE!‹

›Warum das denn?‹

›Weil es immer das Gleiche ist: Die einen haben zu viel und die anderen nicht genug!‹«

Klar doch, man kann immer schreien, meckern, protestieren. Manchmal ist es legitim, oft notwendig. Aber am Ende genügt es nicht. Es kann die Wirtschaft nicht ersetzen (Jean-Louis Syren erinnert uns daran, dass wir den Wohlstand erst verteilen können, wenn wir ihn erwirtschaftet haben). Und als Politik ist es ein wenig kurzatmig. Über die Gerechtigkeit, die Freiheit, den Schutz der Schwachen zu wachen, das ist die Aufgabe des Staates. Nicht aber, den Individuen abzunehmen, so gut wie möglich das zu tun, was in ihrer Macht steht. Verlangen wir doch nicht von dem Staat, dass er alle unsere Probleme löst. Abhängigkeit ist ein Unglück. Fürsorge nicht ganz so schlimm. Machen wir kein Allheilmittel daraus! Zumal auch die Mittel des Staates begrenzt sind. Die Schulden der öffentlichen Hand haben sich in Frankreich zwischen 1995 und 2003 fast verdoppelt. 2004 haben sie 1000 Milliarden Euro überschritten, was 40 000 Euro pro erwerbstätigen Franzosen macht! Das wird eine schwere Last für unsere Kinder sein. Mehr können wir ihnen kaum aufbürden! Sonst ist das keine generationsübergreifende Solidarität mehr, sondern Egoismus. Keine Gerechtigkeit mehr, sondern Ungerechtigkeit und Verblendung.

Geben wir doch Frédéric Bastiat nicht recht, der im Staat nur »eine große gesellschaftliche Fiktion« sieht, »anhand derer jeder auf Kosten aller anderen zu leben versucht«.[25] Für das Geschick der Nation sind in einer Demokratie die Bürger zuständig: In erster Linie sind sie verantwortlich, auch für die Politiker, die sie gewählt haben. Frankreichs »Niedergang«[26] ist nicht unvermeidlich. Aber auch nicht unmöglich. Wir müssen wissen, ob wir handeln oder erleiden wollen, Geschichte machen oder warten wollen, bis sie uns langsam aufs Abstellgleis schiebt… Es gibt keine Unabwendbarkeit in der Politik, aber auch keine Versicherung gegen jedes Risiko. Kurzum, die Geschichte geht weiter, entgegen der Meinung von Hegel und Fukuyama, und sie ist offen. Das Schlimmste ist niemals Gewissheit. Das Beste nie garantiert. Das ist ein guter Grund, zu handeln! Die Politik ist nicht dazu da, das Glück der Menschen zu machen. Aber sie hat die Aufgabe, das Unglück zu bekämpfen – und sie allein kann das im nationalen oder globalen Maßstab erfolgreich bewerkstelligen. Es gibt keine glückliche Vorsehung, auch nicht von Seiten des Staates, und es gibt kein unausweichliches Verhängnis. Es gibt nur die im Werden begriffene Geschichte. Es gibt nur die Tat. Politisches Desinteresse ist nicht nur ein Irrtum, sondern ein Fehler.

25 Frédéric Bastiat (1801–1850), *Ce qu'on voit et ce qu'on ne voit pas*, Éd. Romillat, 1994, Neuaufl. 2001. Bastiat ist einer der Vordenker des Ultraliberalismus (in Frankreich weitgehend vergessen, aber in den Vereinigten Staaten viel gelesen).

26 Unlängst hat Nicolas Baverez den Ausdruck in einem so beunruhigenden wie anregenden Buch in Mode gebracht: *La France qui tombe*, Perrin, 2003 (vgl. vor allem Kapitel III »De la crise au déclin«).

Der Tag neigt sich dem Ende zu ... Ich sehe sehr wohl, dass der Gedanke, den ich Ihnen vorgetragen habe, nicht sehr befriedigend ist. Uns allen wäre es lieber, dass die Wirtschaft moralisch und die Moral rentabel wäre. Das wäre so viel bequemer, so viel angenehmer! Doch wenn ein Gedanke unbefriedigend ist, heißt das noch lange nicht, dass er auch falsch ist. Ich sehe darin, wenn schon keine Bestätigung, so doch eine Art Ermutigung. Das hat etwas von der Strenge der Wirklichkeit, von ihrer Komplexität, ihren Schwierigkeiten ... »Die Welt ist keine Kinderstube«, sagt Freud. Was ist das, eine Kinderstube? Das ist ein Ort, wo alles zum Vergnügen der Kinder, zu ihrem Trost, ihrer Sicherheit geschieht ... Davon sind wir weit entfernt! Denn wir sind keine Kinder mehr. Die Welt ist nicht zu unserem Vergnügen da. Deshalb können – und müssen – wir sie verändern. Allerdings müssen wir sie zunächst so begreifen, wie sie ist, ohne uns etwas vorzumachen. Die Wirklichkeit pflegt selten befriedigend zu sein. Warum sollte es dann ein wahrer Gedanke sein? Das habe ich vorhin als Tragik in der philosophischen Bedeutung des Wortes bezeichnet – nicht im Sinne von Traurigkeit oder Dramatik, sondern um einen Gedanken zu bezeichnen, der das, was die Wirklichkeit tatsächlich an Unbefriedigendem hat, nicht ausklammert, einen Gedanken, der keine falschen Lösungen erfindet, der nicht trösten und beruhigen soll, der definitiv nichts anderes zu bieten hat als Erkenntnis und Mut. Warum sollte uns die Wahrheit befriedigen? Warum sollte die Zukunft nur noch Ruhe, Bequemlichkeit und Befriedigung bringen? Sie ist (im Gegensatz zu dem, was wir 1968 behauptet haben) nur ein Anfang, der Kampf geht weiter, und er wird nie enden.

Wäre die Ethik eine Profitquelle, so wäre das toll: Wir brauchten keine Arbeit, keine Unternehmen, keinen Kapitalismus mehr – wir müssten es nur noch gut meinen. Genauso toll wäre es, wenn die Wirtschaft moralisch wäre: Wir brauchten weder den Staat noch die Tugend – der Markt genügte. Aber so ist das nun einmal nicht. Daraus müssen wir die Konsequenzen ziehen. Weil die Wirtschaft (die kapitalistische zumal) so wenig moralisch ist wie die Moral rentabel – Unterscheidung der Ordnungen –, brauchen wir sie beide. Und da weder die eine noch die andere ausreicht, brauchen wir alle die Politik!

Antworten an Kritiker

Zu diesem Buch sind seit seinem Erscheinen etliche Kritiken erschienen, die überwiegend positiv ausfielen, in einigen Fällen aber auch Einwände erhoben. Ich nutze diese Neuauflage, um auf die mir besonders wichtig erscheinenden Bedenken zu antworten, für die ich ihren Autoren danke. Sie sind fast alle marxistischer Natur oder marxistisch angehaucht. Für mich ein Grund mehr, sie ernst zu nehmen: Ich halte Marx für einen wichtigen Autor, mit dem man immer arbeiten und gelegentlich streiten sollte.

Antwort an Marcel Conche

»Wie kann, was ungerecht ist, nicht unmoralisch sein?«

Ehre, wem Ehre gebührt: Beginnen wir mit meinem Mentor und Freund Marcel Conche. Bei der Besprechung einiger Artikel aus meinem *Dictionnaire philosophique* geht Marcel Conche auf meine Kapitalismusdefinition ein oder vielmehr auf die Schlussfolgerungen, die ich daraus ziehe. Mein betreffender Artikel endet mit den folgenden Zeilen:

»Dass der Wohlstand in einer solchen Gesellschaft vor allem den Reichen zufällt, ist fast unvermeidlich. Ihr Ziel ist Gewinn, nicht Gerechtigkeit. Das macht den Kapitalismus moralisch unbefriedigend und wirtschaftlich effizient. Die Politik versucht, zwischen diesem unbefriedigenden Zustand und dieser Effizienz eine Art Gleichgewicht herzustellen. Erwarten wir nicht vom Markt, dass er an unserer Stelle gerecht ist. Noch von der Gerechtigkeit, dass sie Wohlstand schafft.«[1]

Hören wir dazu Marcel Conche:

»Das Ziel des Kapitalismus ist der Profit: ›Das macht ihn moralisch unbefriedigend.‹ Doch kann man ihn, wenn er ›moralisch unbefriedigend‹ ist, einfach ›amoralisch‹ statt ›unmoralisch‹ nennen? Trotz der hübschen Argumentation, die André Comte-Sponville in seinem Buch *Kann Kapitalismus moralisch sein?* entwickelt, fühle ich mich außerstande, von meiner Grundüberzeugung abzurücken: Der Kapitalismus ist unmoralisch. Der Profit erwächst aus der Aneignung des von den Arbeitern erwirtschafteten Mehrwerts. Das System gründet sich – wie oft genug gesagt – auf die ›Ausbeutung des Menschen durch den Menschen‹: Diejenigen, die die Produktions- und Tauschmittel besitzen, beuten diejenigen aus, die nur ihre Arbeitskraft haben. Ein ungerechtes System: Wie kann, was ungerecht ist, nicht unmoralisch sein? Schafft der Kapitalismus Wohlstand? Wohlstand wird durch Arbeit geschaffen. Der Kapitalismus schafft Wohlstand und Elend. Das marxistische Gesetz der wachsenden relativen Verelendung – immer mehr Reichtum am einen Ende, immer mehr Elend am anderen – ist erwiesenermaßen gültig. Wenn wir den Kapitalismus global begreifen, dann ist das Elend der Dritten und Vierten Welt das fatale Korrelat des Reichtums der Großaktionäre und Manager. Aus der Zeitung *Le Monde* vom 11. Mai 2004 erfahren wir, dass die Gehälter der Manager (die zugleich Aktionäre sind)

---

1 *Dictionnaire philosophique*, PUF, 2001, S. 97.

der 40 umsatzstärksten französischen Aktiengesellschaften 2003 im Durchschnitt um 2 Millionen Euro gestiegen sind und dass ›der Abstand zwischen dem Mindestlohn und dem durchschnittlichen Managergehalt um 375 Prozent zugenommen hat‹. Für mich ist das mehr als eine bloße Ungerechtigkeit, es ist eine Pervertierung. Der Kapitalismus ist eine Fehlentwicklung. Er müsste abgeschafft werden.«[2]

Was die Ungerechtigkeiten des Kapitalismus und die Perversion einiger Managergehälter angeht, so bin ich natürlich mit Marcel Conche einer Meinung. Darauf habe ich selbst verwiesen: Der Kapitalismus ist ein zutiefst ungerechtes System, der, so gesehen, weit eher unmoralisch als moralisch ist[3] und allzu oft in moralisch verwerfliche, wenn nicht gar skandalöse Verhaltensweisen mündet.[4]

Doch dann fragt mich Marcel Conche: »Wie kann, was ungerecht ist, nicht unmoralisch sein?« Dafür gibt es doch Beispiele in Hülle und Fülle. Hässlichkeit ist ungerecht. Schönheit infolgedessen auch. Krankheit ist ungerecht. Gesundheit folglich auch. Sind sie deshalb unmoralisch? Natürlich nicht! Sie werden einwenden, dass Hässlichkeit und Schönheit, Krankheit und Gesundheit natürliche Gegebenheiten sind, der Kapitalismus jedoch nicht. Nicht doch: Sie sind naturgegeben und kulturell bedingt, wie alles, was menschlich ist, wie der Kapitalismus auch. Die Menschheit ist kein Staat im Staate, sagte Spinoza. Die Kultur ist Teil der Natur. Die Wirtschaft auch.

2 M. Conche, »Bemerkungen über einige Artikel aus dem *Dictionnaire philosophique*«, in der Zeitschrift *La matière et l'esprit*, Nr. 1 (»Problèmes du matérialisme«), Universität Moins-Hainaut (Belgien), April 2005, S. 20 f.
3 Siehe oben, III, 3, S. 98.
4 Siehe beispielsweise oben, S. 188 f. und S. 235.

Man könnte einwenden, dass jemand, der raucht, moralisch verantwortlich für den Lungenkrebs ist, an dem er erkrankt. Vielleicht. Aber nicht für die Kanzerogenität des Tabaks noch die Gesetze der Biologie oder sein eigenes Erbgut. Und wer würde fordern wollen, dass der Onkologe verpflichtet ist, diesen Patienten moralisch zu beurteilen, bevor er ihn behandelt, ja, dass er als Arzt überhaupt das Recht dazu hätte? Es bleibt also dabei: Gesundheit und Krankheit sind ungerecht, ohne deshalb unmoralisch zu sein.

Gleiches gilt für Klugheit oder Dummheit, Leben oder Tod, Sein oder Nichtsein. Das ist auch die Bedeutung des ältesten philosophischen Textes, den wir kennen, des berühmten Satzes des Anaximander: »Woraus aber für das Seiende das Entstehen ist, dahinein erfolgt auch ihr Vergehen gemäß der Notwendigkeit; denn sie schaffen einander Ausgleich und zahlen Buße für ihre Ungerechtigkeit nach der Ordnung der Zeit.«[5] Jedes Sein ist ungerecht, kommentiert Marcel Conche, »denn es *ist* auf Kosten all dessen, was nicht ist«[6]. Was nicht heißt, dass Sein unmoralisch ist: Es ist ungerecht, aber nicht im mindesten schuldhaft.[7] Das entspricht dem, was Nietzsche die Unschuld des Werdens nennt. Da verurteilt er zwar nicht die Moral, obwohl er auch das hätte tun können, sondern sagt, dass die Moral nicht verurteilen kann. Und wie steht es mit dem Zufall von Leben, Tod, natürlicher Selektion? Die Natur ist also unge-

---

5 Christof Rapp, *Die Vorsokratiker*, München, Beck, 1997, S. 45.
6 Anaximandre, *Fragments et témoignages*, Übersetzung und Kommentare von M. Conche, PUF, 1991, S. 183.
7 Wie M. Conche ausdrücklich hervorhebt, ebd.

recht, ohne unmoralisch zu sein. Mir scheint, Gleiches gilt für die Geschichte. Ihre Ungerechtigkeit ist eine traurige Tatsache. Doch was für einen Sinn hätte es, sie unmoralisch zu nennen – da es doch Moral nur durch sie gibt?

Um ungerecht zu sein, genügt es nicht, von unserem Gerechtigkeitsideal abzuweichen. Um unmoralisch zu sein, braucht es ein Bewusstsein oder ein Subjekt. Ein »Prozess ohne Subjekt oder Zweck«, wie Althusser sagt, kann sehr wohl ungerecht sein, aber nicht unmoralisch. Die Natur, die Geschichte und die Wirtschaft sind ungerecht und amoralisch, aber nicht unmoralisch. Ein Kapitalist kann unmoralisch sein, der Kapitalismus indessen nicht: Er begnügt sich damit, ungerecht und amoralisch zu sein. Ich sehe darin einen doppelten Anspruch: Erkenntnis und Tat. *Wir* müssen gerecht sein, nicht das »System«. Das nenne ich Verantwortung, und die kann nicht anders als menschlich sein.

Das hindert uns nicht daran, das System zu ändern, wenn wir ein besseres kennen, und noch weniger, am bestehenden zu arbeiten. Doch das geschieht dann – und darum ging es mir – nicht durch die Wirtschaft, sondern durch die Politik. Zum Beispiel bei den Bezügen der Manager: Erwarten wir deren Deckelung nicht von der Wirtschaft noch von dem moralischen Gewissen der Manager; nur das Recht und die Politik haben die Möglichkeit dazu. Deshalb wurde die Demokratie erfunden. Weil weder der Markt noch die Moral dazu in der Lage sind.

Auch sollten wir dem Kapitalismus nicht alle Übel anlasten. Beispielsweise gab es das Elend schon vor ihm, und es war schlimmer. Marx äußerst sich dazu klarer als viele unserer heutigen Marxisten: »Die Bourgeoisie hat in der Geschichte eine höchst revolutionäre Rolle gespielt«[8], und der Kapitalismus stellte für die Menschheit zunächst einen enormen Fortschritt dar. Höchstwahrscheinlich kann man es besser machen, das ist auch schon geschehen (was für Fortschritte, auch sozialer Art, in 200 Jahren!). Aber soll man deshalb das Kind mit dem Bade ausschütten? Der Kapitalismus müsste abgeschafft werden, schreibt Marcel Conche. Der Konjunktiv verrät hinreichend, wie schwierig und unscharf die Angelegenheit ist. Wer eine plausible Alternative kennt, sollte damit nicht hinter dem Berg halten.

An den Umstand schließlich, dass Arbeit Wohlstand schafft, habe ich selbst erinnert. Aber sie schafft ihn in der kapitalistischen Wirtschaftsform in höherem Maße als in jedem anderen jemals von der Menschheit erprobten System – einschließlich des marxistischen. Auch das ist zu berücksichtigen. Ich weiß sehr wohl und habe es in diesem Buch hinreichend ausgeführt, dass Wohlstand niemals genügt, um eine Kultur entstehen zu lassen, noch nicht einmal, um eine humane Gesellschaft zu schaffen. Doch das gilt in weit höherem Maße für die Armut.

Sie kennen den Scherz: »Der Kapitalismus ist die Ausbeutung des Menschen durch den Menschen; beim Kommunismus ist es umgekehrt.« Darin ist mehr als ein Körnchen Wahrheit. Denn keine Gesellschaft kann jemals den Arbeitern den ganzen von ihnen erwirtschafteten Wohlstand lassen: Sie muss für die Gesundheit, Kultur, Unabhängigkeit, Entfaltung aller sorgen, was sich nicht ohne un-

8 Karl Marx u. Friedrich Engels, *Manifest der Kommunistischen Partei*, MEW, Bd. 4, S. 46.

produktive Ausgaben leisten lässt. Ein Lehrer, Polizist, Beamter, Manager, Investor oder Arzt gehören nicht zur Arbeiterklasse und schaffen keinen Mehrwert im marxistischen Sinne. Sind sie deshalb sozial weniger nützlich? Der erwirtschaftete Wohlstand (»der von den Arbeitern geschaffene Mehrwert«, wie Marcel Conche schreibt) muss auf jeden Fall umverteilt werden. Ob das durch den Staat, den Markt oder eine Kombination beider geschieht, ist eher eine Frage der Zweckmäßigkeit als des Prinzips. Hier zählt die Effizienz mehr als die Ideologie. »Es ist egal, welche Farbe die Katze hat«, sagte Deng Xiaoping. »Wichtig ist nur, dass sie Mäuse fängt ...« Das war wirksamer, um China aus der Unterentwicklung herauszuführen, als der angebliche »Sprung nach vorn« – und weniger mörderisch.

Antwort an Lucien Sève

Über Marx, die Moral und die Wirtschaft

Lucien Sève, ein »schätzenswerter und geschätzter« Philosoph, wie er liebenswürdigerweise von mir sagt, hat gleich zwei Mal an dem vorliegenden Buch Interesse gezeigt.[9] Allerdings vor allem, um ihm anzulasten, was Sève »eine Ungeheuerlichkeit« nennt. Was wirft er mir vor? Im Wesentlichen zwei Dinge, die in seinen Augen nur eines zu sein scheinen: zum einen, dass ich zu schreiben wage, Marx habe »der Wirtschaft Moral predigen« wollen; und andererseits die Behauptung: »Marx' sympathischer, aber verhängnisvoller Fehler bestand trotz seiner positivistischen und szientistischen Leugnung im Grunde darin, dass er die Moral in der Wirtschaft etablieren wollte.«[10] Ich habe die Frage vor einigen Jahren mit Lucien Sève brieflich erörtert; doch scheint mir das Thema philosophisch so gewichtig zu sein, dass es eine öffentliche Debatte lohnt.

Ich gestehe, dass mich der erste Kritikpunkt erstaunt hat. Es dürfte doch kaum zu leugnen sein, dass Marx die reale Wirtschaft »moralisieren« wollte, das heißt Schluss machen wollte mit der Entfremdung, der Ungerechtigkeit, dem

---

9 In den beiden Beiträgen in den Protokollen des Kolloquiums *Actualité de la pensée et de l'œuvre de Marx en France, en Europe et dans le monde*, Stiftung Gabriel Péri, 2005 (auf die ich eine kurze Antwort in der *Lettre de la fondation Gabriel Péri*, Nr. 7, Oktober 2005 veröffentlichte) und in der Sammelschrift *Marx contemporain*, Acte 2, Éd. Syllepse/Fondation Gabriel Péri, 2008, S. 324–327.

10 Oben, III, 2, S. 90 und 93; vgl. auch III, 3, S. 98 f.

Elend, kurz, mit der Ausbeutung des Menschen durch den Menschen. Wäre er sonst Kommunist gewesen? Hätte er sonst eine solche politische Wirkung gehabt, eine Wirkung, die in mancherlei Hinsicht heute noch anhält? Es gibt nicht nur eine marxistische Theorie der Moral, sondern auch, wie Yvon Quiniou überzeugend gezeigt hat,[11] eine marxistische Moral, in der sich humanistische, materialistische und revolutionäre Einflüsse vereinen. Beispielsweise schreibt Marx in seiner Einleitung »Zur Kritik der Hegelschen Rechtsphilosophie«: »Die Kritik der Religion endet mit der Lehre, daß der Mensch das höchste Wesen für den Menschen sei, also mit dem kategorischen Imperativ, alle Verhältnisse umzuwerfen, in denen der Mensch ein erniedrigtes, ein geknechtetes, ein verlassenes, ein verächtliches Wesen ist.«[12] Wenn das nicht Moral ist, was dann? Und wie sollen wir aus Marx' Sicht diesem »kategorischen Imperativ« gerecht werden, ohne die Wirtschaft zu verändern? Es ließe sich einwenden, dass es sich um eine Jugendschrift (1843/44) handelt... Na gut. Aber wie steht es dann mit den Vorwürfen gegen den Kapitalismus im *Manifest der Kommunistischen Partei* (1848)? Nachdem Marx die »höchst revolutionäre« Rolle der Bourgeoisie erwähnt hat, fügt er hinzu, diese habe »kein anderes Band zwischen Mensch und Mensch übriggelassen als das nackte Interesse« und alle anderen Beziehungen »in dem eiskalten Wasser egoistischer Berechnung ertränkt«.[13] Was zur »offenen, unver-

---

11 Yvon Quiniou, *Études matérialistes sur la morale*, Kimé, 2002. Vgl. vor allem Kapitel IV, »La question morale dans le marxisme«.
12 »Zur Kritik der Hegelschen Rechtsphilosophie. Einleitung«, MEW, Bd. 1, S. 385.
13 *Manifest der Kommunistischen Partei*, MEW, Bd. 4, S. 464.

schämten, direkten, dürren Ausbeutung« führe.[14] Wer wollte behaupten, darin sei kein moralischer Vorwurf enthalten? Und dann seine Schlussworte: »An die Stelle der alten bürgerlichen Gesellschaft mit ihren Klassen und Klassengegensätzen tritt eine Assoziation, worin die freie Entwicklung eines jeden die Bedingung für die freie Entwicklung aller ist.«[15] Wer würde darin nicht das Streben nach einer Gesellschaft sehen, die – auch und vor allem in ihrer wirtschaftlichen Organisation – dem Kapitalismus moralisch überlegen wäre?

Das fasse ich in dem vorliegenden Buch in den folgenden Zeilen zusammen, die hier noch einmal zu zitieren mir gestattet sei, wobei ich nicht recht verstehe, wie sie Lucien Sève so schockieren können:

> »Im Grunde wollte Marx die Wirtschaft ›moralisieren‹ ... Diese Funktion haben in seinem Werk die Begriffe ›Entfremdung‹ und ›Ausbeutung‹. Sie sind an der Grenze zwischen Wirtschaft und Moral angesiedelt; sie sorgen für den Übergang von der einen zur anderen Ordnung. Marx wollte die Ungerechtigkeit abschaffen – nicht durch eine einfache Politik der Umverteilung, deren Grenzen er sehr wohl erkannte, noch weniger durch das Vertrauen auf das moralische Gewissen des Einzelnen, an das er nicht recht glaubte, sondern durch die Erfindung eines anderen Wirtschaftssystems, das zuletzt die wirtschaftliche Gleichheit unter den Menschen herstellen sollte.«[16]

Das bedeutet nach meinem Dafürhalten sicherlich nicht, dass die marxistische Kritik sich auf diese moralische Di-

14 A.a.O., S. 465.
15 A.a.O., S. 482.
16 Oben, III, 2, S. 90 f., vgl. ferner S. 98 f.

mension beschränkt (sie erhebt vor allem den Anspruch, wissenschaftlich und politisch zu sein). Daher habe ich, anders als mir Lucien Sève unterstellt, nicht geschrieben, Marx' Irrtum sei gewesen, dass er »seine gesamte Kapitalismuskritik... auf die Moral gestützt« habe.[17] Ich habe einfach festgestellt, dass es bei Marx neben (und manchmal mitten in) einer Analyse, die sich wissenschaftlich begreift, eine nicht nur politische, sondern auch unzweifelhaft moralische Kritik des Kapitalismus gibt, ebenso wie in der programmatischen oder utopischen Dimension seines Werks der Wille spürbar wird, die Wirtschaft entsprechend seinen moralischen Vorstellungen umzugestalten. Das ist weniger eine »Grundlage« als eine Zielsetzung, die mit dem in meinem Buch nur angedeuteten Kern der Theorie zu tun hat: dem Übergang vom Kapitalismus zum Sozialismus und schließlich Kommunismus, was für Marx unter anderem genau darauf hinausläuft: die »Moralisierung« der Wirtschaft. Und ich wüsste nicht, wie man diese Dimension ausschließen könnte, ohne einen Teil von Marx' Denken zu verraten.

In einem seiner Briefe fragt Lucien Sève mich, wo ich denn eine »moralisch geprägte Kapitalismuskritik« sehen würde. Auch diese Frage überrascht mich. Ich denke da etwa an das Kapitel des *Kapitals* über den Arbeitstag und besonders den bekannten Abschnitt, in dem der Arbeiter in der kapitalistischen Wirtschaft entdeckt, »daß er kein ›freier Agent‹ war, daß die Zeit, wofür es ihm freisteht, seine Arbeitskraft zu verkaufen, die Zeit ist, wofür er ge-

17 *Marx contemporain*, Acte 2, a.a.O., S. 324.

zwungen ist, sie zu verkaufen, daß in der Tat sein Sauger nicht losläßt, solange noch ein Muskel, eine Sehne, ein Tropfen Bluts auszubeuten ist«[18]. Keine Kapitalismuskritik? Und nicht »moralisch geprägt«?

Das Gleiche in dem Kapitel »Maschinerie und Großindustrie«: Ausführlich beklagt Marx dort, wie der Kapitalismus »im ununterbrochnen Opferfest der Arbeiterklasse, maßlosester Vergeudung der Arbeitskräfte und den Verheerungen gesellschaftlicher Anarchie sich austobt«[19]. Daher erscheine »die kapitalistische Umwandlung des Produktionsprozesses zugleich als Martyrologie der Produzenten, das Arbeitsmittel als Unterjochungsmittel, Exploitationsmittel und Verarmungsmittel des Arbeiters, die gesellschaftliche Kombination der Arbeitsprozesse als organisierte Unterdrückung seiner individuellen Lebendigkeit, Freiheit und Selbständigkeit«[20]. Keine Kapitalismuskritik? Nicht moralisch geprägt?

Und in dem Teil »Akkumulationsprozeß des Kapitals«? Und in dem Abschnitt »Geschichtliche Tendenz der kapitalistischen Akkumulation«? Etwa wenn Marx schreibt: »... diese furchtbare und schwierige Expropriation der Volksmasse bildet die Vorgeschichte des Kapitals. Sie umfaßt eine Reihe gewaltsamer Methoden, wovon wir nur die epochemachenden als Methoden der ursprünglichen Akkumulation des Kapitals Revue passieren ließen. Die

18 Karl Marx, *Das Kapital*, MEW, Bd. 23, S. 319 f. Die Worte, die Marx in Anführungsstriche setzt, stammen aus einem Artikel von Engels in der *Neuen Rheinischen Zeitung* vom April 1850.
19 A.a.O., S. 511.
20 A.a.O., S. 528 f.

Expropriation der unmittelbaren Produzenten wird mit schonungslosestem Vandalismus und unter dem Trieb der infamsten, schmutzigsten, kleinlichst gehässigsten Leidenschaften vollbracht.«[21] Keine Kapitalismuskritik? Nicht moralisch geprägt?

Doch es gibt nicht nur die Kapitalismuskritik. Auch das kommunistische Projekt ist moralisch inspiriert. Denken wir nur an die berühmte Formulierung in der »Kritik des Gothaer Programms« (1875):

> »In einer höheren Phase der kommunistischen Gesellschaft, nachdem die knechtende Unterordnung der Individuen unter die Teilung der Arbeit, damit auch der Gegensatz geistiger und körperlicher Arbeit verschwunden ist; nachdem die Arbeit nicht nur Mittel zum Leben, sondern selbst das erste Lebensbedürfnis geworden; nachdem mit der allseitigen Entwicklung der Individuen auch ihre Produktivkräfte gewachsen und alle Springquellen des genossenschaftlichen Reichtums voller fließen – erst dann kann der enge bürgerliche Rechtshorizont ganz überschritten werden und die Gesellschaft auf ihre Fahne schreiben: jeder nach seinen Fähigkeiten, jedem nach seinen Bedürfnissen!«[22]

Das ist der wesentliche Punkt: Was die Moral vorschreibt (die Menschen von der Ausbeutung zu befreien, ihre Bedürfnisse zu befriedigen, ihre Fähigkeiten zu entfalten), muss mit der Zeit die Wahrheit der kommunistischen Gesellschaft werden, auch in ihrer wirtschaftlichen Organisation. Das ist natürlich ein politischer Kampf, der in diesem Fall eine wissenschaftliche Grundlage für sich in Anspruch

21 A.a.O., S. 789 f.
22 Karl Marx, *Kritik des Gothaer Programms*, MEW, Bd. 19, S. 21.

nimmt, der für Marx aber unleugbar auch eine moralische Rechtfertigung besaß: Es ging darum, mit der Ausbeutung des Menschen durch den Menschen Schluss zu machen und eine Gesellschaft zu errichten, die endlich moralisch vertretbar war (»die schöne marxistische Utopie«, wie ich sie nenne: eine Gesellschaft ohne Klassen und ohne Staat, eine Gesellschaft in Überfluss und Gerechtigkeit, in Frieden und Freiheit). Das habe ich in der Formulierung zusammengefasst, die mir Lucien Sève nun zum Vorwurf macht, als ich schrieb, Marx habe »die Wirtschaft moralisieren« wollen: Was heute nur eine moralische Forderung ist (»jedem nach seinen Bedürfnissen« und so fort), muss morgen die Wirklichkeit der Wirtschaft werden und wird nach Marx einen der größten – auch moralischen – Fortschritte in der Geschichte darstellen (oder »die Vorgeschichte der menschlichen Gesellschaft« abschließen[23]). Ich kann weder erkennen, was an meiner Behauptung so schockierend sein soll, noch, wie man sie bezweifeln kann.

Im Übrigen darf ich darauf hinweisen, dass mir Yvon Quiniou, ein anderer schätzenswerter und geschätzter marxistischer Philosoph und dazu einer meiner Freunde, zum selben Buch den umgekehrten Vorwurf gemacht hat. In *Kann Kapitalismus moralisch sein?* hatte ich seiner Meinung nach unrecht, die Moral radikal von der Wirtschaft zu trennen und nicht zu verstehen, dass die Wirtschaft »die konkreteste oder ›substantiellste‹ Form ist, in der sich die Verwirklichung der Moral ins Auge fassen lässt«, dass sie, wie Marx sagt, »eine wirklich moralische Wissenschaft, die

---

23 Karl Marx, *Zur Kritik der politischen Ökonomie*, MEW, Bd. 13, S. 9.

allermoralischste Wissenschaft« sei.[24] Diese letzte Formulierung hat mich mehr als verblüfft. Aber ich gestehe Yvon Quiniou natürlich zu (und ich wüsste nicht, wie Lucien Sève es bestreiten wollte), dass es Marx darum ging, in und durch die Wirtschaft die Moral zu verwirklichen. Das habe ich die Wirtschaft »moralisieren« genannt. Diese Dimension kann als einzige Marx' politisches Projekt moralisch rechtfertigen.

Mehr Verständnis habe ich für den zweiten Vorwurf, den mir Lucien Sève macht. Zu schreiben, dass Marx den Fehler beging, »die Moral in der Wirtschaft etablieren« zu wollen, war gewiss eine Verkürzung. Es ist hinzuzufügen, dass es sich um einen Vortrag vor breitem Publikum, nicht um eine Vorlesung an der Sorbonne handelte. Dass die Formulierung Lucien Sève geärgert hat, kann ich verstehen. Aber erstaunt bin ich doch, dass er sich nicht stärker bemüht hat zu verstehen, was ich sagen wollte. Man gestatte mir daher ein paar nähere Ausführungen.

Zitieren wir zunächst Lucien Sève. Meine Formulierung sei, so schreibt er,

> »eine Ungeheuerlichkeit. Marx' gesamte Methode ist – im Gegensatz zu einer moralisierenden Wirtschaftskritik – auf eine streng objektive Analyse der Beziehungen, der Prozesse, der Funktionsgesetze und der Entwicklung des Kapitals ausgerichtet, denn ›wenn man … ein Ideal hat, kann man kein Mann der

---

24 Yvon Quiniou, »Raison morale et normativité éthique«, in der Zeitschrift *La matière et l'esprit*, Nr. 1 (»Problèmes du matérialisme«), April 2005, Université de Moins-Hainaut (Belgien), S. 55 und Anm. 13. Ich entwickle hier noch einmal die Antwort, die ich in demselben Heft an Y. Quiniou gerichtet habe. (Das Marx-Zitat: *Ökonomisch-philosophische Manuskripte aus dem Jahre 1844*, MEW, Bd. 40, S. 549.)

Wissenschaft sein‹ – Engels zitiert diese charakteristische Äußerung von Marx[25] –, und wenn man nicht von einer objektiven Erkenntnis der Dinge ausgeht, kann man auch nicht einen objektiven, das heißt wirksamen Weg zu ihrer Veränderung entwerfen. Das ist nun wirklich das Einmaleins der Marx'schen Methode. Der Satz ›Eigentum ist Diebstahl‹ stammt nicht von Marx, sondern von Proudhon! Vom kapitalistischen Profit sagt Marx uns nicht, dass er ungerecht sei, was den Arbeitern absolut keine Erkenntnis brächte, sondern er macht klar, wovon er herrührt – aus nicht entgoltener Arbeit –, was zugleich die Richtung des Kampfes angibt. Comte-Sponville gefällt sich darin, in seinem Buch hier und da aus dem *Kapital* zu zitieren. Doch auf den Tausenden von Seiten, die Marx der Wirtschaft gewidmet hat, kann er nicht eine, ich sage ausdrücklich, nicht eine, entdecken, wo Marx' Methode moralisch wäre. Sicherlich findet er Wörter, Sätze bei Marx, die erkennen lassen, dass diesem menschlich sehr nahegeht, wovon er spricht, doch ob es sich um den Mehrwert handelt, die industrielle Reservearmee oder den tendenziellen Fall der Profitrate, immer geht es Marx prinzipiell um theoretische Erhellung. Das Gegenteil zu behaupten ist wirklich eine Ungeheuerlichkeit.«[26]

Wer könnte denn ernsthaft glauben, es wäre mir entgangen, dass Marx seine Methode der Wirtschaftsanalyse wissenschaftlich begreift?

Hätte ich sonst zehn Jahre meiner Jugend in der Kommunistischen Partei verbringen können? Hätte ich Louis Althusser so geliebt und bewundert, der mich lehrte, Marx unter dem Blickwinkel des »epistemologischen Bruchs« zu lesen? Ist der historische Materialismus eine Wissenschaft?

25 Friedrich Engels, Brief an P. Lafargue (1884), MEW, Bd. 36, S. 198.
26 *Marx contemporain*, Acte 2, a.a.O., S. 325.

Das habe ich zwanzig Jahre lang geglaubt, heute nicht mehr. Doch das ist eine andere Debatte. Was die Wirtschaftswissenschaft im Allgemeinen angeht, sei sie nun marxistisch oder nicht, bin ich mit Marx und, wie mir scheint, eher mit Lucien Sève als mit Yvon Quiniou einer Meinung. Der Begriff einer »moralischen Wissenschaft« erscheint mir widersprüchlich. Erkennen heißt, nicht zu urteilen; urteilen heißt, nicht zu erkennen. Ich schließe daraus, dass die Wirtschaft, insoweit sie wissenschaftlich ist oder sein will, kein Interesse an der Moral hat.

Nehmen wir beispielsweise den Tauschwert: Egal ob er durch das Gesetz von Angebot und Nachfrage bestimmt wird, wie die Mehrzahl der neoklassischen Wirtschaftswissenschaftler meint, oder durch die für seine Produktion im Durchschnitt gesellschaftlich notwendige Arbeitszeit, wie Marx glaubt, es sind zwei (übrigens nicht zwangsläufig unvereinbare) Hypothesen, die sich möglicherweise wissenschaftlich beweisen oder überprüfen lassen, mit denen aber die Moral natürlich nichts zu schaffen hat. Gleiches gilt für Marx' Gesetz des tendenziellen Falls der Profitrate: Ist die Theorie wahr oder falsch, wissenschaftlich oder nicht? Das müssen die Wirtschaftswissenschaftler beantworten, wenn sie können; die Moral kann ihnen das nicht abnehmen. Gleiches gilt für konkretere Probleme. Wer würde sich auf die Moral verlassen, um den Ölpreis in die Höhe zu treiben oder zu senken? Um das Elend zu besiegen? Die Inflation in den Griff zu bekommen? Er hätte weder die Wirtschaft noch die Moral begriffen.

Deshalb habe ich in meinem Buch die These vertreten, dass die technowissenschaftliche Ordnung (zu der die Wirtschaft gehört: Sie ist zugleich eine Wissenschaft – zumindest möglicherweise – und eine Technologie) an sich weder moralisch noch unmoralisch ist, sondern amoralisch: »Die Moral ist nicht zuständig für die Beschreibung oder Erklärung irgendwelcher Prozesse in der ersten Ordnung.«[27] Mir scheint, dass Marx damit einverstanden wäre. Er gehört mit dem stets so kompromisslosen Blaise Pascal zu den Autoren, die mich zu dieser Schlussfolgerung geführt haben. Was nicht heißt, dass sich der Kapitalismus keiner moralischen Kritik unterziehen ließe (wie erwähnt, hat Marx selbst nicht darauf verzichtet, völlig zu Recht), nur kann diese moralische Kritik nicht wissenschaftlich sein: Sie kann sich, wie gesagt, nur aus einer anderen Ordnung herleiten – der »Ordnung der Moral«, wie ich sie genannt habe –, die nie wissenschaftlich war und nie das Bedürfnis hatte, es zu werden (völlig zu Recht rechnete Marx sie der Ideologie zu[28]).

Weshalb habe ich dann geschrieben, dass Marx »die Moral in der Wirtschaft etablieren wollte«? Sicherlich nicht weil er die (zumindest als solche ausgegebenen) Beweise durch gutgemeinte Gefühle oder moralische Urteile ersetzt hätte! *Sondern weil die marxistische Wirtschaftstheorie, obwohl sie behauptet, eine Wissenschaft zu sein, letztlich der Moral recht gibt*: Was diese verlangt (die Abschaffung des Kapitalismus), wird durch jene »wissenschaftlich« als unausweichlich bewiesen, so wie die Moral schon jetzt die künftige Wahrheit der Wirtschaft verkündet (dass sie von

27 Oben, III, 1, S. 87 f.
28 Vgl. beispielsweise: Karl Marx u. Friedrich Engels, *Die deutsche Ideologie*, MEW, Bd. 3, S. 26.

Ausbeutung frei sein muss). Was kann man mehr und Besseres verlangen? Nichts natürlich, und das macht diese Verbindung besonders verdächtig! Ist es die Moral, die in der Wirtschaft etabliert wird? Ist es die Wirtschaft, die in der Moral etabliert wird? In dem, was Marx explizit schreibt, sicherlich weder das eine noch das andere: Diese Annäherung zwischen Moral und Wirtschaft bleibt bei ihm ein blinder Fleck, der als solcher niemals theoretisch erörtert wird und daher umso verfänglicher ist. Niemand ist verpflichtet, Marxist zu sein. Ich glaube, dass Marx reinen Gewissens und mit dem Maß an Selbsttäuschung, das dazu gehört, die »Wissenschaft« erfunden hat, deren er bedurfte, um seiner Moral zu ihrem Recht zu verhelfen, das heißt, um ihren am Ende garantierten Triumph zu beweisen. Er hat seine moralischen Überzeugungen (die im Übrigen weitgehend in der Tradition der europäischen Linken standen) nicht aus wissenschaftlichen Gründen einfließen lassen, sondern umgekehrt aus moralischen Gründen das Bedürfnis verspürt, eine, wie er zumindest glaubte, neue Wissenschaft zu erfinden. Das habe ich, in der gebotenen Kürze, »die Moral in der Wirtschaft etablieren« genannt. Dass die Formulierung zu einseitig ist, um wirklich genau zu sein, will ich gerne zugeben. Doch mit ihr konnte ich zum Ausdruck bringen, was mir in diesem Fall wichtig erschien: den illusionären Charakter, der dem Marxismus eigen ist, was auch und bereits für seinen Begründer galt. Geben wir doch zu, dass eine Wissenschaft, die den letztlich unausweichlichen Triumph der Moral verkündet, nicht eben häufig ist! Wer würde von der Biologie den Beweis verlangen, dass wir unsterblich sind, von der Physik, dass die Sonne niemals verlöschen wird, von der Psychologie, dass Liebe und Glück am Ende den Sieg davontragen müssen? Niemand, der vernünftig und aufgeklärt ist. Biologie, Physik und Psychologie beweisen (mit einem unterschiedlichen Maß an Wissenschaftlichkeit) eher das Gegenteil, das heißt, dass wir ganz bestimmt sterben, dass die Sonne eines Tages verlöscht und dass Liebe und Glück immer gefährdet und ungewiss bleiben ... Die Wissenschaften haben nichts mit unseren Wünschen zu schaffen; daher stellen sie fast immer so etwas wie reale Gegenutopien dar.

Bei Marx verhält es sich umgekehrt. Die frohe Botschaft gibt sich als wissenschaftliche Wahrheit aus: »Was ich neu tat«, schrieb Marx an einen Freund, sei nicht die Idee des Klassenkampfes gewesen, die habe es schon vor ihm gegeben, es war vielmehr, »nachzuweisen ... daß der Klassenkampf notwendig zur Diktatur des Proletariats führt ... daß diese Diktatur selbst nur den Übergang zur Aufhebung aller Klassen und zur klassenlosen Gesellschaft bildet«[29]. Mit einem Wort, Marx gibt vor, strenge Wissenschaft zu betreiben (als Nationalökonom), und hat unabhängig davon eine Moral (als Individuum). Doch weder er noch Lucien Sève scheinen sich darüber zu wundern, dass diese Wissenschaft und diese Moral sich methodisch zwar nicht in die Quere kommen, aber in genau die gleiche Richtung führen: die Kritik am Kapitalismus und die (moralisch gerechtfertigte und laut Marx wissenschaftlich begründete) Verkün-

29 Karl Marx, Brief an Weydemeyer, 5. März 1852, MEW, Bd. 28, S. 507 f. Vgl. auch *Das Kapital*, MEW, Bd. 23, S. 791: »Aber die kapitalistische Produktion erzeugt mit der Notwendigkeit eines Naturprozesses ihre eigne Negation. Es ist Negation der Negation.«

digung des Kommunismus. Wir haben hier das, was ich schon in meinem ersten Buch als die wesentliche Struktur aller Utopien nachgewiesen habe: die Verbindung des Wahren (der marxistischen »Wissenschaft«) mit dem Guten (der marxistischen Moral), in die Zukunft projiziert als bereits wahr (weil »wissenschaftlich bewiesen«) und wünschenswert (weil moralisch gut).[30] Der sogenannte »wissenschaftliche Sozialismus« befindet sich hier zum »utopischen Sozialismus« nur deshalb im Gegensatz, weil er seinen utopischen Charakter im Namen seiner vorgeblichen Wissenschaftlichkeit leugnet (was ich Marx' »szientistische oder positivistische Leugnung« nenne), ohne auf die wesentliche Struktur aller Utopien zu verzichten (die Verbindung des Wahren mit dem Guten, des Wirklichen mit der Norm, der Erkenntnis mit dem Wunsch). Diese Verbindung erstaunt und beunruhigt mich, vor allem, wenn sie in eine Politik mündet, die von sich behauptet, zugleich wissenschaftlich und moralisch gerecht zu sein!

Das ist der entscheidende Punkt: Moral, Politik und Wissenschaft bilden bei Marx eine Einheit; und diese Dreieinigkeit erscheint mir zugleich illusorisch (was ihren Inhalt angeht) und furchterregend (was ihre Wirkung anbelangt). Die gleiche gelassene und schreckliche Konvergenz finden wir übrigens bei Lenin, etwa in der Rede, die er 1920 über die »Aufgaben der Jugendverbände« hielt. Die Existenz einer »kommunistischen Wissenschaft, die in der Haupt-

---

30 *Traité du désespoir et de la béatitude*, Bd. 1: *Le mythe d'Icare*, PUF, 1984, Kapitel 2 (»Les labyrinthes de la politique: À l'assaut du ciel«; vgl. insbesondere die Abschnitte IV und V).

sache von Marx geschaffen worden ist«[31], steht für ihn außer Frage. Aber es gibt, wie er betont, auch eine »kommunistische Moral«[32]. Das Problem liegt darin, dass diese nicht »außerhalb der Klassen« und damit auch nicht außerhalb deren Kampfes existieren kann, so wie ihn die »kommunistische Wissenschaft« definiert und wie ihn die Partei führt, die sich auf diese Moral beruft. Glücklicher Zufall (für Lenin) oder tragischer (für die Russen): Die Wissenschaft, der Kampf und die Moral bewegen sich alle in die gleiche Richtung! »Unsere Sittlichkeit ist von den Interessen des proletarischen Klassenkampfes abgeleitet«[33], sagt Lenin und fügt hinzu: »... es ist unsere Aufgabe, alle Interessen diesem Kampf unterzuordnen. Und wir ordnen unsere kommunistische Sittlichkeit dieser Aufgabe unter ... Die kommunistische Sittlichkeit ist jene Sittlichkeit, die diesem Kampf dient ...«[34] Wir wissen, wie es ausgegangen ist. Weder die Wissenschaft noch die Moral sind der Demokratie untergeordnet. Warum sollte es die kommunistische Politik sein – wenn sie denn wissenschaftlich wahr und moralisch gut ist? Wenn das Gute, das Wahre und die Partei auf derselben Seite sind, müssen die auf der anderen Seite »Lumpen« sein, wie Lucien Sève in Anlehnung an Marx sagt, Ignoranten oder Lakaien der Bourgeoisie – wenn nicht gar alles zugleich. Also muss man sie auf Vordermann bringen, erziehen oder liquidieren, ohne sich um ihre Meinung

---

31 Lenin, *Die Aufgaben der Jugendverbände*. Rede auf dem III. Gesamtrussischen Kongreß des Kommunistischen Jugendverbandes Rußlands, 2. Oktober 1920, Berlin, Dietz, 1970, S. 7.
32 A.a.O., S. 13.
33 Ebd.
34 A.a.O., S. 15.

scheren zu müssen. Das heißt dann Diktatur des Proletariats, die zugleich – oder angeblich – eine Diktatur der
kommunistischen Wissenschaft und Moral ist... Bei einer
solchen Lehre, die sich über die Demokratie erhebt, um sie
(moralisch) zu beurteilen, (wissenschaftlich) zu erkennen
und (politisch) zu beherrschen, haben wir es mit dem zu
tun, was man Totalitarismus nennt, oder mit dessen theore-
tischem Programm. Am Ende wartet der Gulag. Selbstverständlich macht das aus Marx noch lange keinen Stalin.
Aber ist es nicht unübersehbar, dass Stalin und die Seinen in
dieser angeblich wissenschaftlichen und moralischen Politik die Rechtfertigung fanden für die Mischung aus Dogmatismus, gutem Gewissen und Hass, die ihnen die Ideologie ersetzte und als Entschuldigung für all die Massaker
diente?

Hier hat Yvon Quiniou recht. Dieser macht bei Marx das
Zusammentreffen oder den Schnittpunkt dreier verschiedener Linien aus: einer »szientistischen« Linie (die vorgibt,
alles, einschließlich der Moral, der »Wissenschaft von der
Geschichte« unterzuordnen), eine »politizistische Linie«
(die alles der Politik unterwirft) und eine »andere Linie«,
die für eine »moralische Normativität« steht. Die letzt-
genannte Linie sei, so Quiniou, keineswegs auf das Früh-
werk beschränkt: Sie »prägt Marx' ganzes Werk« und ist
»daher auch von zentraler Bedeutung für die Begriffe, die
im Übrigen auch als wissenschaftlich angesehen werden
müssen – wie etwa der der Ausbeutung, dessen Entdeckung
sich nicht von einem einfachen moralischen Protest herleiten lässt«. Besser lässt sich das nicht sagen. Hören wir Yvon
Quiniou weiter:

»Marx' Werk [...] hat also zwei Seiten,[35] ist aber nicht doppel-
deutig, sondern ambivalent: Zugleich wissenschaftlich und
normativ oder moralisch, weil es sich im normativen Horizont
des Kommunismus entfaltet, der seinen Analysen der kapitalistischen Gegenwart innewohnt. Es verkündet also zugleich
das, was ist, und das, was sein soll, und die Bezugnahme auf
das, was sein soll – den Kommunismus –, ist vorhanden in
dem, was ist – dem Kapitalismus. [...] Das Vorhandensein dieser beiden Aspekte ist natürlich nicht unbemerkt geblieben;
doch die Kenntnisnahme des einen geschah immer auf Kosten
der Kenntnisnahme des anderen: entweder die Moral auf Kosten der Wissenschaft (bei Rubel) oder die Wissenschaft auf
Kosten der Moral (bei Althusser). Dabei macht gerade ihre
gleichzeitige Anwesenheit in einer widersprüchlichen Spannung, die die erkenntnistheoretische Einordnung des Marx-
schen Textes erschwert, seinen besonderen Reiz aus.«[36]

Interessant, mag sein. Aber auch gefährlich, vor allem,
wenn die »widersprüchliche Spannung« aufgelöst wird in
das gute Gewissen (moralisierend), den (»wissenschaftlichen«) Dogmatismus und die (politische) Parteilichkeit
oder, schlimmer noch, zur terroristischen oder totalitären
Verbindung der drei Aspekte zusammenfindet! Der Ausdruck »widersprüchliche Spannung« setzt eine Unterscheidung zwischen den drei Linien voraus, alle drei sind zwar
legitim, aber nicht aufeinander zurückführbar; das ist etwa
das, was ich die »Unterscheidung der Ordnungen« genannt
habe, die zu einer tragischen Geschichtsauffassung führt.

35 Drei würde ich sagen; aber Yvon Quiniou meint, die »szientistische« und
»politizistische« seien im Grunde nur eine: Jene verstehe sich als »Anwendung« dieser.
36 Yvon Quiniou, *Études matérialistes sur la morale*, Kapitel IV (»La question
morale dans le marxisme«), a.a.O., S. 66–67.

Ihre Verwechslung dagegen, egal, ob sie zugunsten der »Wissenschaft« (Szientismus), der Politik (Politizismus) oder der Moral (Moralismus) ausfällt, kann nur zu einer Form der Tyrannei im pascalschen Sinne führen: Tyrannei der Wissenschaftler oder derer, die sich dafür halten (»Stalin, der größte Gelehrte seiner Zeit«!), der Partei und der »moralischen Ordnung«, meist in ihrer vorausgesetzten und zugleich ungedachten Konvergenz. Lesen Sie unter diesem Gesichtspunkt noch einmal die Reden unserer Stalinisten, auch der französischen, und Sie werden die fast fortwährende Verwechslung dieser drei Linien bemerken.

Das macht aus Marx keinen Stalinisten, das sei noch einmal gesagt, aber es erlaubt Stalin, Marxist zu sein. Denn bei Marx gibt es sowohl eine dreifache Kritik des Kapitalismus – zugleich wirtschaftlich (»wissenschaftlich«), politisch und moralisch – und eine dreifache Rechtfertigung des Kommunismus. Diese drei Linien führen, obwohl heterogen, wie zufällig in dieselbe Richtung: Die »Wissenschaft« verkündet, was die Moral verlangt und die Politik verwirklichen soll, genauso wie die Moral rechtfertigt, was die »Wissenschaft« verkündet (den unausweichlichen Triumph des Kommunismus) und die Politik vollendet (beispielsweise die revolutionäre Aktion oder die Diktatur des Proletariats). Diese vorherbestimmte Harmonie zwischen Moral und Wirtschaft finde ich theoretisch verdächtig und praktisch beängstigend. Allen Menschen (abgesehen vielleicht von einigen bösen Kapitalisten?) wäre es lieber, wenn die Wirtschaft uns »notwendigerweise« zu einer Gesellschaft der Freiheit, des Überflusses, der Gerechtigkeit und des Friedens (dem Kommunismus gemäß Marx) führte. Aber müssen wir nicht befürchten, dass etwas, was unseren Wünschen so sehr entspricht, eine Illusion im freudschen Sinne ist (glauben, dass etwas wahr ist, weil wir es uns intensiv wünschen)? »Wir sagen uns, es wäre ja sehr schön«, schreibt Freud, »wenn es einen Gott gäbe als Weltenschöpfer und gütige Vorsehung, eine sittliche Weltordnung und ein jenseitiges Leben, aber es ist doch sehr auffällig, daß dies alles so ist, wie wir es uns wünschen müssen.«[37] Es wäre auch sehr schön, wenn die Geschichte notwendigerweise zu einer Gesellschaft des Überflusses und der Gerechtigkeit führen würde, aber es ist auch auffällig, dass es genau das ist, was wir uns für uns – oder unsere Kinder – wünschen. Diese Konvergenz zwischen dem, was ist, und dem, was sein soll, zwischen dem Wahren und dem Guten, dem Wirklichen und Idealen steht im Mittelpunkt allen religiösen Denkens. Insofern steckt tatsächlich – trotz des Materialismus von Marx, den ich teile – so etwas wie eine Geschichtsreligion im Marxismus. All die sattsam bekannten szientistischen Leugnungen von Marx, Engels oder Lenin ändern daran gar nichts. Sie ändern auch nichts daran, dass Marx ein Genie und dass sein Denken in vielerlei Hinsicht erhellend war. Doch sein Genie reicht nicht aus, um diese religiöse oder utopische (das Wahre und das Gute unauflöslich verknüpfende) Struktur seines Denkens zu beseitigen und die damit einhergehenden totalitären Gefahren zu bannen.

Dass man mich nicht missverstehe. Ich werfe Marx natürlich nicht vor, eine Wirtschaftstheorie und eine Moral

37 Sigmund Freud, *Die Zukunft einer Illusion* (1927), Studienausgabe, Frankfurt, Fischer, 1969, Bd. 9, S. 167.

gehabt zu haben. Das ist das Schicksal aller Ökonomen, wenn sie nicht vergessen, dass sie auch Menschen sind. Es ist etwas anderes, was ich Marx vorwerfe, oder vielmehr, was mich an seinem Denken stört: Er wundert sich nicht einen Augenblick, dass seine Moral und seine Wirtschaftstheorie in dieselbe Richtung führen (die des Kommunismus), was mir, eine vorherbestimmte Harmonie oder einen wundersamen Zufall ausgeschlossen, nur möglich erscheint, wenn man unbewusst das eine dem anderen unterordnet: weil man die Moral der Wirtschaft unterwirft (wie es viele liberale Ideologen tun: Gut ist, was rentabel ist; folglich ist der Kapitalismus moralisch, da er wirtschaftlich effizient ist) oder die Wirtschaft der Moral (was Marx macht oder worauf seine Theorie zumindest hinausläuft: Der Kommunismus ist wahr, weil er gerecht ist; der Kapitalismus ist wirtschaftlich verdammt, weil er moralisch verdammenswert ist). Das ist natürlich nicht Marx' persönliche Meinung: Er glaubt, wissenschaftlich vorzugehen. Dabei lehrt er uns unter anderem, Menschen nicht nach der Vorstellung zu beurteilen, die sie von sich selbst haben.[38] Das gilt auch für ihn selbst. Selbst wenn Marx eine neue Wissenschaft erfunden hätte, was ich nicht glaube, würde die Beziehung, die er zu dieser Wissenschaft unterhielt (wie ein Mathematiker zur Mathematik), zeigen, dass es sich nicht um eine Wissenschaft, sondern um eine Ideologie in der marxistischen Bedeutung des Wortes handelt. Daher ist es legitim, nach ihrer besonderen Illusion zu suchen, dem »Ungedachten« oder dem »blinden Fleck«, wie man in meiner Jugend

38 Karl Marx, Einleitung zur *Kritik der politischen Ökonomie*, MEW, Bd. 13, S. 615.

sagte, und mir scheint klar zu sein, dass diese ins Auge springende Konvergenz zwischen Moral und Wirtschaft dazu gehört. Dass Lucien Sève anderer Meinung ist als ich, will ich gerne akzeptieren. Allerdings würde ich mich freuen, wenn er seinerseits akzeptierte, dass mein Standpunkt weder auf Ignoranz noch Böswilligkeit beruht. Ist das zu viel verlangt? Auseinandersetzungen über Interpretationen gehören zur Philosophie. Keinen Widerspruch duldende Argumente und Verachtung nicht.

Sève fordert mich auf, »einen einzigen Text von Marx zu nennen, in dem irgendein noch so unbedeutender Zukunftsentwurf auf einen moralischen Wunsch gegründet ist ...«

Dank seinem Szientismus braucht Marx seine Zukunftsvision nicht auf die »Moral« zu gründen (da die Wissenschaft durch eine glückliche Fügung die Stelle der Moral einnimmt). Doch jemandem, der Marx' szientistische Illusionen nicht teilt, erscheint der Kommunismus als das, was er ist: ein Entwurf, auf den kein Wirtschaftswissenschaftler jemals gekommen wäre, wenn die Sache nicht zunächst wünschenswert gewesen wäre (also weniger eine wissenschaftliche Theorie als eine Hoffnung oder ein Ideal). Marxist wird man übrigens – ich weiß, wovon ich rede – meist aus moralischen Gründen: Den Triumph des Kommunismus wünscht man sich nicht, weil man das *Kapital* gelesen hat; sondern weil man sich diesen Triumph wünscht (aus Gründen, in denen sich soziale, politische und moralische Gesichtspunkte unauflöslich mischen), macht man sich schließlich daran, das *Kapital* zu lesen! So gesehen sollte man den Unterschied zwischen Marx' Jugendschriften und den Werken seiner Reifezeit (den berühmten »epistemologischen Bruch«) nicht übertreiben. Auch wenn Marx glaubt, eine Wissenschaft zu erfinden, verliert er deshalb nicht seine Moral: Die »Wissenschaft« der Reifezeit gibt am Ende den humanistischen Hoffnungen des jungen Feuerbachianers und Linkshegelianers recht, der er anfangs war. Ich finde das bei Marx eher sympathisch. Das ist jedoch kein Grund, daran zu glauben... Auch wenn der Szientismus alles überwuchert, tritt die Moral hier und dort zutage. Zum Beispiel wenn es, wie erwähnt, in der *Kritik des Gothaer Programms* darum geht, »den engen bürgerlichen Rechtshorizont« ganz zu überschreiten und eine Gesellschaft zu schaffen, die sich auf ihre Fahne schreibt: »jeder nach seinen Fähigkeiten, jedem nach seinen Bedürfnissen!« Wenn das kein Zukunftsentwurf ist, der einem moralischen Wunsch entspricht (oder gar auf einen solchen gegründet ist), dann weiß ich wirklich nicht. Lucien Sève würde mir vielleicht entgegenhalten, das sei eine wissenschaftliche Aussage. Das liegt daran, dass wir weder von der Moral noch von der Wissenschaft die gleiche Vorstellung haben.

Gleiches gilt vom *Manifest*. Wenn Marx die »Despotie« der Bourgeoisie anprangert, eine Despotie, die »um so kleinlicher, gehässiger, erbitternder [ist], je offener sie den Erwerb als ihren Zweck proklamiert«[39], macht das aus dem Verlangen, diese Despotie zu stürzen, etwa keinen »moralischen Wunsch«? Oder zu schreiben: »Die proletarische Bewegung ist die selbständige Bewegung der ungeheuren Mehrzahl im Interesse der ungeheuren Mehrzahl«[40], heißt

---

39 Karl Marx u. Friedrich Engels, *Manifest der Kommunistischen Partei*, MEW, Bd. 4, S. 469.
40 A.a.O., S. 473.

das nicht, den moralischen Wunsch zu empfinden, dass sie siegt? Wenn Marx verkündet, »[an] die Stelle der alten bürgerlichen Gesellschaft« trete »eine Assoziation, worin die freie Entwicklung eines jeden die Bedingung für die freie Entwicklung aller ist«,[41] dann äußert sich darin kein »moralischer Wunsch«? Nur eine wissenschaftliche Wahrheit? Glückliche Wissenschaft! Glückliche Marxisten! Auch hier ist es wieder ein wenig so, als würde uns die Physik den Sieg der Ordnung über die Unordnung verkünden (wo doch jeder weiß, dass der Zweite Hauptsatz der Thermodynamik das Gegenteil lehrt) oder als würde uns die Biologie das ewige Leben versprechen … Unter diesem Gesichtspunkt erscheinen mir Epikur und Freud scharfsinniger, materialistischer und erhellender.

Und in den *Grundrissen*? Beispielsweise diese Passage: »In fact aber, wenn die bornierte bürgerliche Form abgestreift wird, was ist der Reichtum anders, als die im universellen Austausch erzeugte Universalität der Bedürfnisse, Fähigkeiten, Genüsse, Produktivkräfte etc. der Individuen? Die volle Entwicklung der menschlichen Herrschaft über die Naturkräfte, die der sogenannten Natur sowohl, wie seiner eignen Natur? Das absolute Herausarbeiten seiner schöpferischen Anlagen […] nicht gemessen an einem *vorhergegebnen* Maßstab, zum Selbstzweck macht? Wo er sich nicht reproduziert in einer Bestimmtheit, sondern seine Totalität produziert?«[42] Kein »Zukunftsentwurf«, der auf einem »moralischen Wunsch« beruht? Keine Utopie? Nicht die geringste Annäherung zwischen Moral und Wirtschaft?

41 A.a.O., S. 482.
42 *Grundrisse der Kritik der politischen Ökonomie*, MEW, Bd. 42, S. 395 f.

Die gleichen Gedanken finden sich im *Kapital*, etwa wenn Marx den Kapitalismus und sein »Teilindividuum, den bloßen Träger einer gesellschaftlichen Detailfunktion« dem Kommunismus gegenüberstellt, das heißt dem »total entwickelten Individuum, für welches verschiedne gesellschaftliche Funktionen einander ablösende Betätigungsweisen sind«.[43] Darin findet sich kein »Zukunftsentwurf«, der von einem moralischen Wunsch gespeist wird? Oder wenn er in einem anderen Kapitel hinzufügt: »Dort handelte es sich um die Expropriation der Volksmasse durch wenige Usurpatoren, hier handelt es sich um die Expropriation weniger Usurpatoren durch die Volksmasse.«[44] Noch immer kein Zukunftsentwurf? Kein moralischer Wunsch? Und was ist mit der Stelle, an der Marx dem »Reich der Notwendigkeit« das »Reich der Freiheit«[45] gegenüberstellt, das nur der Kommunismus entwickeln kann: unbeleckt von aller Moral? Im »Anti-Dühring« greift Engels diesen Gedanken auf, wenn er vom »Sprung der Menschheit aus dem Reiche der Notwendigkeit in das Reich der Freiheit« spricht,[46] ein Sprung, der allein in der Lage ist, die Menschheit ganz menschlich und bewusst zu machen. Engels weiter: »Der Umkreis der die Menschen umgebenden Lebensbedingungen, der die Menschen bis jetzt beherrschte, tritt jetzt unter die Herrschaft und Kontrolle der Menschen, die nun zum ersten Male bewußte, wirkliche Herren der Natur, weil und indem sie Herren ihrer eignen Vergesell-

---

43 *Das Kapital*, MEW, Bd. 23, S. 512.
44 A.a.O., S. 791.
45 A.a.O., Bd. 25, S. 828.
46 Friedrich Engels, *Herrn Eugen Dührings Umwälzung der Wissenschaft*, MEW, Bd. 20, S. 264.

schaftung werden ... Diese weltbefreiende Tat durchzuführen, ist der geschichtliche Beruf des modernen Proletariats.«[47] Ist das kein Zukunftsentwurf?

Moralisch gesehen kann man diesen übrigens nur befürworten. Aber was sagt uns das über die Machbarkeit des Ganzen und über die »Wissenschaft«, die sich anheischig macht, dessen Unausweichlichkeit nachgewiesen zu haben?

Lucien Sève zitiert aus dem Vorwort zur ersten Auflage des *Kapitals*: »Die Gestalten von Kapitalist und Grundeigentümer zeichne ich keineswegs in rosigem Licht. Aber es handelt sich hier um die Personen nur, soweit sie die Personifikation ökonomischer Kategorien sind, Träger von bestimmten Klassenverhältnissen und Interessen. Weniger als jeder andere kann mein Standpunkt, der die Entwicklung der ökonomischen Gesellschaftsformation als einen naturgeschichtlichen Prozeß auffaßt, den einzelnen verantwortlich machen für Verhältnisse, deren Geschöpf er sozial bleibt, sosehr er sich auch subjektiv über sie erheben mag.«[48] Na und? Marx sagt in diesem Text doch lediglich sehr klar, dass nicht die Individuen für das System verantwortlich sind, da sie dessen Geschöpfe oder Ergebnisse sind (als braver Materialist glaubt Marx nicht an die Willensfreiheit; ich übrigens auch nicht). Das bedeutet natürlich nicht, dass das System von moralischer Kritik verschont bliebe noch dass Marx' Standpunkt zwangsläufig über jede Kritik erhaben sei! Im Übrigen erklärt Marx in den folgenden Zeilen selbst, dass seine »wissenschaftliche« Arbeit mit den »heftigsten, kleinlichsten und gehässigsten Leidenschaften

47 A.a.O., S. 264 f.
48 *Das Kapital*, MEW, Bd. 23, S. 16.

der menschlichen Brust... [den] Furien des Privatinteresses« in Konflikt gerät.[49] Die Worte eines Wirtschaftswissenschaftlers oder Moralisten? Mir scheint, da sprechen beide, und das ist sehr bequem! Wer sich der wissenschaftlichen Wahrheit des Marxismus verschließt, wird sofort mundtot gemacht: Wenn er sich von Marx nicht überzeugen lässt, dann ist er eben von den kleinlichsten und gehässigsten Leidenschaften des Privatinteresses verblendet ... Man kennt das Lied: Wenn Moral und Wissenschaft zusammengehen, reichen sich auch der Dogmatismus und das gute Gewissen die Hand.

Das war der »wissenschaftliche Humanismus« der Kommunisten, der bekanntlich in höchst unmenschliche Gefilde abdriftete. Ich zweifle nicht daran, dass Lucien Sève diese Entwicklungen bedauert oder verurteilt. Aber ich kann nicht erkennen, dass er die Mischung aus Szientismus und Humanismus ablehnt, die die Voraussetzung für diese Entwicklung oder diesen Betrug ist. In seinem Hauptwerk *Marxisme et théorie de la personnalité* lese ich beispielsweise Folgendes: »Der Marxismus ist die *wissenschaftliche Verwandlung des utopischen Sozialismus, der zur Wissenschaft gewordene Sozialismus.* [...] Er ist das im gleichen Maß und im gleichen Sinn, wie er wissenschaftlicher Humanismus ist.«[50] Und in seiner *Introduction à la philosophie marxiste*: »Der Marxismus verleiht dem Humanismus eine vollkommen neue, vom Kommunismus untrennbare Bedeutung: den Begriff der Entwicklung der menschlichen In-

---

49 Ebd.
50 Lucien Sève, *Marxisme et théorie de la personnalité*, ii, 3, Éditions sociales, 1974, S. 181 (Hervorhebung von L. S.).

dividualität, der auf der Geschichtswissenschaft gründet.«[51]
Na bitte: Moral, Politik und Wissenschaft sind im Marxismus »untrennbar«; das lässt denen, die den Fehler begehen,
keine Marxisten zu sein, wenig Möglichkeiten.

Dass Marx behauptet, im Kommunismus die »wirkliche
Bewegung« der Geschichte und kein »Ideal« zu sehen, weiß
ich natürlich (habe ich diese Formulierung doch oft genug
selbst zitiert[52]). Was für mich aber keine zusätzliche Verpflichtung ist, es zu glauben. Ich denke, der Kommunismus
ist bei Marx widersprüchlicherweise (dialektischerweise!)
das eine und das andere: Manchmal präsentiert er sich als
»wirkliche Bewegung«, das stimmt, aber er hat auch – im
Denken von Marx und seiner Schüler – die Funktion eines
Ideals, was aus dem angeblich wissenschaftlichen Sozialismus eine weitere, wenn auch verleugnete, Erscheinungs-
form des utopischen Sozialismus macht. Daher müssen wir
in Marx' Denken zwischen diesen beiden Strömungen unterscheiden – die eine materialistisch, die andere nicht –, die
koexistieren, aber von unterschiedlicher Wertigkeit sind.
Dazu habe ich mich ausführlich in Kapitel 2 (»À l'assaut du
Ciel«) meines *Traité du désespoir et de la béatitude* geäußert.[53] Lucien Sève hat ihn sicherlich nicht gelesen: Es ist

---

51 Lucien Sève, *Une introduction à la philosophie marxiste*, Éditions sociales,
    1980, S. 151–152. In *Qu'est-ce que la morale marxiste?* schrieb Roger Ga-
    raudy, damals Kommunist, bereits, dass »für einen Marxisten die Moral
    eine Wissenschaft ist« (Éditions sociales, 1963, S. 222).
52 Vgl. beispielsweise meinen *Traité du désespoir et de la béatitude*, Kapitel 2,
    Abschnitt VII, S. 211 in der Neuauflage in einem Band, PUF, coll. »Quad-
    rige«, 2002. Marx' Formulierung findet sich in der *Deutschen Ideologie*,
    MEW, Bd. 3, S. 35.
53 A.a.O.

einfacher, eine Formulierung aufzuspießen, als den Versuch zu machen, sie zu verstehen.

Auf die politischen Kritikpunkte, die mir Lucien Sève vorhält, werde ich nicht antworten, sie sind lächerlich. Es ist schon sehr komisch, dass er mir vorwirft, ich wolle »die schreckliche wirtschaftliche Sollseite« des Kapitalismus verbergen. Gütiger Gott! Bedarf es denn eines Philosophiebuchs, um zu sehen oder zu verbergen, was jeder vor Augen hat? Das lag nicht in meiner Absicht. Ich habe mich damit begnügt, die Ideologie der »Unternehmensethik« zu kritisieren (die möchte, dass Moral und Rentabilität immer Hand in Hand gehen), den Tanz um das Goldene Kalb (S. 94–100) zu rügen, den Ultraliberalismus (S. 149–152) anzuprangern, an die fundamentale Amoralität und Ungerechtigkeit des Kapitalismus zu erinnern (S. 97 f.), nebenbei auf seine »Auswüchse« und »Schrecken« zu verweisen (S. 171 f.), zu unterstreichen, dass der »Druck der Finanzmärkte und das menschliche Elend, das er nach sich zieht, … ein Übel des gegenwärtigen Kapitalismus« ist (S. 189) … Doch ein philosophisches Buch ist weder ein Pamphlet noch ein politisches Programm. Mir geht es nicht darum anzuprangern, ich versuche zu verstehen. In diesem Fall müssen wir eben verstehen, dass sich der Kapitalismus, so ungerecht und amoralisch er auch ist, als wirtschaftlich leistungsfähiger erwiesen hat denn jedes jemals in der Menschheitsgeschichte erprobte System. Diese Auffassung hat übrigens auch Marx zu seiner Zeit nachdrücklich vertreten, und die Erfahrungen der Länder des Ostblocks haben das seither nicht widerlegen können…

Was das Elend angeht, das Lucien Sève beschwört und

das niemand leugnet, so darf ich noch einmal daran erinnern, dass es schon vor dem Kapitalismus existierte und dass es weit schlimmer und verbreiteter war als heute, auf jeden Fall in den entwickelten Ländern. Was nichts daran ändert, dass es in unserer Gesellschaft viel zu verbessern gibt. Glaubt Lucien Sève denn, er sei der einzige denkende Mensch? Nicht mehr an den Kommunismus zu glauben, heißt das denn zwangsläufig, konservativ zu sein oder dem Elend gleichgültig gegenüberzustehen? Natürlich nicht! Deswegen brauchen wir die Politik: weil weder die Wirtschaft noch die Moral (noch die illusorische Verbindung beider) für Gerechtigkeit sorgen können. Hauptanliegen meines Buches war, diesen Gedanken beiden Seiten darzulegen, den Rechten, die glauben, dass die vermeintlich dem Markt immanente Moral die Politik erübrigt (der Staat kann und muss sein Handeln auf seine hoheitlichen Funktionen beschränken), als auch den Linken, die glauben, dass die Unmoral des Kapitalismus Grund genug ist, ihn abzulehnen oder gar zu ersetzen – was die Linke auf die guten Gefühle festlegt, wenn sie in der Opposition ist, und auf die Ohnmacht, wenn sie an die Macht kommt.

Lucien Sève wird darin nur ein sozialdemokratisches oder sozialliberales Projekt sehen. Meinetwegen. Doch ist es unser Fehler, dass der Kommunismus gescheitert ist – oft mit Schrecken, immer mit einer Diktatur – und dass es der Sozialdemokratie, vor allem in Europa, hier und dort gelungen ist, eine Gesellschaft zu schaffen, die gewiss sehr unvollkommen ist, die aber der Menschheit zweifellos bis auf den heutigen Tag als keineswegs die schlechteste gilt? Die Meinungsverschiedenheit, die Lucien Sève und ich hier haben, ist eine politische Meinungsverschiedenheit, an der nichts Schockierendes ist. An seinem Standpunkt stört mich allerdings, dass er offenbar davon überzeugt ist, Moral und Wissenschaft seien auf seiner Seite. Das ist ein Anspruch, den ich nicht erhebe. Darin bleibt er Marxist. Daher bin ich keiner mehr.

Antwort an Yvon Quiniou

Von der Moral zur Politik – eine gute Konsequenz?

Am Ende eines Artikels, der dem Unterschied zwischen Moral und Ethik gewidmet ist, worin wir uns einig sind, zieht Yvon Quiniou die folgenden Schlussfolgerungen, in denen ich ihm nicht folgen kann:

»Eben weil die Moral unsere Beziehungen zu anderen betrifft, mündet sie zu Recht in die Politik, das heißt in die Bestimmung nicht nur der politischen Verhältnisse (im engeren Wortsinn, womit die Institutionen gemeint sind), sondern auch in die gesellschaftlichen und wirtschaftlichen Bedingungen eines gerechten ›Zusammenlebens‹. Hier unterscheide ich mich ganz klar von Comte-Sponville, obwohl ich mit der materialistischen Basis seiner Überlegungen vollständig einverstanden bin und mir einige seiner begrifflichen Unterscheidungen zu eigen gemacht habe. In seinem Buch *Kann Kapitalismus moralisch sein?*, in dem er seine Unterscheidung der Ordnungen systematisiert – die wissenschaftlich-technische, rechtliche, moralische und ethische –, nimmt er die Wirtschaft in die erste hinein und schließt daraus, dass sie prinzipiell und praktisch dem moralischen Urteil entzogen ist. (Die Folge: Der Kapitalismus ist weder moralisch noch unmoralisch, sondern ›amoralisch‹, daher lässt er sich allenfalls marginal verändern.) Und er sieht sogar in der umgekehrten Überzeugung die Gefahr eines blauäugigen, praktisch tyrannischen Moralismus, wie ihn seiner Meinung nach der Marxismus, ohne es zu wissen, praktiziert. Ich denke, schon sein Ansatz ist falsch, wenn er die Wirtschaft den Technowissenschaften zuweist: Diese Ordnung besteht aus *Mitteln* und ist daher normativ gesehen neutral, da sich nur die Verwendung dieser Mittel beurteilen lässt; doch die Wirtschaft ist ganz im Gegenteil eine *Praxis*, welche die Menschen im Bereich der Produktion miteinander verbindet und daher definitionsgemäß oder von Anfang an dem moralischen Urteil unterworfen ist: Ausbeutung und Unterdrückung sind unübersehbare Beispiele dafür, charakterisieren sie doch die Verhaltensweisen einiger Menschen gegenüber anderen. Folglich ist die Wirtschaft nicht außerhalb der Moral: Sie ist die konkreteste und ›substantiellste‹ Form, unter der die Verwirklichung jener vorstellbar ist (die Nationalökonomie sei eine ›moralische Wissenschaft, die allermoralischste Wissenschaft‹, sagt Marx von der Disziplin, die sich mit diesen Praktiken beschäftigt[54]); durch Verdinglichung, durch Verwandlung in ein ›Ding‹, ausgestattet mit Gesetzen, die vom menschlichen Willen unabhängig sind, glaubt man, sie von Beginn an allen moralischen Forderungen entziehen zu können: Die Schlussfolgerung war schon in der Prämisse des Arguments enthalten! Daher ist über die Umkehrung der kausalen Hierarchie dieser Ordnungen nachzudenken: Die Moral, mir den ihr wesensgemäßen Forderungen, verwirklicht sich im Recht, wohin sie nach Habermas ›einwandert‹, und das Recht, das in der Lage ist, die Wirtschaft zu organisieren (wir können die Unternehmen verstaatlichen und die Ausbeutung abschaffen), ist die Moral selbst, die sich zugleich mit dem ›Recht‹ und der Fähigkeit ausgestattet sieht, die Wirtschaft zu verändern, ihre praktische Natur zu bestimmen und sich in ihr zu konkretisieren. Nur ein abstrakter Begriff des ›Guten‹, der sich ausschließlich auf die individuellen Beziehungen beschränkt, kann uns vergessen machen, dass der richtige Weg von der Moral zur Politik

---

54 *Ökonomisch-philosophische Manuskripte aus dem Jahre 1844*, MEW, Bd. 40, S. 549.

führt: Die Moral gibt nicht nur die Mittel des politischen Handelns vor, sondern auch seine Ziele, womit sie zur Wirtschaft vordringt. Wir müssen also von Kant zu Marx wechseln, ohne darin den geringsten Widersinn oder Verrat zu sehen, auf die Gefahr hin, dass wir die theoretischen Bedingungen dieses Wechsels auch im Rahmen des heutigen Materialismus formulieren müssen, und wir dürfen nicht der Versuchung erliegen, im Menschen nur ein seinem Eigennutz verhaftetes Tier zu sehen, bei dem die Moral, in ihrer Besonderheit betrachtet und von der Ethik unterschieden, auf taube Ohren stößt.«[55]

Wie ersichtlich, ist der Einwand von Yvon Quiniou fast ein Spiegelbild von Lucien Sèves Kritik: Dieser hat mir eine moralisierende Lesart von Marx vorgehalten, die die wissenschaftliche Dimension von dessen Werk unterschätze; jener wirft mir dagegen vor, ich würde die Bedeutung der Moral – auch in der Wirtschaft und im Marxismus – unterschätzen. Das beweist natürlich nicht, dass ich recht habe, sagt aber etwas über die Komplexität des Problems aus. Alles wäre einfacher, wenn Moral und Wirtschaft eine Einheit wären oder wenn man auf eines von beiden verzichten könnte. Aber brauchten wir die Philosophie, wenn alles einfach wäre?

Die technowissenschaftliche Ordnung bestehe nur aus *Mitteln* und sei moralisch neutral, wirft mir Yvon Quiniou vor, was auf die Wirtschaft, die eine *Praxis* sei, nicht zutreffe: Ausbeutung und Unterdrückung seien moralisch zu verurteilen.

---

[55] Yvon Quiniou, *Raison morale et normativité éthique*, in der Zeitschrift *La matière et l'esprit*, Nr. 1, Université de Moins-Hainaut, 2005, S. 55 f.

Die Unterscheidung zwischen *Mitteln* und *Praxis* überzeugt mich nicht recht. Eine Technik ist, einmal ins Werk gesetzt, auch eine Praxis; eine Fabrik, ein Kaufhaus oder ein Computernetz sind auch Mittel. Dass Ausbeutung und Unterdrückung moralisch zu verurteilen sind, bestreite ich keinen Augenblick. Aber haben Sie schon einmal einen Arbeiter gesehen, der *von der Wirtschaft ausgebeutet* wird? Die Wahrheit ist, dass er durch einen Arbeitgeber, durch einen Kapitalisten, mit einem Wort, durch einen oder mehrere Individuen ausgebeutet wird. Genau das erkennt Yvon Quiniou ja auch noch in demselben Satz an: »Ausbeutung und Unterdrückung sind ... Verhaltensweisen *einiger Menschen gegenüber anderen*.« (Hervorhebung von mir.) Daher können sie gegebenenfalls moralisch ver- und beurteilt werden. Das deckt sich mit einer der Hauptthesen meines Buchs: Nur Menschen unterliegen der Moral; es hat überhaupt keinen Sinn, ein moralisches Urteil über ein unpersönliches System (»ohne Subjekt und Zweck«) zu fällen – wie etwa die Wirtschaft im Allgemeinen oder den Kapitalismus im Besonderen. Dass ein Arbeitgeber unmoralisch sein kann, ist eine traurige Tatsache; doch diese Unmoral ist die seine, nicht die des Systems. Weil der Kapitalismus moralisch ist? Natürlich nicht; sondern weil es Moral nur für und durch die Individuen gibt. Der Gedanke, dass die Leitung eines Unternehmens oder der Erwerb von Aktien in einem kapitalistischen Land zwangsläufig eine moralische Verfehlung sei, würde unsere Gesellschaft – nähme man eine solche Idee ernst – weit eher in die totale Lähmung oder das Elend als in die Revolution führen. Den Kapitalismus anklagen? Das ist sehr bequem! Der Kapitalismus ist definitionsge-

mäß nicht ich: Wenn er schuld ist, bin ich aus dem Schnei-
der. Genau umgekehrt, denke ich, wird ein Schuh draus.
Nehmen wir beispielsweise meine Zugehfrau: Wenn ich sie
ausbeute, bin ich moralisch schuld daran, nicht der Kapitalismus. Für mich wäre es einfacher und bequemer, das Gegenteil anzunehmen.

Yvon Quiniou wirft mir vor, die Wirtschaft zu »verding-
lichen«, sie in eine »Sache« mit Gesetzen zu verwandeln, die
vom Willen der Menschen unabhängig seien. Doch nicht
ich tue das, sondern die Ökonomen, wenn sie wissenschaftlich vorgehen, und sie haben recht! Zum Beispiel
Marx, wenn er sagt, das Gesetz vom tendenziellen Fall der
Profitrate sei unabhängig vom Willen der Menschen. Aber
auch die liberalen Ökonomen. Die meisten würden von der
Wirtschaft sagen, was Durkheim von der Soziologie sagte:
Die soziologischen oder wirtschaftlichen Fakten seien »als
Dinge« zu betrachten, das heißt als Sachverhalte, die sich
den Individuen aufdrängen und nicht von ihrem Willen ab-
hängen![56] Das ist die Bedingung jeder wissenschaftlichen

56 Vgl. Émile Durkheim, *Die Regeln der soziologischen Methode* (1895), Frankfurt, Suhrkamp, 1995: »Die erste und grundlegendste Regel besteht darin,
die soziologischen Tatbestände wie Dinge zu betrachten. [...] In der Tat
wird ein Ding hauptsächlich daran erkannt, dass es durch einen bloßen
Willensentschluss nicht veränderlich ist. Das bedeutet nicht, dass es sich
unbedingt jeder Änderung widersetzt. Doch reicht das bloße Wollen nicht
aus, um eine Wandlung hervorzurufen, es bedarf dazu vielmehr einer mehr
oder minder mühsamen Anstrengung infolge des Widerstands, den das
Ding uns entgegensetzt und der überdies auch immer überwunden werden
kann. Wir sahen nun, dass die sozialen Erscheinungen diese Eigentümlich-
keit besitzen. Weit davon entfernt, ein Erzeugnis unseres Willens zu sein,
bestimmen sie ihn von außen her; sie bestehen gewissermaßen aus Guss-
formen, in die wir unsere Handlungen gießen müssen. Häufig ist dieser
Zwang so stark, dass wir ihm nicht ausweichen können. Aber selbst wenn
wir ihn schließlich überwinden, genügt der erfahrene Widerstand, um uns

Objektivität, ja jeder Rationalität.[57] Die Gesellschaft gehorcht niemandem. Der Markt auch nicht. Insofern sind sie beide, zumindest im Prinzip, wissenschaftlich zu verstehen. Hier stehe ich, wie gesagt, Lucien Sève näher als Yvon Quiniou: Wenn eine Wirtschaftswissenschaft möglich ist (oder wenn die Wirtschaft zumindest teilweise zur Wissenschaft werden kann), hat sie mit der Moral nichts zu tun.

Das heißt natürlich nicht, dass die Moral nicht ihren Platz in der Gesellschaft im Allgemeinen und in der Wirtschaft im Besonderen hätte! Natürlich ist das der Fall, und ich habe bereits mit aller Klarheit gesagt, wo: bei den Individuen, anders gesagt, bei uns!

Das soll im Übrigen auch nicht heißen, dass der Kapitalismus nicht oder »allenfalls marginal« zu verändern wäre. Zunächst einmal, weil er sich unablässig selbst verändert, häufig radikal (man vergleiche den Kapitalismus von 1850 mit dem heutigen), aber auch, weil ihn die rechtlich-politische Ordnung, die ihn von außen begrenzt, oft verändert (denken Sie an die Gesetzgebung zum bezahlten Urlaub, zum Gewerkschaftsrecht, zur Arbeitszeitregelung) oder sogar abschaffen kann. Rechtlich gesehen ist es ganz einfach, ein Unternehmen – oder alle – zu verstaatlichen. Dazu reicht ein einziges Gesetz aus. Ob es allerdings auch ausreicht, um »die Ausbeutung abzuschaffen«, wie Yvon Quiniou zu glauben scheint, und ob das wirtschaftlich effizient ist, steht auf einem ganz anderen Blatt! Die rechtlich-politi-

klarzumachen, dass wir hier vor einem Ding stehen, das nicht von uns abhängig ist.« (S. 115 und 126.) Gleiches möchte ich von den wirtschaftlichen Tatbeständen sagen.

57 Vgl. Émile Durkheim, a.a.O, Vorwort zur ersten Ausgabe, S. 87, und zur zweiten Ausgabe, S. 91.

sche Ordnung erlegt der Wirtschaft ihre eigenen Gesetze auf, von außen, kann aber deren wirtschaftliche Effizienz von innen her nicht garantieren, deren moralische Tragweite übrigens auch nicht. Nichts ist leichter, als den Kapitalismus abzuschaffen, wenn man an der Macht ist. Nichts ist schwieriger, als ihn durch ein anderes System zu ersetzen, das zugleich wirtschaftlich effizient, politisch demokratisch und moralisch akzeptabel ist.

Gleiches gilt meiner Meinung nach für die Beziehung zwischen Moral und Politik. Es versteht sich von selbst, dass die politischen Entscheidungen des Individuums sich an der Moral orientieren müssen. Heißt das, dass »der richtige Weg von der Moral zur Politik führt«? Ich glaube nicht. Erstens, weil die moralisch gerechtfertigte Entscheidung sich als politisch katastrophal erweisen kann (der Weg zur stalinistischen Hölle war anfangs mit guten marxistischen Vorsätzen gepflastert). Zweitens, weil diese Mitsprache der Moral nur für das Individuum und subjektiv gilt, nicht für die Gruppe oder objektiv. Kein seriöser Historiker würde die Moral als solche in seine Ausführungen einfließen lassen. Niemand kann als Bürger bei seinen Entscheidungen auf sie verzichten. Beispielsweise haben wir beim zweiten Präsidentschaftswahlgang 2002 vorwiegend aus moralischen Gründen in großer Zahl für Jacques Chirac gestimmt: nicht weil wir sein Programm guthießen, sondern weil es darum ging, einem anderen Kandidaten den Weg zu verbauen, der sicherlich auch politisch eine Gefahr darstellte, aber auch und vor allem moralisch zu verurteilen war. So weit, so gut. Doch welcher Politologe würde sich zu der Behauptung versteigen, die Moral habe Chirac zum Sieg verholfen? Wohl hat er die Wahl wegen der moralischen Vorstellungen der Wähler gewonnen, doch diese Vorstellungen sind aus soziologischer oder historischer Sicht nur ein Tatbestand unter anderen: Diese müssen erforscht und erklärt werden (was in die Zuständigkeit der Humanwissenschaften fällt), nicht beurteilt (wofür die Moral zuständig wäre). Dass die Moral die Individuen innerlich oder subjektiv leiten kann oder muss, hat also nicht zur Folge, dass sie objektiv eine Triebkraft der Geschichte ist. Die Ideen werden laut Marx nur dann materielle Kräfte, wenn sie sich der Massen bemächtigen. Das ist nicht mehr Moral, sondern Soziologie oder Politik. Und diese Ideen, so möchte ich hinzufügen, haben nur für die Individuen moralischen Wert: Dann handelt es sich nicht mehr um Soziologie oder Politik, sondern um Moral oder Ethik. Das ist weniger eine Frage der Größenordnung (Individuum/Gruppe) als des Standpunkts (subjektiv/objektiv): Die Moral greift nicht stärker in die Psychologie ein als in die Soziologie; was offenkundig kein Individuum als Subjekt berechtigt, auf die Moral zu verzichten. Das habe ich – ebenso sehr im Gedanken an Machiavelli wie an Diogenes und im Widerspruch zu Platon (der die Werte für wahr hält) und die Sophisten (die glauben, das Wahre sei nur ein Wert) – Zynismus genannt. Das Wahre ist nicht das Gute; das Gute ist nicht das Wahre. Erinnern Sie sich noch an das »Große Buch« von Wittgenstein in seinem *Vortrag über Ethik*?[58] Die Moral ist keine Wissenschaft; keine Wissenschaft kann die Moral ersetzen.

58 Siehe oben, III, 1, S. 87 f.

Es zeigt sich, dass die beiden Einwände von Yvon Quiniou von meiner Seite eine Antwort von gleicher Art erfordern: Nur die Individuen (und zwar von innen betrachtet: als Subjekte) fallen in die Zuständigkeit der Moral. Ein Wirtschaftssystem oder ein politisches Faktum (darunter auch die von außen, etwa von der Soziologie oder Geschichtswissenschaft, betrachteten individuellen Verhaltensweisen) sind Gegenstand eines ganz anderen Ansatzes, der Erkenntnis und der Erklärung. Welcher Geschichtsprofessor gäbe seinen Studenten für eine Seminararbeit wohl das Thema: »Der moralische Wert des Ersten Weltkriegs«? Und doch entspräche das den Fragen, die sich jedes kriegstaugliche Individuum 1914 stellen musste: »Soll ich an diesem Krieg teilnehmen oder nicht? Soll ich Pazifist sein?« Doch das hieße, völligen Verzicht auf die Geschichtswissenschaft zu leisten. Was den Historiker als Individuum indessen nicht daran hindert, seine Auffassung zu der Frage zu haben; doch es verbietet ihm, sein (moralisches) Urteil für eine (wissenschaftliche) Erkenntnis zu halten. Kein Individuum, und mag es noch so gelehrt sein, ist eine Wissenschaft; keine Wissenschaft, und mag sie noch so human sein, ist ein Individuum. Unterscheidung der Ordnungen: Erkennen ist nicht Urteilen, Urteilen ist nicht Erkennen. Machiavelli, von dem Althusser so viel hielt, erscheint mir hier aufschlussreicher als Marx. Der Gedanke, dass die Nationalökonomie »eine wirklich moralische Wissenschaft, die allermoralischste Wissenschaft« sei, scheint mir eine gefährliche Dummheit zu sein. Wenn das der Fall wäre, wären das Wahre und das Gute ein und dasselbe, wie bei Platon oder Stalin. Mehr verlangt auch der Totalitarismus nicht.

Ich schließe mit einem letzten Einwand, den meines Wissens niemand gegen mich erhoben hat, den ich aber selbst gegen mich vorgebracht habe, der mir am schwerwiegendsten und daher auch am aufschlussreichsten erscheint. Wenn die Wirtschaft amoralisch ist, habe ich mir gesagt, gilt das für die Sklaverei und den Feudalismus (als Wirtschaftssysteme) genauso wie für den Kapitalismus. Nun wird jeder einräumen, dass diese drei Produktionsweisen moralisch nicht äquivalent sind: dass die Sklaverei unmoralischer ist als der Feudalismus, der seinerseits unmoralischer ist als der Kapitalismus. Das heißt, es kann in der Wirtschaft einen moralischen Fortschritt geben – was überhaupt keinen Sinn hätte, wenn sie amoralisch wäre.

Die Feststellung, dass es in der Geschichte einen moralischen Fortschritt der Gesellschaften gibt, wenn auch nicht der Menschheit (wer von uns behauptet von sich, er sei Sokrates überlegen, nur weil dieser die Sklaverei nicht verurteilt hat?), findet meine Zustimmung, ja sie erfreut mich. Doch ich sehe darin keine Widerlegung meiner Behauptung. Denn der moralische Fortschritt ist nur in der Ordnung Nr. 3 denkbar (aus Sicht der Moral), nicht in der Ordnung Nr. 1 (beispielsweise durch die Wirtschaft als Wissenschaft). Nehmen wir etwa einen Wirtschaftshistoriker, der die hellenistische Wirtschaft im dritten Jahrhundert v. Chr. studiert. Er wird nicht umhinkönnen, eingehend die Sklaverei der Zeit zu erforschen, ihre innere Logik, ihre besonderen Widersprüche herauszuarbeiten und so fort; aber es wird nicht nötig (und im Übrigen auch nicht möglich) sein, dass er diese Wirtschaftsform als Historiker oder Wirtschaftswissenschaftler moralisch verurteilt. Umgekehrt brauchen wir, um die Sklaverei zu verurteilen (was, nebenbei gesagt, kein antiker Philosoph tat), nicht nach ihrer wirtschaftlichen Effizienz zu fragen; die Moral genügt uns.

Das gilt erst recht für die ideologischen Vorstellungen. »Du sagst, der Kapitalismus sei amoralisch«, hielt mir eine Freundin entgegen, »und nur ein Individuum (beispielsweise ein Kapitalist) könne unmoralisch sein. Dann könntest du genauso gut sagen, dass der Rassismus amoralisch ist und nur die Rassisten unmoralisch sind!« Keinesfalls. Denn der Rassismus existiert nur in den Köpfen der Menschen: Er ist keine Produktionsweise, er ist eine Lehre oder ein Vorurteil, das man nicht – oder nur durch Abstraktion – von den Individuen trennen kann, die ihm anhängen. Der Kapitalismus dagegen bringt zwar auch eine Ideologie – oder mehrere – hervor, existiert aber unabhängig von allen Überzeugungen, zu denen er zwar beiträgt, auf die er sich aber nicht reduzieren lässt. Wir können auch sagen, was auf dasselbe hinausläuft, dass die Wirtschaft zumindest teilweise eine Wissenschaft ist, was der Rassismus nicht sein kann. Das lässt sich durch ein Gedankenexperiment bestätigen. Stellen wir uns beispielsweise vor, die Biologie oder die Psychologie hätte bewiesen, dass irgendeine menschliche Rasse tatsächlich intelligenter wäre als eine andere. Das wäre natürlich Wasser auf die Mühlen der Rassisten, aber sie hätten unrecht: Eine faktische Ungleichheit könnte, selbst wenn sie erwiesen wäre, keine Ungleichheit an Rechten oder an Würde rechtfertigen. Der Beweis: Die faktische Ungleichheit nicht zwischen Rassen, sondern zwischen Individuen, die unstrittig ist (einige Individuen sind intelligenter oder stärker als andere), beeinträchtigt nicht im mindesten ihre Gleichheit an Rechten und Würde. Die Ungleichheit, die der Erkenntnis angehört, drängt sich uns als objektiver Sachverhalt auf: Sie hängt nicht von uns ab; wir sind ihr unterworfen. Die Gleichheit, die der Moral angehört, ist kein Sachverhalt, sondern eine Wertvorstellung: Sie hängt von uns oder unseren Urteilen ab. Dass Einstein tatsächlich intelligenter war als die meisten seiner Zeitgenossen, ist wahrscheinlich; doch das verleiht ihm ihnen gegenüber keine Überlegenheit an Rechten und an Würde.

Im Übrigen räume ich ein, dass eine wissenschaftliche (etwa historische, soziologische, psychologische …) Studie des Rassismus, wie sie in den letzten Jahrzehnten zahlreich erschienen sind, als solche kein moralisches Urteil fällt. Was aber weder die Forscher, die diese Studien vornehmen, daran hindert, sich subjektiv von einer moralischen Überzeugung motivieren zu lassen, noch die Antirassisten, sich dieser Arbeiten zu bedienen; aber es verbietet uns, zu verwechseln, was zur Erkenntnis gehört (die Fakten zu sammeln und zu erklären) und was zur Moral gehört (ihre Bewertung). Wer im Übrigen nur ablehnt, Rassist zu sein, weil die Biologie und die Anthropologie dem auf den Menschen bezogenen Rassenbegriff fast jede Grundlage entzogen haben, ist deshalb noch kein Antirassist; er wäre sogar aller Wahrscheinlichkeit nach Rassist, wenn sich die Natur oder die Wissenschaften in die entgegengesetzte Richtung entwickelt hätten. Er misst Natur und Wissenschaft sehr viel und seinem Gewissen sehr wenig Bedeutung bei! Wenn die Wissenschaft den Rassisten ihre vermeintlichen Argumente aus den Händen geschlagen hat, umso besser; das ist kein

Grund, der gleichen Lächerlichkeit anheimzufallen wie sie (denken Sie beispielsweise an die rassistischen Irrtümer so vieler Mediziner des 19. Jahrhunderts). Stützen wir uns, wenn möglich, auf die Wissenschaft, um den Rassismus zu bekämpfen; aber erwarten wir nicht, dass sie an unserer Stelle antirassistisch sein kann!

Das Prinzip der Unterscheidung der Ordnungen ist natürlich komplex und unbefriedigend. Es wäre so viel einfacher, wenn das Wahre und das Gute (Erklärung und Bewertung) eins wären! Das gilt vor allem für die für uns alle so entscheidenden wirtschaftlichen Phänomene. Jedem wäre es lieber, wenn Moral und Wirtschaft zusammengingen oder sogar eins wären. Aber ist das ein Grund, daran zu glauben? Damit würden wir uns die Möglichkeit nehmen, das eine wie das andere zu verstehen und uns der Ohnmacht oder Unverantwortlichkeit anheimgeben. Natürlich bin ich (in der Ordnung Nr. 3) der Meinung, dass die Lohnarbeit, moralisch betrachtet, der Sklaverei überlegen ist; aber das ist keine wirtschaftliche Wahrheit (in der Ordnung Nr. 1). Umgekehrt bin ich aber auch der Meinung, dass der Kapitalismus wirtschaftlich effizienter ist als die Sklaverei; aber das ist eine wirtschaftliche Wahrheit, kein moralisches Urteil. Unablässig habe ich daran erinnert, dass diese beiden Gesichtspunkte notwendig und legitim sind; aber auch daran, dass das kein Grund ist, sie zu verwechseln. Hier geht es nicht nur um theoretische Fragen. Auf die Moral zu setzen, um die Sklaverei abzuschaffen (von der wir wissen, dass es sie noch gibt), ist ebenso vergeblich, wie auf den Kapitalismus zu setzen, um den Triumph der Moral zu sichern. In beiden Fällen wären wir damit zum Scheitern verurteilt. Was ist zwischen den beiden Ordnungen? Die Politik, ich komme immer wieder darauf zurück, und folglich auch das Recht: Das ist der einzige Weg, der es uns ermöglicht, gemeinsam voranzukommen (ja: miteinander und zugleich gegeneinander!), der es ermöglicht, dass die moralischen Werte der Individuen zumindest einen gewissen Einfluss auf die amoralische Wirklichkeit der Wirtschaft gewinnt. Die Wirtschaft ist nicht moralisch (ihr Antrieb ist nicht die Tugend oder die Selbstlosigkeit, sondern ganz im Gegenteil der persönliche oder familiäre Nutzen); die Moral ist nicht rentabel (sie schafft keinen Reichtum). Deshalb, so sagte ich in meinem Schlusswort, brauchen wir beide und den Unterschied zwischen ihnen. Es geht also nicht darum, einen der beiden Standpunkte aufzugeben, sondern ganz im Gegenteil zu unterstreichen, dass sie beide notwendig, beide legitim und doch nicht aufeinander zurückzuführen sind. Das macht die Politik, lassen Sie es mich ein letztes Mal sagen, unentbehrlich: Wäre die Wirtschaft moralisch, würde der Markt genügen; wäre die Moral rentabel, würde die Tugend genügen. Aber das ist nicht der Fall; deshalb ist die Politik so unentbehrlich, ohne dass sie deshalb die Wirtschaft oder die Moral ersetzen könnte.

Man stimmt nicht über Gut und Böse oder Wahr und Falsch ab. Weder Erkenntnis noch Gewissen ist der Demokratie unterworfen. Und auch der Umkehrschluss gilt: Weder die Erkenntnis noch die Moral können als Politik dienen. Wir brauchen also wirklich alle drei, ohne jemals den Abstand aufheben zu können, der sie trennt und ihnen – allerdings von außen – gestattet, sich wechselseitig zu begrenzen.

Eine unauflösliche und unwiderrufliche Komplexität. Deshalb ist die Geschichte tragisch, konfliktgeladen und unbefriedigend. Das ist aber immer noch besser als ein sogenanntes »Ende der Geschichte«, das angeblich die gemeinsame Herrschaft des Wahren und des Guten, der Wissenschaft und der Moral (oder sogar, wie manche sicher wollten, der Religion und der Moral) brächte, eine weitere Diktatur, die umso furchterregender wäre, als sie es nicht nur auf die Körper, sondern auch auf die Gedanken abgesehen hätte. Lieber eine unbefriedigende Geschichte als eine befriedigte Tyrannei.

Noch ein Wort zum Schluss. Wie sicherlich klargeworden ist, lautet meine These weder, dass sich am Kapitalismus nichts verändern ließe (er wird sich auf jeden Fall verändern – es liegt an uns, dafür zu sorgen, dass es zum Besseren geschieht), noch, dass die Moral nichts in der Politik zu suchen hätte; die Moral sagt nicht, wie die Politik, objektiv oder für die Gruppe, funktioniert, noch, ob es eine gute Politik ist; aber sie sagt jedem Individuum, dass es sich für die Politik interessieren soll (politisches Desinteresse ist ein Fehler) und dass einige Politiker moralisch inakzeptabel sind. Die Unterscheidung der Ordnungen, die ich in Abwandlung von Pascal übernommen habe, rechtfertigt also keinerlei Fatalismus, ganz im Gegenteil. Sie trägt lediglich dem meiner Meinung nach kaum zu bestreitenden Umstand Rechnung, dass weder die Wirtschaft noch die Geschichte Subjekte sind und dass sie daher keine Moral besitzen. Wir, die wir als Subjekte leben, müssen sie haben. Zumindest in diesem letzten Punkt sind meine Gesprächspartner und ich einer Meinung.

Im Übrigen scheint mir die größte Schwierigkeit darin zu bestehen, die Objektivität des Menschen (wie sie beispielsweise von der Biologie, Psychologie oder Soziologie verlangt wird) in den Blick zu bekommen, ohne seine Subjektivität aufzuheben (so wie er sich selbst erlebt). Es ist der Punkt, an dem sich der theoretische Antihumanismus (der der Wissenschaften) mit dem praktischen Humanismus (dem des Subjekts) auf positive Weise verschränkt, vorausgesetzt, wir verweigern uns den drei Versuchungen: dem Dogmatismus (der davon ausgeht, dass das Gute der Wahrheit entspricht), dem Nihilismus (der davon ausgeht, dass es das Gute nicht gibt) und der Sophistik (die davon ausgeht, dass es die Wahrheit nicht gibt). Das ist die Gratwanderung, die ich, je nach den Problemen und den Kontrahenten, denen ich mich gegenübersah, als Materialismus, Zynismus, Relativismus oder (im Gegensatz zum Existentialismus) Insistentialismus bezeichnet habe.[59] Es ist die radikale Trennung von Wert und Wahrheit, so dass es allein dem Menschen überlassen bleibt, die beiden zu verbinden. Dass Erkenntnis und Verlangen zwei verschiedene Dinge sind, hindert uns nicht daran, nach Erkenntnis zu verlangen und – im Rahmen des Möglichen – die Realität unseres Verlangens zu erkennen. Das macht sogar eine solche Erkenntnis und ein solches Verlangen notwendig. Denken Sie an

59 Zu diesem letzten Begriff vgl. *L'être-temps*, PUF, 1999, insbesondere die Seiten 94 ff. Zur Beziehung zwischen Materialismus, Zynismus und Relativismus vgl. vor allem *Valeur et vérité* (*Études cyniques*), PUF, 1994.

Spinoza oder Freud. Warum sollte der Umstand, dass Leben und Wahrheit sich nicht lieben (sie wären Gott), uns daran hindern, Leben und Wahrheit zu lieben? Inwiefern könnte uns die Tatsache, dass Geschichte oder Wirtschaft nicht moralisch sind, davon entbinden, selbst danach zu trachten, moralisch zu sein?

Danksagung

Mein Dank geht zunächst an all die Menschen, die sich diesen Vortrag in der einen oder anderen Form angehört und ihn mit ihren Fragen und Einwänden bereichert haben. Doch ich möchte auch den Freunden danken, die so liebenswürdig waren, das Manuskript zu lesen, und mir ihre Überlegungen dazu mitgeteilt haben: Laurent Bove, Monique Canto-Sperber, Richard Ducousset, Jean-Pierre Dupuy, Jacqueline Lalouette, Jean Prieur, Patrick Renou, Jean-Louis Servan-Schreiber, Jean-Louis Syren, Isabelle Vervey und wie immer Sylvie Thybert. Dieses Buch verdankt ihnen viel. Es versteht sich von selbst, dass man ihnen nicht die Thesen, die es aufstellt, und die Unzulänglichkeiten, die es aufweist, zum Vorwurf machen kann. Für die einen wie die anderen bin ich ganz allein verantwortlich.

André Comte-Sponville
im Diogenes Verlag

Woran glaubt ein Atheist?
Spiritualität ohne Gott

Aus dem Französischen
von Brigitte Große

Spiritualität ist zu wichtig, um sie den Gläubigen, egal, welcher Konfession, zu überlassen. André Comte-Sponville zeigt Wege auf zu einer Spiritualität ohne Gott, ohne Dogmen und ohne Kirche. Seine Argumentationen sind erfrischend unverkrampft und klar, schließlich »philosophiert man nicht um der schönen Sätze willen, sondern um Haut und Seele zu retten«. In einer Zeit, in der weder Kirche noch Wissenschaft dem menschlichen Geist ein Zuhause zu bieten vermögen, kommt dieses Buch genau richtig. Es zeigt auf, dass man das Rad der Geschichte nicht zurückdrehen muss, um christliche und andere historisch erworbene Werte aufrechtzuerhalten. Weit entfernt davon, ein Pamphlet für eine Weltanschauung zu sein, ist dies ein zutiefst ehrliches und überzeugendes Buch.

»Welche Spiritualität für Atheisten? Dieses Ende fesselt so stark wie ein Krimi, und deshalb sei daraus nur verraten, dass die erwähnte Gelassenheit dazugehört, und über allem das Staunen ob der Größe und Eindrücklichkeit des Universums.«
Res Strehle / Tages-Anzeiger, Zürich

»Es ist großartig, wie Comte-Sponville von sich ausgehend über sich hinaus denkt und es schafft, auch dieses komplexe Erleben sprachlich zu fassen und nach-denkend abzubilden.« *Barbara Dobrick / Deutschlandradio Kultur, Berlin*

»Große Ideen – klug, humorvoll und klar dargestellt.«
Publishers Weekly, New York

Glück ist das Ziel,
Philosophie der Weg

Deutsch von Hainer Kober
Mit Zeichnungen von Jean-Jacques Sempé

Philosophie kann man nicht lernen, man kann nur
lernen zu philosophieren. Und Philosophieren heißt,
selbst zu denken. Dabei geht es stets um die Frage:
Wie soll ich leben? Die Philosophie gibt keine absoluten Antworten, keine Rezepte. Aber Anregungen
und Vorschläge, über die man nachdenken, die man
verwerfen oder annehmen kann.

André Comte-Sponville macht es uns vor. Er lässt uns
dabei zuschauen, wie er seine Gedanken entwickelt.
Sei es, indem er in sich hineinhorcht, sei es, indem er
andere Philosophen zu Rate zieht, um an ihnen seine
ureigenen Gedanken zu den ewigen philosophischen
Themen zu formen.

Zwölf philosophische Betrachtungen zu den ewigen
Themen der Menschheit: über Liebe, Tod, Erkennt-
nis, Freiheit, Gott, Atheismus, Moral, Politik, Kunst,
Zeit, Menschsein und Weisheit.

»Weisheit ist ein *Savoir-vivre*, Wissen, das das Leben
betrifft. Philosophie bringt uns der Weisheit näher. Es
geht darum, besser zu denken, um besser zu leben.«
André Comte-Sponville

Michel de Montaigne
im Diogenes Verlag

Essais
[Versuche]
nebst des Verfassers Leben, nach der
Ausgabe von Pierre Coste ins Deutsche
übersetzt von Johann Daniel Tietz

3 Bände im Schuber oder in Kassette. Diese Ausgabe bringt alle
Essais, eine Biographie Montaignes, Briefe Montaignes,
Etienne de la Boéties »Von der freiwilligen Dienstbarkeit«,
Kritiken zu den Essais sowie ein ausführliches Personen-
und Stichwortregister. Neuausgabe der 1753/54
erschienenen deutschen Erstausgabe

»Ein publizistisches Glanzstück: In einer prachtvoll
ausgestatteten, typographisch vorzüglichen dreibändi-
gen Edition legt der Diogenes Verlag Tietz' Übersetzung auf, die selbst Fachleuten kaum gegenwärtig war.«
Rainer Moritz/Rheinischer Merkur, Bonn

»Ein bezauberndes Buch sind die *Essais* dieses Republi-
kaners mit monarchistischen Neigungen, dieses Chri-
sten mit heidnischer Gesinnung, dieses Renaissance-
Menschen und Humanisten mit dem mittelalterlichen
Gottvertrauen, der schon die Aufklärung ankündigt.
Ein großes Lese- und Lehrbuch vom richtigen Leben.«
Rolf Michaelis/Die Zeit, Hamburg

»Diese genialen ›Versuche‹ sind frisch wie am ersten
Tag.« *Gert Ueding/Die Welt, Berlin*

Tagebuch einer Reise nach Italien
über die Schweiz und Deutschland

Aus dem Französischen von Ulrich Bossier
Mit einem Vorwort von Wilhelm Weigand

In seinem erst 1770 in einer verstaubten Truhe wie-
derentdeckten Tagebuch hält Michel de Montaigne un-
voreingenommen die zahlreichen Begegnungen, frem-
den Landschaften und ungewohnten Sitten fest, denen

er 1580–81 auf seiner Bade- und Kulturreise mit neugierigem Blick begegnete: So lobt er das deutsche Essen, wohnt einer Teufelsaustreibung und einer öffentlichen Hinrichtung bei, erhält in Rom eine päpstliche Audienz und besucht Kurtisanen, allerdings – so versichert er uns – nur, um mehr über deren erotische Künste zu erfahren, nicht aber um diese selbst zu genießen.

Die vortreffliche Neuübersetzung von Ulrich Bossier erschien erstmals 2005.

»Um sich frei zu machen, reist Montaigne. Er reist, wenn man so sagen darf, der Nase nach. Er vermeidet auf der Reise alles, was an eine Verpflichtung erinnert. Die Straße soll ihn führen, wohin sie ihn führt, die Stimmung treiben, wohin sie ihn treibt.«
Stefan Zweig

Denken mit
Michel de Montaigne

Eine Auswahl aus den Essais, vorgestellt
von André Gide. Aus dem Französischen
und mit einem Nachwort
von Hanno Helbling

Montaignes Gedanken über Schönheit und Falschheit, die Unbeständigkeit des Menschen und den Haß auf die finstere Tugend, über Erziehung und Ehe, die Furcht vor dem Tod und den Wert des Lebens.

»Ich weiß wohl, daß die Freiheit meiner Schriften einigen wenigen Leuten mißfallen wird, denen die Freiheit ihrer eigenen Gedanken noch mehr mißfallen müßte.« *Michel de Montaigne*

»Nur zwölf Generationen trennen uns von diesem gesunden Einzelexemplar zwischen den Zeiten. Nur? Wenn es um Liebe und Eifersucht, um Schmerzen und Angst, um Selbsterkenntnis und selbst gelegte Fallen im Alltag geht, ist Michel de Montaigne ein Zeitgenosse.« *Mathias Greffrath*

Mathias Greffrath
Montaigne heute
Leben in Zwischenzeiten

Die *Essais* von Michel de Montaigne ›liest‹ man nicht einfach: Man ›begegnet‹ ihnen. Mathias Greffrath begegnet Montaigne wie einem väterlichen Freund – mit dem man über alles sprechen kann. Unbefangen nimmt er von ihm, was ihm brauchbar erscheint für unseren eigenen Umgang mit der Welt und mit uns selber. So macht er Gebrauch von ebenjener Freiheit, die Montaigne für sich selbst in Anspruch nahm. Montaignes *Essais* erweisen sich auch nach Jahrhunderten noch so frisch wie am ersten Tag. Mathias Greffrath erlaubt sich, dort weiterzudenken, wo Montaigne einen Punkt setzte: Zwischen die Auszüge aus Montaignes *Essais* schiebt er acht eigene Essays, die immer wieder der Frage nachgehen: Wie soll man heute leben? Was sagt uns Michel de Montaigne heute?

»Mathias Greffrath entwirft auf doppelt blitzgescheite Weise ein Montaigne-Panorama: Er orientiert sich an den zwei grundlegenden Übersetzungen aus dem 18. Jahrhundert (J. J. Bode, J. D. Tietz), aus denen er heutiges Deutsch ohne geschraubtes Philologengestelze, aber auch ohne modischen Jargon formt.«
Abendzeitung, München

Über Montaigne

Aufsätze und Zeugnisse von Blaise Pascal, Johann Wolfgang Goethe, Ralph Waldo Emerson, Charles Augustin Sainte-Beuve, Friedrich Nietzsche, André Gide, Heinrich Mann, Hermann Hesse, Egon Friedell, Stefan Zweig, Richard Friedenthal, Elias Canetti, Herbert Lüthy, Mathias Greffrath u. a. Mit Zeittafel und Bibliographie. Herausgegeben von Daniel Keel

»Wer sich über Montaigne orientieren will, kann dies in einem Band mit dem Titel *Über Montaigne* tun, den Daniel Keel herausgegeben hat und der parallel zur Edition der *Essais* erschienen ist. Hier findet der Leser

eine Reihe von wichtigen Aufsätzen, die einen guten
Zugang zu dem französischen Denker ermöglichen.
Einige interessante Texte sind nachgedruckt, wie zum
Beispiel der von Max Horkheimer über ›Montaigne
und die Funktion der Skepsis‹ von 1938, der die sozialen und historischen Hintergründe skizziert, aus denen der Skeptizismus hervorgeht. Die Zeit der großen
äußeren Unsicherheit ist die Zeit, in der eine Lebens-
kunst erforderlich ist. Stefan Zweig ist auf diesen
Aspekt besonders aufmerksam, und der Anlaß ist für
ihn derselbe wie für Horkheimer: Mitten im Zweiten
Weltkrieg schreibt er seinen Aufsatz über Montaigne –
auch er ist hier nachgedruckt – und bekennt, daß er ihm
jetzt am ›hilfreichsten‹ scheine, wo die Welt im Auf-
ruhr ist. Eine bessere und liebevollere Einführung kann
man nicht finden. Sie stellt den Denker dar, der sich zu
seinem Beruf die Kunst des Lebens gewählt hat.«
Wilhelm Schmid / Norddeutscher Rundfunk, Hannover

Wilhelm Weigand
Michel de Montaigne

Eine Biographie

»An deutschsprachiger Literatur zu Michel de Mon-
taigne sei verwiesen auf den *Montaigne* von Wilhelm
Weigand, der vor allem als Biographie wertvoll ist.«
Herbert Lüthy

»Es gibt auf der ganzen Welt kaum ein zweites Buch,
das so sehr zum Abenteuer der Selbsterkenntnis er-
muntert und das Denken über Zeit und Ewigkeit so
sehr anregt wie die *Essais* des Michel de Montaigne. Es
ist uns hier ein geistiges und moralisches Tonikum
ohnegleichen geschenkt worden. Der amerikanische
Philosoph Ralph Waldo Emerson nannte diesen großen Sucher und Denker den freimütigsten und ehr-
lichsten Schriftsteller der Welt. Dieses Urteil aus dem
19. Jahrhundert über einen Mann im Übergang vom

16. zum 17. Jahrhundert hat noch heute ungebrochene Gültigkeit. Dabei hat Montaigne mehr für sich als für andere geschrieben, aber was ihm guttat, tut es uns erst recht. Die Existenz Michel de Montaignes zu durchleuchten ist von vielen versucht worden. In deutscher Sprache kommt kein anderer Versuch der Biographie von Wilhelm Weigand gleich.«
Oberösterreichische Zeitung, Linz

Denken mit
Blaise Pascal

Aus dem Französischen von Ferdinand Bruckner
Mit einem Nachwort von Egon Friedell
(vormals: *Größe und
Nichtigkeit des Menschen*)

»Da war einmal ein Mensch, der als Zwölfjähriger mit
Hilfe von Stäben und Ringen die mathematische Wissenschaft begründete; der mit 19 Jahren eine Wissenschaft, die nur dem Verstande zugänglich war, maschi-
nell erfaßbar gemacht hat; der mit dreiundzwanzig die
Phänomene des Luftgewichts aufzeigte und damit einen der großen Irrtümer der älteren Naturwissenschaft
zerstörte; der in einem Alter, in dem die anderen Menschen kaum damit begonnen haben zu erwachen, bereits den ganzen Umkreis des menschlichen Wissens
umschritten hatte, als er auch schon dessen Nichtigkeit
erkannte und sich der Religion zuwandte; der von diesem Zeitpunkt an bis zu seinem neununddreißigsten
Lebensjahr trotz ständiger Schwächeanfälle und
Schmerzen die Sprache Bossuets und Racines vollen-
dete und für den vollkommensten Witz wie für die
schärfste Kritik bleibende Muster aufstellte; der
schließlich zu seiner Zerstreuung eines der schwierig-
sten Probleme der Geometrie löste und Gedanken aufs
Papier brachte, welche über Gott und die Menschen
gleich viel aussagten. Dieses erschreckende Genie hieß
Blaise Pascal.« *Chateaubriand*

»Pascal ist einer der größten Geister.« *Paul Valéry*

»In der Vereinigung von Glut, Geist und Redlichkeit
der erste aller Christen.« *Friedrich Nietzsche*

»Der stärkste Geist Frankreichs seit Montaigne.«
Hermann Bahr

Dalai Lama
im Diogenes Verlag

Ratschläge des Herzens

Aufgezeichnet und mit einem Vorwort von Matthieu Ricard
Aus dem Französischen von Ingrid Fischer-Schreiber

In Tibet werden die Worte großer Meister oft in
Büchern gesammelt, die den Titel »Ratschläge des
Herzens« tragen. Diese Tradition will der Dalai Lama
hier aufgreifen. Was dabei herauskommt, was sich so
verständlich und schlicht anhört, ist nichts weniger als
die Summe seiner Gedanken – Gedanken, die jeden
von uns auf seinem Weg begleiten können, egal, woher
wir kommen und was wir glauben.

»Der Dalai Lama versteht es wie kein zweiter, die wahren Bedürfnisse der Menschen anzusprechen – Mitge-
fühl und Liebe. Er schreibt, wie man ein gutes Leben
führen kann und im Alltag zu Glück und Gelassenheit
findet. Beim Lesen dieses Buchs wird klar: Würden alle
Menschen nach diesen Ratschlägen leben, gäbe es keine
Kriege, keinen Hass, keinen Neid mehr auf der Welt.
Schade, dass die Wahrheit des Dalai Lama immer sel-
tener verstanden wird.« *Bild am Sonntag, Hamburg*

Mitgefühl und Weisheit

Ein Gespräch mit Felizitas von Schönborn
Mit einem Vorwort des chinesischen Dissidenten
und Bürgerrechtlers Wei Jingsheng

In intensiven Gesprächen konnte Felizitas von Schönborn Ansichten und Grundwerte des Dalai Lama und
des tibetischen Buddhismus zusammenfassen. Dieses
Buch ist für interessierte Laien genauso wichtig wie für
Menschen, die sich eingehend mit Politik, Philosophie
und Religion beschäftigen. Es geht sowohl um Fragen
des persönlichen Glücks und der Sinnsuche als auch
um Probleme der Ökologie und des Weltfriedens.

»Die bösen Gedanken sind unsere wirklichen Feinde.«
Dalai Lama

»Der Dalai Lama engagiert sich für die Werte, die jeder
für Gerechtigkeit und für alles, was das Leben lebens-
wert macht.«   *Nelson Mandela*

Meine spirituelle Autobiographie

Herausgegeben von Sofia Stril-Rever
Aus dem Französischen von Inge Stadler

»Ich komme aus einfachen Verhältnissen, bin Sohn
einer Bauernfamilie. Meine Eltern hätten nie gedacht,
dass ich der vierzehnte Dalai Lama sein könnte.« Der
Dalai Lama erzählt aus seiner Kindheit: wie er als
Junge am liebsten den Reisenden spielte – seine Koffer
packte und allen auf Wiedersehen sagte; welche Spuren
zu ihm als Nachfolger des dreizehnten Dalai Lama
führten; und wie er die Prüfungen des Suchtrupps zur
Auffindung des Dalai Lama bestand. Noch heute staunt
er darüber, dass man ihn damals in seinem kleinen
Dorf überhaupt finden konnte.
Doch dieses Buch ist nicht einfach die Autobiographie
des Dalai Lama, es ist seine spirituelle Autobiographie.
Darin geht es nicht nur um das eine, private Leben; es
geht um viel mehr. Es ist ein Rückblick, der den Blick
in die Zukunft mit enthält. Dreier Anliegen hat er sich
als vierzehnter Dalai Lama verschrieben: der Förderung
der menschlichen Werte, dem Dialog der Religionen
und der tibetischen Sache. Was konnte in diesen drei
Fragen verbessert werden – und was bleibt noch zu
tun?

Auch als Diogenes Hörbuch erschienen,
gelesen von Hanns Zischler

Luciano De Crescenzo
Geschichte der griechischen Philosophie

Die Vorsokratiker
Aus dem Italienischen von Linde Birk

»Jetzt gibt es Grund zum Aufatmen für alle, die sich Geschichte wieder einmal als fröhliche Wissenschaft wünschen. Während in Deutschland viele Seiten mit vielfältigen Fragen danach bedruckt wurden, ob der Historiker wieder erzählen dürfe – oder gar müsse –, hat der italienische Ingenieur und Autor Luciano De Crescenzo sich unbekümmert ans Erzählen gemacht. Seine *Geschichte der griechischen Philosophie* ist ein neuerlicher Beleg für das Verlagsmotto, daß Diogenes Bücher ›weniger langweilig‹ seien. Weniger langweilig als fast alles, was über die Geschichte nicht nur der antiken Philosophie geschrieben wurde, ist De Crescenzos Buch allemal.«
Deutsches Allgemeines Sonntagsblatt, Hamburg

»Philosophen wie du und ich – ein italienischer Ex-Manager hat die *Geschichte der griechischen Philosophie* so unterhaltsam aufbereitet, daß sie ein Bestseller wurde. Das Erfolgsrezept ist einfach: Er schreibt verständlich.« *Stern, Hamburg*

»Was philosophisches Denken sein kann, woher es entspringt und wie es weiterwirkte – das alles vereint De Crescenzo auf wenigen Seiten. Philosophie ist auch etwas Vergnügliches – diese längst verschüttete Einsicht ruft er uns wieder ins Gedächtnis.«
Die Furche, Wien

Von Sokrates bis Plotin
Deutsch von Linde Birk

»Eine solche Verbindung von Gescheitheit, nein: philosophischer Gabe mit Lustigkeit und Anmut ist ein-

malig. Wahrhaftig: mal ein Stück fröhlicher Wissenschaft. Bringen Sie mehr von ihm heraus!«
Günther Anders

»Als letzter Beweis dieser – übrigens von seiner riesigen Lesergemeinde hochgeschätzten – Übersetzertätigkeit liegt nun seine *Geschichte der Philosophie – Von Sokrates bis Plotin* vor. Ein schwieriger Stoff ist das allemal, vor allem ein weites Feld, reicht doch der Bogen von Sokrates über Platon, Aristoteles, Epikur und Zenon bis hin zu Plotin und den jeweiligen Nachfolgern.
Nur durch einen klugen und klaren Blick auf das Wesentliche konnte also De Crescenzo diese höchst unterschiedlichen Schulen auf so engem Raum versammeln.« *Die Presse, Wien*

»Was nützt uns denn die ganze Philosophie mit ihren wunderbaren Erklärungen, wenn keiner sie versteht oder wenn er dabei aus lauter Langeweile einschläft! Dem hat Luciano De Crescenzo wirkungsvoll vorgebeugt.« *Norddeutscher Rundfunk, Hamburg*

»Klar, schnörkellos, mit Witz geschrieben.«
Neue Zürcher Zeitung